Daniel Wilhelmi

BRIC

IST DIE ZUKUNFT

FinanzBuch Verlag

simplified

Lektorat: Monika Spinner-Schuch, Bad Aibling
Satz: Carsten Klein, München
Druck: Konrad Triltsch, Ochsenfurt

1. Auflage 2011

Nymphenburger Straße 86
80636 München
Tel. 089 651285-0
Fax 089 652096
info@finanzbuchverlag.de

Für Fragen und Anregungen:
wilhelmi@finanzbuchverlag.de

Bibliografische Information der Deutschen Nationalbibliothek: Die Deutsche Nationalbibliothek verzeichnet diese Publikation in der Deutschen Nationalbibliografie; detaillierte bibliografische Daten sind im Internet über **http://d-nb.de** abrufbar.

ISBN: 978-3-89879-612-5

simplified

Inhalt

Fürchte dich nicht
vor dem langsamen Vorwärtsgehen,
aber fürchte dich vor dem Stehenbleiben.
(Chinesisches Sprichwort)

Für Claudine, Kola und Louis

simplified

DIE SIMPLIFIED-BUCHREIHE
WWW.SIMPLIFIED.DE

EINE ZUSAMMENARBEIT VON FINANZBUCH VERLAG UND INVESTOR VERLAG

simplified

Dank

Ich möchte mich ganz herzlich bei allen bedanken, die an diesem Buch mitgearbeitet haben. Mein erster Dank gilt meinem Verleger Christian Jund, der mir die Chance gegeben hat, dieses Buch zu schreiben. Des Weiteren danke ich Claudine Mischel, Eric Lübke und dem Investor Verlag für ihre großartige Unterstützung und Hilfe. Ohne ihre Arbeit wäre dieses Projekt nie Realität geworden. Und ich danke den Spielern des 1. FC Köln. Da sie diese Saison so grottenschlecht spielen, konnte ich mir die Zeit sparen, die Spiele anzuschauen, und stattdessen neue Investmentchancen recherchieren.

simplified

Vorwort

Die Welt ist im Wandel.

Ob es uns gefällt oder nicht – wir befinden uns mitten in einer globalen Machtverschiebung historischen Ausmaßes. Die Zeit der alten Mächte des 20. Jahrhunderts – die USA, Westeuropa und Japan – läuft gnadenlos ab. Die neuen Mächte des 21. Jahrhunderts – die Emerging Markets – sind nun dabei, das Ruder zu übernehmen.

Ein derartig kolossaler Umbruch auf der geopolitischen, aber vor allem auf der weltwirtschaftlichen Ebene ereignet sich ein Mal in einem Jahrhundert – wenn überhaupt. Deshalb können wir uns als Investoren wahrlich glücklich schätzen. Wir haben jetzt und in den kommenden Jahrzehnten die Chance, an dieser Machtverschiebung von den gesättigten Industrieländern in die aufstrebenden Emerging Markets von Anfang an mitzuverdienen.

Wissen Sie, was bei den Familien der Hochfinanz in New York seit einigen Jahren der neueste Schrei ist? Kindermädchen aus China, die den Kids der amerikanischen Elite schon von klein auf die chinesische Sprache beibringen. Es sind Beispiele wie diese, die uns klar signalisieren: Eine neue Zeitrechnung ist angebrochen.

An der Börse gibt es eine Weisheit: „Das Kapital fließt immer dahin, wo das größte Wachstum ist." Das größte Wachstum haben wir in Lateinamerika, Osteuropa, Asien und sogar in Afrika. Deshalb muss jeder weitsichtige Anleger in den Emerging Markets, den Wachstumsmärkten dieses Jahrhunderts, investiert sein.

In keinem Marktsegment auf der Welt finden konservative Anleger so viele unterbewertete Value-Perlen von grundsoliden Old-Economy-Firmen, die rasante Wachstumsraten besitzen. Nirgendwo bieten sich spekulativen Anlegern so viele „Tenbagger“-Aktien mit Kurspotenzialen von 1000 Prozent Gewinn wie in den Emerging Markets.

Das Beste: Noch nie war es für Ausländer so einfach und chancenreich, in den Emerging Markets zu investieren. Noch nie gab es so viele börsennotierte Emerging-Markets-Unternehmen wie heute. Und noch nie war das Umfeld für Emerging-Markets-Aktien so positiv (Stichwort Corporate Governance, Informationsbeschaffung, Handelbarkeit der Aktien).

Die Flaggschiffe der neuen Wirtschaftsarmada des 21. Jahrhunderts sind die BRIC-Staaten: Brasilien, Russland, Indien und China. Deshalb fängt jedes Emerging-Markets-Engagement mit diesen vier Ländern an.

Jedes Land hat seinen eigenen Entwicklungsstand, seine individuellen Stärken, aber auch Probleme und Risiken. Deshalb ist es wichtig, dass Anleger wissen, was sie bei ihren Investments besonders berücksichtigen müssen.

Dieses Buch ist speziell für Anleger geschrieben, die damit beginnen, die Welt der Emerging Markets zu entdecken und die Schwellenländer in ihre Investmentstrategien einzubauen. Für diese Weitsicht kann ich Sie an dieser Stelle nur beglückwünschen.

Dieses Buch soll Ihnen als erster Schritt auf diesem Weg dienen. Es soll Ihnen wichtige Hintergrundinformationen bieten, mit denen Sie die täglichen Informationen über die BRIC-Staaten richtig einordnen und hoffentlich die richtigen Anlageentscheidungen treffen können.

Dieses Buch öffnet Ihnen das Tor nach Brasilien, Russland, Indien und China. Aber es handelt sich um ein Einführungsbuch, und deshalb können hier zwangsläufig nicht alle Informationen und Fakten in der zweifellos nötigen Detailtiefe dargestellt werden. Dies gilt umso mehr, weil uns die letzten fünf bis zehn Jahre gezeigt haben, in diesen Ländern eben extrem schnell vorangehen. Denn in jedem BRIC-Land entwickeln sich Wirtschaft, Gesellschaft und Politik mit rasender Geschwindigkeit weiter. Es ist deshalb für jeden Emerging-Markets-Investor wichtig, am Ball zu bleiben.

Dank der größten Erfindung der Menschheit seit dem Spaghetti-Eis – dem Internet – können Sie sich heute so umfassend über die Entwicklungen in den BRICs und den anderen Schwellenländern informieren, wie noch nie zuvor in der Börsengeschichte.

Aber: Damit Sie diese aktuellen Informationen in den richtigen Kontext setzen und die richtigen Investmententscheidungen treffen können, müssen Sie über das nötige Hintergrundwissen verfügen.

Mein Ziel war, diese Lektüre verständlich und locker zu schreiben, damit Sie Spaß am Lesen haben. Das Thema Börse kann an sich schon dröge genug sein. (Wälzen Sie sich mal durch einen 150-Seiten-Geschäftsbericht eines Unternehmens, das Maschinenbauteile herstellt. Dann wissen Sie, was ich meine. Dagegen ist das Anstarren einer weißen Wand ein Hitchcock-Thriller …)

Sie brauchen also nicht noch ein staubtrockenes Buch, dessen Lektüre so angenehm ist wie Sand zwischen den Zähnen. Ich glaube daran, dass Menschen am meisten lernen, wenn sie Spaß und Interesse an etwas haben. Deshalb war mein Ziel, ein Buch zu schreiben, bei dem Sie zwischendurch auch mal ein wenig schmunzeln oder lachen. Denn das passiert im knallharten Börsengeschäft viel zu selten. Wenn Sie also abends sagen „Heute hab ich richtig Lust, das BRIC-Buch vom Wilhelmi zu lesen“ und am nächsten Morgen aufwachen und noch wissen, dass der Bovespa kein neuartiger Motorroller ist, sondern der Leitindex der brasilianischen Börse, dann habe ich mein Ziel erreicht.

Zum Abschluss noch ein Punkt: Ich stelle Ihnen in diesem Buch zahlreiche Aktien, ETFs, Fonds oder Zertifikate vor. Dabei handelt es sich nicht um Kaufempfehlungen. Jeder Anleger hat eine individuelle Risikobereitschaft und stellt sein Depot nach eigenen Investmentschwerpunkten zusammen. Die hier vorgestellten Anlagen sollen Ihnen lediglich einige Möglichkeiten für aussichtsreiche Investments aufzeigen.

Dieses Buch ersetzt nicht die eigene Recherche für Investments in die BRIC-Staaten. Jeder Anleger, der in die Emerging Markets investiert, selbst wenn es nur über einen Fonds oder ein Indexzertifikat ist, sollte sich vorher immer selbst umfassend über die Investments informieren.

Jetzt wünsche ich Ihnen viel Spaß bei diesem Buch und freue mich über Anregungen, Lob oder Kritik. (Ach, was rede ich, lassen Sie die Kritik weg. Seien wir ehrlich: Wer will die schon hören …)

Have a successful day,

Ihr Daniel Wilhelmi

simplified

1 Die Emerging Markets – Das Anlagenzentrum des 21. Jahrhunderts

Gib einem Hungernden einen Fisch, so wird er einen Tag lang satt. Lehre ihn fischen und er wird nie mehr hungern. (Chinesisches Sprichwort)

Das 19. Jahrhundert war das Jahrhundert von Europa.

Das 20. Jahrhundert war das Jahrhundert der USA.

Das 21. Jahrhundert wird das Jahrhundert der Emerging Markets.

Ich bin ein Kind der 80er-Jahre. Ich bin aufgewachsen mit Dingen wie dem Computer von Commodore, der Kaufhauskette Hertie und drei TV-Kanälen, wo ab Mitternacht nur noch das Testbild lief. Wer damals einen Walkman von Sony hatte, war der coolste und hippste Typ auf dem Schulhof.

Nicht nur das: Auf der geopolitischen Ebene gab es östlich von uns eine Supermacht namens UdSSR, Deutschland war ein geteiltes Land und in den USA zitterte die Wirtschaft vor dem großen Gegner aus Asien: Japan. Wie sich die Welt doch verändert ...

Aber für die meisten Menschen waren derartige Veränderungen in diesen Momenten der 80er-Jahre absolut unvorstellbar. Wer hätte sich damals je träumen lassen, dass die als unschlagbar geltenden VHS-Videokassetten aussterben wie die Dinosaurier. Oder dass die Audiokassette inzwischen einen ähnlich antiquierten Stellenwert hat wie Gutenbergs erste Druckerpresse.

Worauf ich mit diesem Retro-Blick in die Vergangenheit hinaus will: Die Welt verändert sich. Aber die meisten Menschen schauen einfach nicht über den Tellerrand hinaus und erkennen nicht, was passieren wird.

Die jungen Schwellenländer befinden sich erst in der Frühphase ihres Wachstumszyklus – und nicht in der Spätphase wie die Industrieländer. Deshalb liegt die Zukunft in den Emerging Markets.

Platz	Name	Vermögen (in Mrd. USD)	Land
1	Carlos Slim Helu	53,5	Mexiko
2	Bill Gates	53,0	USA
3	Warren Buffett	47,0	USA
4	Mukesh Ambani	29,0	Indien
5	Lakshmi Mittal	28,7	Indien

Abbildung 2: Die fünf reichsten Menschen der Welt im Jahr 2010

(Quelle: Forbes Magazin)

Beispielsweise kommen inzwischen drei der fünf reichsten Männer der Welt aus den Emerging Markets (und keiner ist ein Ölscheich). Vier der 20 größten Unternehmen der Welt sind aus den BRIC-Staaten (Chinas PetroChina und China Mobile sowie Brasiliens Vale und Petrobras). Dieser Trend gewinnt immer mehr an Fahrt.

1.1 Ein historischer Wandel vollzieht sich

Wir befinden uns in einer historischen Zeit. Die Welt ist in einem Wandel, wie er in der Geschichte der Menschheit noch nie stattgefunden hat. Es gab immer gewaltige Umwälzungen und Machtverschiebungen, vom Zusammenbruch des Römischen Reichs bis zum Aufstieg der USA zur einzigen Supermacht der Welt.

Aber noch nie gab es einen derartig globalen Wandel, der auf allen Ebenen stattfindet. Sie müssen nur die Augen aufmachen und sehen, was wirklich um uns herum passiert: die Machtverschiebung von den alten Industrieländern zu den Emerging Markets – den Wirtschaftsmächten des 21. Jahrhunderts.

Platz	Land	Bruttoinlandsprodukt (in Mrd. USD)	Status
1	USA	14,624	Industrieland
2	China	5,745	BRIC
3	Japan	5,391	Industrieland
4	Deutschland	3,305	Industrieland
5	Frankreich	2,555	Industrieland
6	Großbritannien	2,259	Industrieland
7	Brasilien	2,024	BRIC
8	Kanada	1,564	Industrieland
9	Russland	1,477	BRIC
10	Indien	1,430	BRIC

Abbildung 3: Die zehn größten Volkswirtschaften im Jahr 2010

(Quelle: IWF)

Es entsteht eine neue Welt mit neuen Wirtschafts- und Kapitalmarktzentren. Das Kernstück ist die Verschiebung des Wirtschaftszentrums von Westen nach Osten – weg aus Nordamerika und Westeuropa hin nach Asien. Stellen Sie sich den Aufstieg der Emerging Markets wie einen Hurrikan vor. Das Auge des Wachstumshurrikans befindet sich in Asien.

Dabei spielt Japan, die bisherige Wirtschaftssupermacht Asiens aus dem vergangenen Jahrhundert, sogar nur noch eine Nebenrolle. Die Hauptrollen spielen vielmehr die BRIC-Staaten China und Indien sowie Südostasien, angeführt von Indonesien.

Von dem Asien-Boom profitieren dann wiederum rohstoffreiche Schwellenländer wie Brasilien oder Russland. Aber der asiatische Raum ist das neue Zentrum der Weltwirtschaft. Kein Wunder: In Asien leben derzeit fast 4,2 Milliarden Menschen. Das sind sage und schreibe fast 62 Prozent der gesamten Weltbevölkerung von 6,8 Milliarden Menschen.

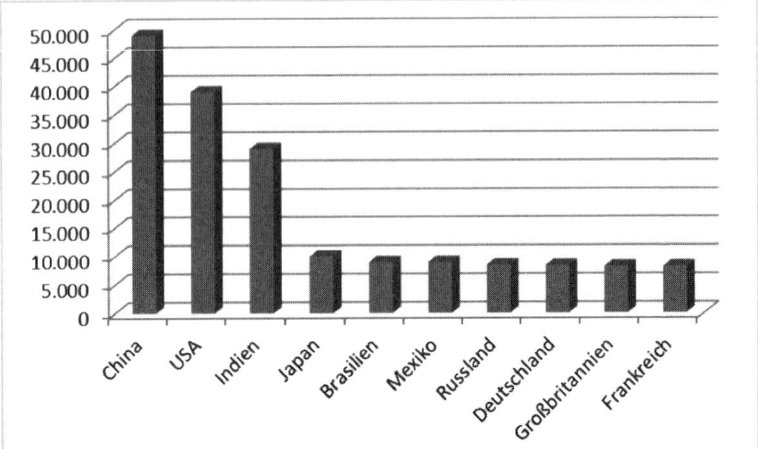

Abbildung 4: Die zehn größten Volkswirtschaften der Welt im Jahr 2050

(Quelle: Goldman Sachs)

Besonders populär ist im Zusammenhang mit historischen Veränderungen auf den Bühnen der Weltwirtschaft und der Weltpolitik die berühmte Langzeitprognose der amerikanischen Investmentbank Goldman Sachs, wie die Liste der größten Volkswirtschaften im Jahr 2050 aussehen könnte.

Das Ergebnis: In den kommenden Dekaden des 21. Jahrhunderts werden die Emerging Markets die etablierten Industrieländer überrollen und gnadenlos von ihren bisherigen Spitzenplätzen verdrängen, die sie im 20. Jahrhundert besaßen. Sollte die Prognose von Goldman Sachs eintreffen, dann kämen in gut 40 Jahren 13 der 20 größten Volkswirtschaften aus den Emerging Markets.

Natürlich kann niemand in eine Glaskugel schauen und mit Sicherheit sagen, wie sich die Volkswirtschaften bis 2050 entwickeln werden. Aber diese Prognose gibt Ihnen ein Gefühl dafür, welche grundlegenden und gewaltigen Veränderungen wir in der Weltwirtschaft im 21. Jahrhundert erleben werden.

Dabei ist aber ein Punkt zu beachten: Diese berühmte Prognose wurde Anfang des Jahrtausends entwickelt. Einer der Eckpfeiler des Modells waren damals erwartete Wachstumsraten für die vier großen Flaggschiffe der Emerging Markets, die BRIC-Staaten Brasilien, Russland, Indien und China.

Tatsächlich haben die letzten fünf Jahre aber gezeigt, dass die Prognosen aus dem Modell mit der Realität nicht übereinstimmen. Die Emerging Markets, allen voran die BRICs, haben sich viel schneller entwickelt, als es Goldman Sachs damals prognostizierte.

Wenn es also eine Abweichung von der Langzeitprognose geben wird, dann deuten die bisherigen Entwicklungen darauf hin, dass die Machtübernahme der Emerging Markets von den Industrieländern sogar noch schneller vonstatten gehen wird, als es bisher erwartet wurde.

1.2 Die Industrieländer: Der Abstieg hat begonnen

Doch die vergangene Dekade war eben nicht für alle Länder erfolgreich. Zusammen mit der Machtverschiebung in der Weltwirtschaft – und auch immer mehr in der Weltpolitik – erlebten die alten Wirtschaftsmächte einen seit Jahrzehnten nicht dagewesenen Machtverlust.

Nicht ohne Grund werden die vergangenen zehn Jahre in den USA von Historikern, Politologen und Wirtschaftswissenschaftlern gleichermaßen mit einem unrühmlichen Titel benannt: „Das verlorene Jahrzehnt“. Die USA haben inzwischen 14 Billionen US-Dollar Schulden, einen gesättigten Konsummarkt und immer mehr Babyboomer. Die Generationen, die das Land groß gemacht haben, gehen nun in Rente.

Abbildung 5: Entwicklung des Dow Jones-Index zwischen 2000 und 2009

(Quelle: tradesignal-online.com)

Nirgendwo ist die Entwicklung der USA deutlicher abzulesen als in den Charts des Dow Jones. Eine Börsenweisheit besagt: „Der Chart sagt immer die Wahrheit." Sie sehen, dass der Dow Jones in den letzten zehn Jahren per saldo seitwärts gelaufen ist. Anleger, die vor zehn Jahren, beispielsweise mit einem Indexprodukt, in den Dow Jones investierten, haben ein Jahrzehnt später nichts verdient (wenn man Dividenden außen vor lässt). Null.

Nun frage ich Sie: Sieht so der Chart einer gesunden, wachstumsstarken Volkswirtschaft aus? Jetzt denken Sie vielleicht, dass dies ein Sonderfall sei. Aber wie Sie in den anderen Charts westlicher Börsen erkennen, findet sich dieses Phänomen überall.

Der DAX hat in den vergangenen zehn Jahren unterm Strich auch nichts hinzugewonnen. Von Japan brauchen wir gar nicht zu reden: Der Nikkei

225 war im vergangenen Jahrzehnt eine schlechtere Anlage als der Kauf einer handsignierten Musik-CD von Alexander Klaws, dem ersten DSDS-Sieger.

Abbildung 6: Entwicklung des Nikkei zwischen 2000 und 2010

(Quelle: tradesignal-online.com)

Nun vergleichen Sie die Börsenentwicklung dieser beiden Märkte mit dem Chart des MSCI Emerging Markets Index, dem Leitindex für die Schwellenländer. Während Anleger mit dem Dow Jones oder dem DAX in den letzten zehn Jahren de facto keine Kursgewinne erzielten, legte der MSCI EM-Index im gleichen Zeitraum um gut 200 Prozent zu.

Abbildung 7: Entwicklung des MSCI-EM zwischen 2000 und 2010

(Quelle: tradesignal-online.com)

Bei den europäischen Industrieländern hat sich die Lage in den letzten 15 Jahren nicht viel mehr verbessert als in den USA (wie man bei einem Vergleich der Indizes wunderbar erkennen kann).

Die Schuldenkrise der PIIGS-Staaten ist ein eindrucksvoller Beweis für die europäische Katastrophe. Schauen Sie sich Griechenland an: Ohne die EU-Unterstützung hätten die Griechen ihre Gyrosbude, die sie Volkswirtschaft nennen, doch schon lange dichtmachen müssen.

> *„Allerdings wird es meiner Meinung nach in 20 Jahren keinen Euro mehr geben."*
> *Jim Rogers, Interview im Februar 2010*

Und wer darf es wieder ausbaden? Richtig, wir Deutsche. Zugegeben, als Exportnation profitieren wir besonders stark vom Euro. Aber dafür ist

Deutschland auch der größte Nettozahler der Europäischen Union. Ohne die deutsche Wirtschaft und unsere Steuergelder kann Brüssel den Laden doch sofort zumachen. So sieht es nämlich aus.

Investmenttipp

An dieser Stelle möchte ich Ihnen einen wichtigen Anlagetipp mit auf den Weg geben: Sie sollten langfristig im Euro unterinvestiert sein. Weitsichtige Anleger beziehen in den mittelfristigen Vermögensaufbau den Aspekt ein, dass sich der Euro als ein Fehler herausstellen und langfristig nicht überleben wird.

Deshalb sollten Sie mittelfristig ihre Euro-Positionen über verschiedene Währungen, Gold- oder Silberanlagen und „Hard Assets" wie Immobilien und Aktien von Qualitätsunternehmen diversifizieren.

So wandeln Sie Ihr Vermögen in einen Anlagenkorb, mit dem Sie einen Zusammenbruch des Euro problemlos überstehen können. Das wird nicht in den nächsten ein bis zwei Jahren passieren, aber es wird kommen. Dann sollten Sie schon vorbereitet sein, während sich die Masse der Menschen in Europa ungläubig damit anfinden muss, dass sie wieder das kurze Ende des Stocks erwischt hat.

Aber Deutschland ertrinkt selbst in eigenen Problemen. Deutschland – im 20. Jahrhundert stand dieser Name lange Zeit als glänzendes Beispiel für wirtschaftlichen Erfolg, Qualität, Exportweltmeisterschaften und für eine der größten Wirtschaftsnationen der Welt. Doch so ungern es die Menschen in unserem schönen Land – und wahrscheinlich auch Sie – hören wollen: Die glorreichen Zeiten der 50er-, 60er-, 70er- und 80er-Jahre sind lange vorbei.

2000	2001	2002	2003	2004	2005	2006	2007	2008	2009	2010
3,2 %	1,2 %	-0,0 %	-0,2 %	1,2 %	0,8 %	3,4 %	2,7 %	1,0 %	-4,7 %	3,3 %

Abbildung 8: Wirtschaftswachstum von Deutschland zwischen 2000 und 2010

(Quelle: IWF)

Die harten Fakten zeichnen ein klares Bild. In den vergangenen zehn Jahren ist die deutsche Wirtschaft durchschnittlich nur um 1,1 Prozent pro Jahr gewachsen. Das sind nicht gerade die Zahlen, die eine Wirtschaftsweltmacht auszeichnen. Auch die Zukunft sieht nicht viel besser aus. Für die kommenden fünf Jahre rechnet der Internationale Währungsfonds mit einem jährlichen Wachstum der deutschen Wirtschaft von 1,8 Prozent.

erwartetes Wachstum im Jahr	2011	2012	2013	2014	2015
Deutschland	2,0 %	2,0 %	1,8 %	1,7 %	1,3 %

Abbildung 9: Prognose für das zukünftige Wirtschaftswachstum von Deutschland

(Quelle: IWF)

Die Gründe für den Abstieg Deutschlands von den Spitzenplätzen der Weltwirtschaft sind kein Geheimnis:

> Ein politisches und gesellschaftliches Rahmenumfeld, das auf freies Unternehmertum wie ein Bremsklotz wirkt und dazu führt, dass zwei historische Stärken Deutschlands, das Erfindertum und technologische Innovationen, immer weiter verkümmern.
> Viel zu hohe Lohnkosten, die vielleicht noch in den 80er-Jahren angemessen waren, als man nur mit anderen Industrieländern konkurrierte. Aber nicht mehr in der globalisierten Welt 30 Jahre später.
> Abnehmende internationale Konkurrenzfähigkeit. In der neuen Welt von heute sind die ultrahohen deutschen Sozialabgaben und die unzeitgemäßen Arbeitsmarktgesetze tödlich für den Konkurrenzkampf gegen die deutlich günstigeren Emerging Markets.
> Die Schwellenländer schließen in vielen Bereichen die Qualitätslücke zu den Industrieländern in rasender Geschwindigkeit. Noch sind sie in vielen Wirtschaftszweigen nicht so weit – aber sie nähern sich mit riesigen Schritten.
> Eine erdrückende und unternehmerfeindliche Bürokratie, wo Sie erst mal 25 Formulare ausfüllen müssen, um überhaupt den eigentlichen Antrag einreichen zu dürfen. Und wehe, wenn Sie den gelben Antrag vor dem blauen Antrag abgegeben haben …
> Fehlender Mut der Politiker zu grundlegenden und notwendigen Reformen, da die Politiker um ihre Wiederwahl fürchten.
> Eine rasant überalternde Gesellschaft, deren Versorgung die kommenden Generationen bis auf das letzte Hemd ausziehen wird.
> Und natürlich eine traditionell einflussreiche, aber wirtschaftsfeindliche Linkspolitik.

Diese Probleme liegen wie eine Bleiglocke über dem wahren, großen Potenzial dieses Landes. Dementsprechend ist es für den aufmerksamen Beobachter keine Überraschung, dass China die einstmals mächtige deutsche Volkswirtschaft inzwischen von Platz drei der größten Weltwirtschaften verdrängt hat. Nicht nur das: Auch das Aushängeschild des „Exportweltmeisters" haben wir schon im Jahr 2009 an das Reich der Mitte verloren.

Ein großes Problem aller Industriestaaten, mit Ausnahme der USA, ist die demografische Entwicklung in diesen Ländern. In Deutschland mit seinen viel zu hohen Sozial- und Pflegeleistungen wird es besonders schlimm werden. Die Folgen dieser Entwicklung werden in den kommenden Jahrzehnten die Entwicklung der deutschen Wirtschaft und der Gesellschaft geradezu einbetonieren.

Deutschland ist mit einer Bevölkerung von 82 Millionen Menschen das fünfzehntgrößte Land der Erde. Aber: Das Durchschnittsalter der Bundesrepublik liegt schon bei 44,3 Jahren. Schon heute sind bereits 20 Prozent aller Deutschen über 65 Jahre alt.

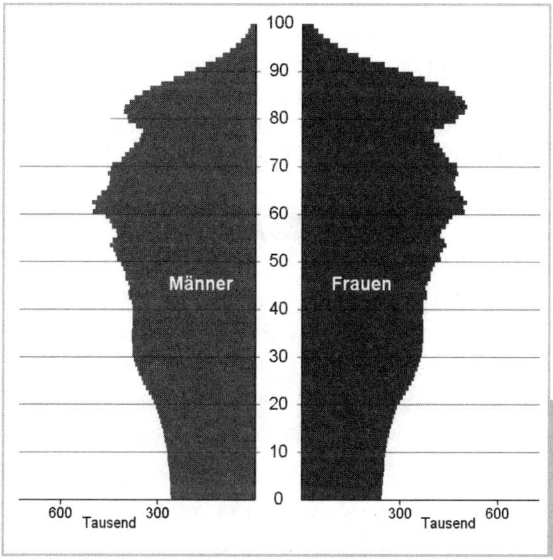

Abbildung 10: Die erwartete Bevölkerungspyramide für Deutschland im Jahr 2050
(Quelle: Statistisches Bundesamt)

Was damit für Sozial- und Gesundheitskosten auf Deutschland zukommen, können Sie an einer Hand abzählen. Da die Deutschen aber nicht genug Altersvorsorge betreiben (Stichwort: Rentenlücke) und der Staat faktisch pleite ist, werden die Lasten einfach auf die Bürger und die Unternehmen abgewälzt.

Denn eines ist klar: Um die älteren Wählerschichten, die in den kommenden Jahren ja immer weiter anwachsen, nicht zu vergraulen und ihre Wiederwahlen nicht zu gefährden, werden die deutschen Politiker das machen, was sie am besten können: gar nichts.

Höhere Steuern und höhere Sozialabgaben für Unternehmen sind damit so gut wie sicher. Dies wird eine überparteiliche politische Richtung werden. (Besonders heftig wird es jedoch werden, wenn die linken politischen Strömungen weiter an Macht gewinnen.)

Die Quintessenz: Deutschland wird im internationalen Konkurrenzkampf immer weiter zurückfallen.

Fragen Sie sich also ehrlich und möglichst emotionslos: Wo liegt die Zukunft der Weltwirtschaft und wo findet das „deutsche Wirtschaftswunder" des 21. Jahrhunderts statt? Wenn ich die Zukunftsperspektiven ganz objektiv betrachte, dann lautet die Antwort: in den Emerging Markets.

erwartetes Wachstum im Jahr	2011	2012	2013	2014	2015
Asien (ohne Japan)	6,5 %	6,4 %	6,5 %	6,4 %	6,4 %
Afrika	5,2 %	5,4 %	5,6 %	5,6 %	5,5 %
Welt gesamt	4,2 %	4,5 %	4,6 %	4,6 %	4,6 %
Lateinamerika	4,0 %	4,2 %	4,1 %	4,0 %	4,0 %
Osteuropa (inkl. Russland)	3,7 %	4,1 %	4,1 %	4,1 %	4,1 %
Australien	3,5 %	3,5 %	3,3 %	3,3 %	3,2 %
Nordamerika	2,5 %	2,9 %	2,7 %	2,5 %	2,3 %
Westeuropa	1,5 %	1,8 %	1,8 %	1,8 %	1,7 %

Abbildung 11: Prognostiziertes Wirtschaftswachstum verschiedener Regionen

(Quelle: IWF)

Diesbezüglich sind die Kapitalmärkte in ihrem Kern eigentlich ganz einfach: Das Geld fließt immer dahin, wo das größte Wachstum erwartet wird. Denn dort finden sich dann die größten Gewinnchancen. Und die größten Wachstumsraten und Entwicklungschancen finden sich in den kommenden Jahrzehnten ganz klar in den Schwellenländern, allen voran in den BRICs.

Wenn man die Wachstumsraten der Emerging Markets und der Industrieländer vergleicht, dann wachsen die jungen, aufstrebenden Wirtschaften oftmals doppelt so stark wie die entwickelten Länder.

Zudem haben sich die Rahmenbedingungen bei den BRICs in der letzten Dekade deutlich verbessert. Im Gegensatz zu den hoch verschuldeten Industrieländern sitzen die BRICs inzwischen auf Rekordwerten an Devisenreserven und ihre Staatshaushalte haben nie dagewesene Stabilitätsniveaus erreicht.

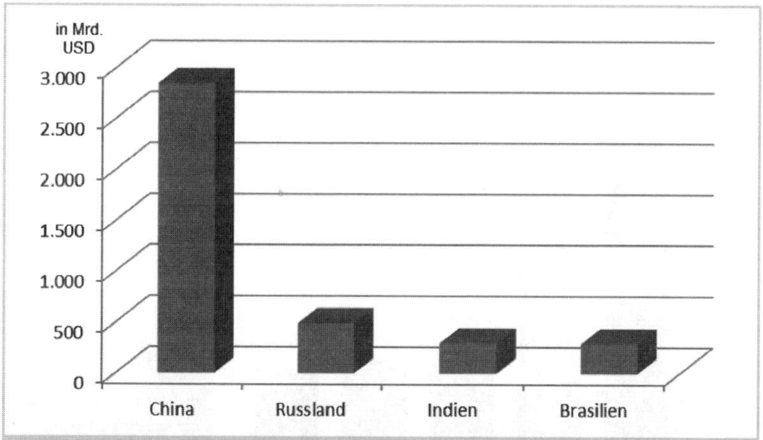

Abbildung 12: Devisenreserven der vier BRIC-Länder
(Quelle: Deutsche Bank Research, Reserve Bank of India)

1.3 Der richtige Boom steht erst noch bevor

Der Wandel vollzieht sich bereits. Heute. Direkt vor unseren Augen. Aber die meisten Menschen achten nicht darauf, was wirklich um sie herum passiert, da sie mit Scheuklappen durchs Leben laufen. Früher gingen die großen, ehemals mächtigen Firmen aus den Industrieländern in die Schwellenländer und kauften dort auf, was ihnen gefiel.

Heute sieht es anders aus. Plötzlich kommen Konzerne aus den Emerging Markets in die Industrieländer und kaufen etablierte Weltfirmen auf. Übernahmen wie der 2,3 Milliarden teure US-Dollar-Kauf der weltbekannten Automarke Jaguar (zusammen mit Land Rover) durch den indischen Autokonzern Tata Motors im Jahr 2008 waren vor zehn Jahren noch völlig undenkbar.

So schnell vollzieht sich der globale Wandel inzwischen. Ein klareres Zeichen für die Machtverschiebung von den Industrieländern in die Emerging Markets gibt es nicht.

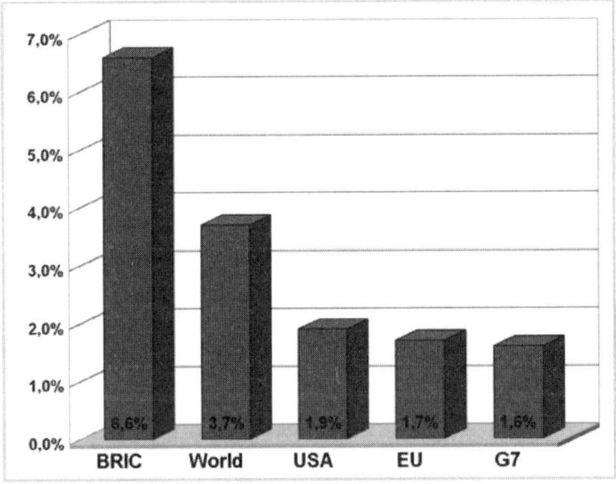

Abbildung 13: Vergleich des Wirtschaftswachstums der BRICs und verschiedener Industrieländer zwischen 2000 und 2010 (Quelle: Goldman Sachs)

Immer wieder kommen interessierte Anleger auf Messen oder Kongressen auf mich zu und fragen mich: „Herr Wilhelmi, welche Potenziale in den Emerging Markets liegen, habe ich verstanden. Aber ist der größte Teil der Storys nicht schon gelaufen? Schauen Sie sich nur die Charts an. Und ganz nebenbei: Sie sehen wirklich extrem gut aus, Herr Wilhelmi …"

Gut, den letzten Satz sagt nie jemand zu mir. Wäre schön, ist aber nicht so. Doch der Einwand, dass die Kurse vieler Emerging Markets in den vergangenen 10 bis 15 Jahren stark angestiegen sind, ist berechtigt.

In den vergangenen acht Jahren, seit dem Ende der Baisse nach dem Platzen der New-Economy-Blase, stieg der DAX um 141 Prozent. Das ist eine gute Performance. Aber im gleichen Zeitraum schossen die Börsen der BRICs ein Kursfeuerwerk in den Börsenhimmel, das weitsichtige Investoren reich machte. Die Performances der Leitindizes der BRICs zwischen 2003 bis 2010 treiben jedem treuen DAX-Investor einfach nur Tränen in die Augen:

- Brasilien (Bovespa-Index): + 503 Prozent
- Russland (RTS-Index): + 401 Prozent
- Indien (Sensex-Index): + 509 Prozent
- China (HSCI-Index) + 358 Prozent

Da ist die Frage mehr als berechtigt, ob der Großteil der Party nicht schon gelaufen ist, wenn man jetzt weiter einsteigt. Ob, um im Bild zu bleiben, die leckersten Drinks nicht schon ausgetrunken sind und die schönsten Mädchen nicht schon mit jemand anderem tanzen?

Die Antwort lautet „Nein" – aber mit einer Prise „Ja" eingestreut. Um Sie nicht komplett zu verwirren: Es stimmt schon, dass bei den Blue Chips ein großer Teil des Marathons schon gelaufen wurde.

Doch das bedeutet eben nicht, dass dadurch die Börsenentwicklungen in diesen Ländern schon vorbei sind. Dafür werden neue Börsenstars aufkommen und sich neue Milliardenkonzerne entwickeln.

Denn die große Story hinter den Emerging Markets beginnt gerade erst: die Entwicklung der gigantischen Konsummärkte, die langfristig in

würde. Das ist kein Witz. Sie können es in historischen Büchern aus dieser Zeit nachlesen.

Die Marke von 1000 Punkten wurde damals als „natürliche" Obergrenze für den Aktienmarkt gesehen. Es gab für Kurse oberhalb von 1000 Punkten nicht mal Bezeichnungen. Der Bereich über der magischen Marke wurde einfach nur als „Vakuum" bezeichnet.

Wie absurd dies heute klingt – da der Dow Jones bei über 11.000 Punkten steht. Aber damals waren sich die „Experten" sicher: Nachdem der Index nach einer Verachtzehnfachung gut 15 Jahre unterhalb der 1000-Punkte-Marke gelegen hatte, würde er diese Marke niemals übersteigen können.

Wenn man diesen Börsianern gesagt hätte, dass sich der Dow Jones von November 1982 bis Oktober 2007 fast vervierzehnfachen würde – man hätte sie für verrückt erklärt und ihnen noch 1982 die weiße Jacke mit den Ärmeln auf dem Rücken angezogen.

Worauf ich hinaus will: Lassen Sie sich durch die vergangene Performance nicht verunsichern. Wichtig ist die zukünftige Entwicklung der Emerging Markets, vor allem von Brasilien, Russland, Indien und China. Hier lässt sich klar sagen: In den Emerging Markets, angeführt von den BRICs, finden Sie die größten Investmentchancen des 21. Jahrhunderts.

Natürlich dürfen Sie trotz aller Möglichkeiten, die sich in den kommenden Jahren und Jahrzehnten in den Schwellenländern bieten werden, nicht blind für die Risiken sein.

Instabile politische Strukturen, Korruption, Umweltverschmutzung, große soziale Gefälle, weitverbreitete Armut, fehlende soziale Sicherungssysteme, unentwickelte Bildungssysteme, Infrastrukturmangel, soziale Unruhen, steigende Rohstoffpreise oder Spekulationsblasen durch übermäßige Kapitalzuflüsse – die Risiken sind vielfältig und so bedeutend, dass Anleger immer gut informiert sein müssen.

Es ist schon jetzt absolut sicher, dass wir in den Emerging Markets und auch in den BRICs in den kommenden Jahren einige schwere Krisen erleben werden, in denen die Börsen in massive Kursturbulenzen geraten. Das gehört zum „Erwachsenwerden“ von Volkswirtschaften dazu.

(Quelle: www.chinalink.de)

Abbildung 16: Das chinesisches Zeichen für „Chance“ und „Krise“

Aber diese Krisen stellen nicht die übergeordnete Makro-Entwicklung infrage. Im Chinesischen haben die Worte „Chance“ und „Krise“ dasselbe Zeichen. Sie sollten also in solchen dunklen Phasen – und die werden kommen, da mache ich Ihnen gar nichts vor – immer die langfristigen Chancen sehen.

Denn es stellt sich nicht mehr die Frage, ob man in die Emerging Markets investieren sollte. In einem modernen Depot für das 21. Jahrhundert sollten die Schwellenländer, allen voran die BRICs, keine Randerscheinung mehr darstellen, sondern eine der Kern-Investmentansätze sein.

simplified

2 Was sind die BRICs

Man wirft nur Steine auf Bäume, die Früchte tragen.
(Brasilianisches Sprichwort)

Inzwischen dürfte den meisten Anlegern klar sein, dass „BRIC“ keine neue Casting-Show im TV ist. Wobei man bei den privaten TV-Sendern und dem Verfall des Unterhaltungsniveaus im deutschen Fernsehen nie sicher sein kann. Aber bisher sieht es noch ganz gut aus …

Das BRIC-Konzept gehört heute vielmehr zu einer der etablierten Anlagestrategien in der Finanzwelt. Aber seien wir ehrlich: Der Name BRIC klingt schon etwas seltsam für eine Investmentform, die Börsianern einige der größten Anlagechancen des 21. Jahrhunderts bietet. Was steckt also hinter „BRIC“?

2.1 Wofür steht BRIC?

BRIC setzt sich zusammen aus den Anfangsbuchstaben von vier der größten Emerging Markets, um die es sich in dieser Strategie dreht:

B = Brasilien
R = Russland
I = Indien
C = China

Aber warum gerade diese vier Schwellenländer? Diese Frage führt uns zu der eigentlichen Kernthese des BRIC-Konzepts. Das BRIC-Konzept wurde 2001 von Jim O’Neill, dem Chefvolkswirt der renommierten Investmentbank Goldman Sachs, entwickelt.

Damals hatten die Märkte gerade die dicht aufeinanderfolgenden Schwellenländer-Krisen in Asien (Asien-Krise 1997 bis 1998), in Osteuropa (Vodka-Krise 1998) und in Lateinamerika (Argentinien-Krise 1998 bis 2002) überstanden.

Als wäre das noch nicht genug, war den Anlegern an den Börsen der Industrieländer gerade die New-Economy-Bubble um die Ohren geflogen. Und zwar mitsamt den gehypten amerikanischen Internet-Superstars und dem Neuen Markt, die dann schneller verglühten als eine Supernova.

(Ein trauriger Gegenbeweis für die Skeptiker, die immer behaupten, dass die Emerging Markets so unglaublich viel risikoreicher als die angeblich so sicheren Börsen aus der ersten Welt seien.)

Kurzum: Die Emerging Markets waren damals an den Börsen nicht mehr als eine Randerscheinung. Bis auf einige Blue-Chip-Aktien und Fonds (der Zertifikate-Boom würde erst in den folgenden Jahren richtig einschlagen) gab es damals kaum Anlagemöglichkeiten in den Schwellenländern.

Zudem war die Berichterstattung in den westlichen Medien minimal und der Informationsfluss sehr gering und schwierig. Mit der Zahl der interessierten Anleger hätte man vermutlich nicht mal die Zuschauerränge der Sporthalle eines Badminton-Landesligisten voll besetzen können.

Abbildung 17:
Daniel Wilhelmi (li.) und Jim O'Neill (re.) bei der 1. BRIC-Konferenz 2006
(Quelle: Daniel Wilhelmi)

BRIC steckte damals noch in den Kinderschuhen. Das Konzept erblickte erstmals im Jahr 2001 das Licht der Welt. Jim O'Neill, Chefvolkswirt der größten Investmentbank der Welt Goldman Sachs, und sein Team veröffentlichten um November 2001 einen kleinen siebenseitigen Essay mit dem Namen „Building Better Global Economic BRICs".

Den wirklichen Durchbruch, und damit einhergehend geradezu einen Rockstar-Status für den sympathischen O'Neill, erlangte das BRIC-Konzept aber erst im Oktober 2003. Damals veröffentlichte O'Neill, der privat ein riesiger Fußballfan (Manchester United) ist, die Studie „Dreaming with the BRICs: The Path to 2050". Das war der Startschuss für den Ruhm des BRIC-Konzepts.

Die DWS, Fondstochter der Deutschen Bank, hat die Zusammenstellung der BRICs in einer alten Präsentation zwar etwas sehr vereinfacht, aber dadurch sehr gut begreiflich dargestellt. Allerdings wurde dabei der wichtigste Punkt nicht beachtet, auf den ich in diesem Buch ausführlich eingehen werde: die gigantischen Binnenmärkte.

Wenn man dies jedoch als übergeordnete, allumfassende Makro-Story voraussetzt, dann beschrieb das Konzept der Deutschen Bank die Rollenverteilung der vier BRIC-Länder in der Weltwirtschaft einfach und klar:

B = Brasilien ist mit seinen reichhaltigen Rohstoffvorkommen das Rohstofflager der Welt.
R = Russland ist mit seinen Öl- und Gasreserven die Zapfsäule des Globus.
I = Indien ist mit seinen gut ausgebildeten Arbeitskräften die innovative Denkfabrik und Hightech-Schmiede der Welt.
C = China ist mit seinen niedrigen Produktionskosten die Werkhalle der Welt.

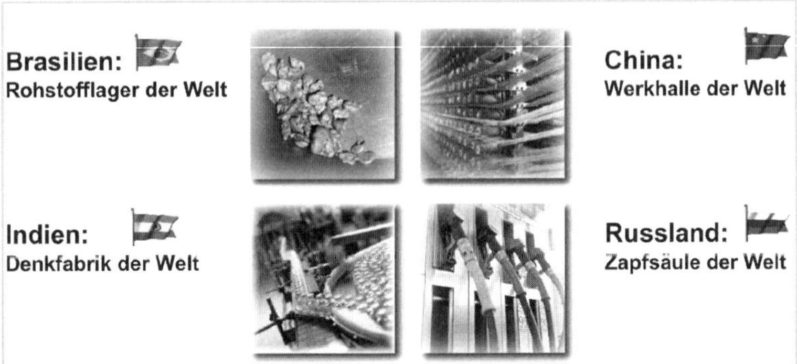

Abbildung 18: BRIC – die vereinfachte Funktionsweise der BRICs

(Quelle: DWS)

Wie gesagt, diese Auflistung ist sehr simplifiziert und aufgrund des fehlenden Einbezugs der Konsummärkte auch ein überlebtes Konzept. Inzwischen haben sich die Storys teilweise weiterentwickelt und verschoben. So verliert Chinas Export-Story gegenüber der eigenen Binnenmarktentwicklung immer weiter an Bedeutung.

2.2 Die einzigartigen Stärken des BRIC-Konzepts

Aber die Beschreibung der DWS stellt einen der drei entscheidenden Vorteile der BRIC-Zusammensetzung sehr gut heraus. Dieser erste Vorteil ist: Die Länder sind in ihren Stärken sehr unterschiedlich und ergänzen sich damit exzellent.

Brasilien und Russland sind zwei Länder, die besonders stark von steigenden Rohstoffpreisen profitieren. Indien und China befinden sich mitten im Epizentrum des asiatischen Wirtschaftswunders.

Beide Länder sind Niedriglohnländer und damit, vor allem China, große Profiteure der Globalisierung und des Outsourcing-Trends von Konzernen aus den Industrieländern. Zudem profitiert China mit seiner bedeutenden Exportwirtschaft, auch wenn diese langsam, aber stetig an Bedeutung verliert, von dem weltweit steigenden Konsum.

Das größte Ass im Ärmel der beiden asiatischen BRIC-Länder lautet jedoch anders: China und Indien besitzen mit ihren Milliardenvölkern Binnenmarktpotenziale, die es in der Geschichte der Menschheit so noch nie gegeben hat.

Die zweite Stärke des BRIC-Konzepts: Die vier Volkswirtschaften befinden sich in unterschiedlichen Phasen der Industrialisierung. So hinkt Indien beispielsweise der Entwicklung in China um fünf bis zehn Jahre hinterher.

Auf der anderen Seite ist der Binnenmarkt in Russland trotz der dort weiterhin großen Armut – deutlich weiter entwickelt als in China. Diese unterschiedlichen Entwicklungsstadien sorgen dafür, dass die BRIC-Story auf Jahrzehnte heiß bleibt.

Denn wenn in einigen Jahren die Wachstumsraten der weiter entwickelten BRIC-Staaten nach und nach absinken, kompensiert das dann immer noch hohe Wachstum der jüngeren BRICs, allen voran Indien, den allgemeinen Verlangsamungsprozess.

Das Ergebnis: Das Gesamtwachstum der BRICs wird über Jahre und Jahrzehnte höher als das Wachstum der Weltwirtschaft sein. Dementsprechend verliert auch die BRIC-Anlagestrategie auf Jahre hinaus nicht an Attraktivität.

Die dritte und mit Abstand bedeutendste Stärke des BRIC-Konzepts hatte ich schon angerissen: das gigantische, und ich meine „gigantische“, langfristige Binnenmarktpotenzial von Brasilien, Russland, Indien und China.

2.3 Die Story des 21. Jahrhunderts: die Binnenmärkte der BRICs

Mit den BRIC-Staaten haben Sie die Chance, am Aufstieg der Binnenmärkte von insgesamt über 2,8 Milliarden Menschen teilzunehmen. Das sind über 40 Prozent der gesamten Weltbevölkerung (6,8 Milliarden Menschen)!

Mit Investments in lediglich vier BRIC-Staaten partizipieren Sie an den Entwicklungen und Fortschritten von über 40 Prozent der gesamten Erdbevölkerung. In den USA jubelt man über den eigenen Binnenmarkt. Aber dieser umfasst gerade mal 310 Millionen Amerikaner. Die langfristigen Potenziale der BRIC-Binnenmärkte spielen in einer ganz anderen Liga.

Land	Bevölkerungsgröße
Brasilien	199 Mio.
Russland	140 Mio.
Indien	1,17 Mrd.
China	1,34 Mrd.
BRIC gesamt	**2,85 Mrd.**

Abbildung 19: Bevölkerungen der BRIC-Staaten

(Quelle:CIA World Factbook)

Stellen Sie sich vor, Sie hätten die Chance, in der Zeit zurückzureisen. Dadurch könnten Sie in den 50er-Jahren in den Aufstieg der Konsummärkte der USA (310 Mio. Einwohner), Japans (128 Mio.), Deutschlands (82 Mio.), Frankreichs (63 Mio.), Großbritanniens (62 Mio.), Spaniens (46 Mio.), Italiens (60 Mio.), Portugals (11 Mio.), Belgiens (11 Mio.), Kanadas (34 Mio.) und der Niederlande (17 Mio.) zusammen investieren. Jawohl. Nicht nur in eines dieser Länder, sondern in all diese Länder zusammen. Man muss kein Professor der Nuklearphysik sein, um zu erkennen: Das wäre eine unglaubliche historische Chance.

Im Anfangsstadium in die Entwicklung von elf inzwischen führenden Industrienationen zu investieren – das würde Chancen beinhalten, wie man sie in einem Börsenleben nur ein Mal bekommt. Keine Frage.

Doch die Gesamtbevölkerung all dieser Industrieländer macht nur 827 Millionen Menschen aus. Nun schauen Sie noch mal einige Zeilen nach oben: Die Gesamtbevölkerung von Brasilien, Russland, Indien und China umfasst 2,85 Milliarden Menschen. 2,85 Milliarden!

Platz	Land	Bevölkerung (in Mio.)	Anteil an Weltbevölkerung	Kontinent	Entwicklungsstand
1	**China**	**1.339**	**19,7 %**	**Asien**	**BRIC**
2	**Indien**	**1.171**	**17,2 %**	**Asien**	**BRIC**
3	USA	310	4,5 %	Nordamerika	Industrieland
4	Indonesien	243	3,6 %	Asien	N-11
5	**Brasilien**	**192**	**2,8 %**	**Lateinamerika**	**BRIC**
6	Pakistan	181	2,7 %	Asien	N-11
7	Bangladesch	162	2,4 %	Asien	N-11
8	Nigeria	153	2,3 %	Afrika	N-11
9	**Russland**	**142**	**2,1 %**	**Osteuropa**	**BRIC**
10	Japan	128	1,9 %	Asien	Industrieland
11	Mexiko	110	1,6 %	Lateinamerika	N-11
12	Philippinen	92	1,4 %	Asien	N-11
13	Vietnam	87	1,3 %	Asien	N-11
14	Äthiopien	83	1,2 %	Afrika	Entwicklungsland
15	Deutschland	82	1,2 %	Westeuropa	Industrieland

Abbildung 20: Die 15 bevölkerungsreichsten Staaten der Welt

(Quelle: Deutsche Stiftung Weltbevölkerung, IWF)

Das ist noch mal 3,5-mal so viel wie die Bevölkerung der elf Industrienationen aus Ihrer Zeitreise. Dies ist eine einmalige Chance, die in diesen Jahren und Jahrzehnten stattfindet. Die Entwicklung Afrikas (gut eine Milliarde Menschen) wird noch einmal ein großer Markt sein. Aber in so einer gigantischen Form wird eine Binnenmarktentwicklung niemals wieder kommen.

2.4 Die Flaggschiffe von Asien, Lateinamerika und Osteuropa

Wie Sie in der Abbildung 20 sehen, gehören alle BRICs zu den zehn bevölkerungsreichsten Ländern der Welt. Das ist einer der Hauptgründe, warum die Wahl auf diese vier Länder fiel. Doch die Größe (sowohl geografisch als auch bevölkerungsmäßig) macht ein Land noch lange nicht zu einem besonderen Investment.

Schauen Sie sich Pakistan, Bangladesch oder Äthiopien an. Pakistan und Bangladesch besitzen Bevölkerungen von jeweils weit über 150 Millionen Menschen. Äthiopien ist ungefähr so groß wie Deutschland. Trotzdem spielen diese Länder in der Weltwirtschaft und an den Börsen keine Rolle.

Die BRIC-Länder sind hingegen auch die politischen und volkswirtschaftlichen Flaggschiffe ihrer jeweiligen Region: Brasilien dominiert Lateinamerika, Russland ist die Macht in Osteuropa und China, gefolgt von Indien, führt das asiatische Wirtschaftswunder an.

Wenn es um Investments in Unternehmen geht, dann lautet eine der bekanntesten Börsenweisheiten: „Investieren Sie in die Marktführer." Nun, auf der Makro-Ebene sind die BRIC-Länder die Marktführer ganzer Regionen.

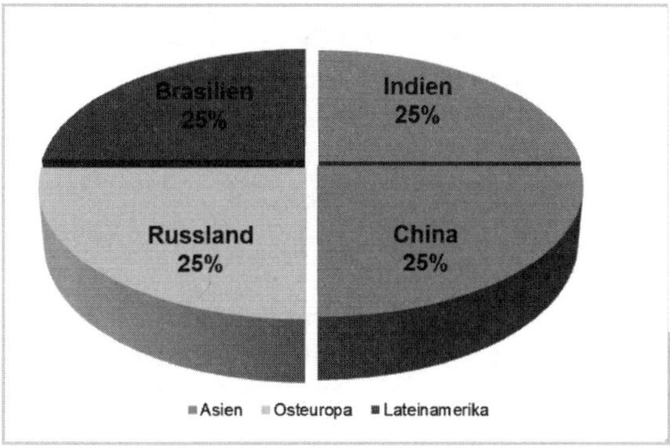

Abbildung 21: Die Aufteilung der BRIC
(Quelle: Daniel Wilhelmi)

Auffallend ist beim BRIC-Konzept, dass Asien mit zwei Ländern vertreten ist und damit die BRIC-Welt dominiert. Die asiatischen Mega-Länder China und Indien machen zusammen 50 Prozent der BRICs aus. Diese hohe prozentuale Entwicklung Asiens ist jedoch absolut gerechtfertigt, wenn man sich folgende Fakten vor Augen führt:

1. In Asien leben gut 60 Prozent der gesamten Weltbevölkerung. Dabei vereinen China und Indien mit gut 2,4 Milliarden Menschen (und dabei haben wir wahrscheinlich einige Millionen Chinesen oder Inder „übersehen") fast 30 Prozent der Weltbevölkerung auf sich
2. Asien ist das Wirtschaftszentrum des 21. Jahrhunderts. Im 20. Jahrhundert sah die Menschheit die Verschiebung des politischen und wirtschaftlichen Zentrums weg von Europa nach Westen (die USA). Nun schwingt das Pendel in die andere Richtung. Wir erleben derzeit die Machtverschiebung des weltweiten Wirtschaftszentrums von Westen nach Osten – nach Asien.

erwartetes Wachstum im Jahr	2011	2012	2013	2014	2015
China	9,6 %	9,5 %	9,5 %	9,5 %	9,5 %
Indien	8,4 %	8,0 %	8,2 %	8,1 %	8,1 %
Asien (ohne Japan)	6,5 %	6,4 %	6,5%	6,4%	6,4%
WELT	**4,2 %**	**4.6 %**	**4.6 %**	**4,6 %**	**4,6 %**

erwartetes Wachstum im Jahr	2011	2012	2013	2014	2015
Lateinamerika	4,0 %	4,2 %	4,1 %	4,0 %	3,9 %
Osteuropa	3,1 %	3,8 %	4,0 %	4,1 %	4,1 %
Europ. Union	1,7 %	2,1 %	2,2 %	2,2 %	2,2 %

Abbildung 22: Prognose für das Wirtschaftswachstum verschiedener Regionen

(Quelle: IWF)

Es hat seinen Grund, warum Asien die Weltwirtschaft 2008/09 aus der tiefen Krise geführt hat: Das Epizentrum der Entwicklung der Weltwirtschaft befindet sich inzwischen in Asien. Die Wachstumsraten von Asien stellen alle anderen Regionen weit in den Schatten. Deshalb ist der BRIC-Schwerpunkt für Asien absolut angebracht.

Das überdurchschnittliche Wirtschaftswachstum der vier BRIC-Länder und ihre gewaltigen Binnenmärkte führen uns zu dem Hauptgrund für die Auswahl von Brasilien, Russland, Indien und China: ihre zukünftige Rolle in der Weltwirtschaft von morgen und übermorgen.

BRIC-Erfinder O'Neill und sein Team wählten diese vier Länder (neben den bereits genannten Faktoren wie geografische Lage oder Bevölkerungsgröße) im Jahr 2001 aufgrund ihrer entscheidenden Bedeutung für die Entwicklung der Weltwirtschaft im 21. Jahrhundert aus. Denn ihr Anteil am globalen BIP sollte in den kommenden Dekaden rapide zunehmen.

Die Basis bildet die inzwischen zu Weltruhm gelangte Langfristprognose aus dem Jahr 2003, welche Länder die größten Volkswirtschaften im Jahr 2050 sein werden. Diese Prognose wurde in einer nachfolgenden BRIC-Analyse aus dem Dezember 2005 (Titel: „How solid are the BRICs?") verfeinert.

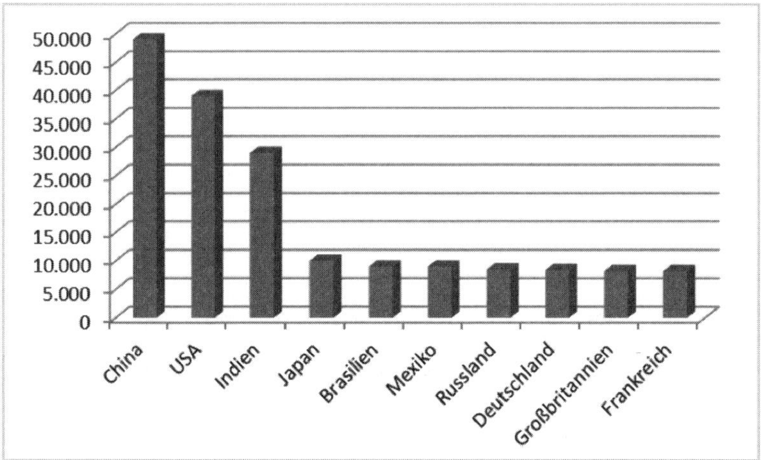

Abbildung 23: Die zehn größten Volkswirtschaften der Welt im Jahr 2050
(Quelle: Goldman Sachs)

Wie Sie wissen, wird es nach dieser Prognose in den kommenden Dekaden einen gravierenden Wandel in der Weltwirtschaft geben. Für BRIC-Anleger ist dabei die Spitzengruppe besonders interessant. Laut der Langfristprognose kommen im Jahr 2050 (das klingt weit weg, aber das sind nur noch 40 Jahre) drei der fünf größten Volkswirtschaften aus den BRICs.

China wird dann die weltweit größte Volkswirtschaft sei. Indien ist der Kronprinz auf Platz drei. Brasilien nimmt demnach Platz fünf ein und Russland findet sich auf Platz sieben – direkt vor Deutschland auf Platz acht. Von den alten Industrieländern und Wirtschaftsstars des 20. Jahrhundert können sich dann nur noch die USA und Japan unter den Top-Fünf halten.

Dies führt zu der zweiten berühmten Grafik des ursprünglichen BRIC-Konzepts: Der Berechnung, wann die einzelnen BRIC-Länder die großen, etablierten Volkswirtschaften der G6-Industriestaaten (gemessen am BIP) überholen und damit den Machtwechsel perfekt machen würden.

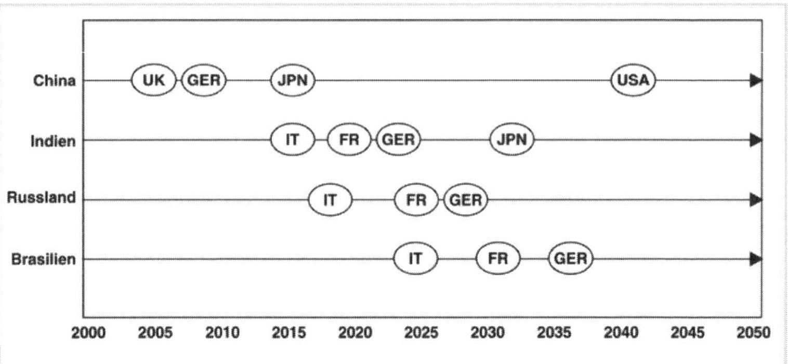

Abbildung 24: Goldman-Sachs-Prognose über die Ablösung der G6-Staaten durch die BRICs aus dem Jahr 2003

(Quelle: Goldman Sachs)

Da kann man nur sagen: „Bitte rechts ran fahren, G6-Länder." Bis auf die USA haben die alten Industriemächte nichts mehr auf der linken Spur verloren. Diese Prognose sorgte nach ihrer Veröffentlichung 2003 für gigantischen Aufruhr in der Finanzbranche und verhalf dem BRIC-Konzept zu seinem Ruhm.

Damals konnte sich im Westen niemand vorstellen, dass Industrieländer wie Deutschland, Frankreich oder Japan von Ländern wie China, Indien oder Brasilien abgelöst werden könnten. Das war undenkbar.

Aber in den Folgejahren stellte sich heraus, dass diese Entwicklung sehr wohl Realität werden wird. Als Erstes wurde Italien überholt (wer hätte es gedacht ...). Da hatten die großen Industriestaaten noch gut lachen. Doch das verging ihnen ganz schnell.

Den in den vergangenen Jahren holten die BRICs, angeführt von China, immer mehr auf. Das Verrückte daran: Heute, lediglich sieben Jahre später, hat sich herausgestellt, dass die legendäre Goldman-Sachs-Prognose in der Tat falsch war.

Sie war zu konservativ! Der Machtwechsel an der Spitze der Weltwirtschaft verläuft noch schneller, als es O'Neill und sein Team damals je für möglich hielten. So schätzte man, dass China um das Jahr 2015 herum Japan als zweitgrößte Volkswirtschaft der Welt ablösen würde. Tatsächlich erfolgte dieser Meilenstein schon letztes Jahr, in 2010. Gut fünf Jahre früher.

Noch dramatischer scheint der Wechsel an der Spitze zu werden. Laut der ursprünglichen Prognose sollte China die mächtigen USA um das Jahr 2039 vom Sockel stoßen. Doch Chinas Wirtschaftsentwicklung war in den vergangenen Jahren so gewaltig, dass einige Ökonomen davon ausgehen, dass dieser Wechsel bereits 2020 – also schon in zehn Jahren – erfolgen könnte.

Konservative Prognosen erwarten den Wechsel um 2030 herum. Das ist immer noch über zehn Jahre früher, als in dem ursprünglichen BRIC-Konzept erwartet wurde. Das zeigt Ihnen eindrucksvoll, was für eine explosive Entwicklung in den BRIC-Staaten vor sich geht.

2.5 Die neuen Wirtschaftsmächte der Welt

Keine Frage: Die Welt wird sich in den kommenden Jahrzehnten grundlegend verändern. Die Gründe für die deutlich schnellere als erwartete Entwicklungsdynamik kennen Sie bereits. Deshalb fasse ich diese hier nur noch einmal kurz zusammen. Es sind gleich fünf Gründe, die zusammen wie ein Turbo-Cocktail für das Wirtschaftswachstum der BRICs wirken:

1. Die Hausse der Rohstoffpreise. Das feuert vor allem die Volkswirtschaften in Brasilien und Russland kontinuierlich an.
2. Durch die steigende Globalisierung, den besseren Zugang zu den Industrieländern und die Entstehung neuer Absatzmärkte in den anderen Emerging Markets boomen die Exportindustrien. Dies war vor allem in den Jahren bis zur Krise 2008/09 der Fall. Seitdem weisen zahlreiche Exportbereiche (vor allem einfache Produkte aus dem produzierenden Gewerbe) allerdings Probleme auf.
3. Doch diese Rückschläge werden durch die Entwicklung der eigenen Binnenmärkte überkompensiert. Die kaufkräftigen Mittelschichten

wachsen in den BRICs rasant. Was viele westliche Anleger nicht verstehen: Natürlich macht die Kaufkraft in den BRICs (gemessen am BIP-pro-Kopf) erst einen Bruchteil der Industrieländer aus.

G-7-Länder	
Land	BIP pro Kopf
Deutschland	40.512 USD
Frankreich	40.591 USD
Großbritannien	36.298 USD
Italien	33.829 USD
Japan	42.325 USD
USA	47.132 USD

BRIC-Länder	
Land	BIP pro Kopf
Brasilien	10.471 USD
Russland	10.522 USD
Indien	1.176 USD
China	4.283 USD

Abbildung 25: Vergleich des Pro-Kopf-BIP der G6-Staaten und der BRICs im Jahr 2010
(Quelle: IWF)

Aber diese Schere schließen die BRICs durch die pure Masse an Menschen. Die Binnenmärkte befinden sich zwar erst in frühen Entwicklungsphasen (vor allem die beiden größten Märkte China und Indien). Doch die absolute Masse der Konsumnachfrage reicht bereits heute aus, um die Volkswirtschaften der BRICs zu fördern. Sie können an einer Hand abzählen, was dies für die Entwicklung in den kommenden Jahrzehnten bedeutet.

4. Mit der Entwicklung der neuen Mega-Binnenmärkte in den BRICs steigen auch die ausländischen Direktinvestitionen in die jeweiligen Länder. Die Firmen aus den Industrieländern haben längst verstanden: Ihre eigenen Märkte, von Japan über Europa bis in die USA, sind gesättigt.
   Die neuen Absatzmärkte liegen in den Emerging Markets. Deshalb wollen alle Firmen nach Brasilien, China, Indien und Co. – und die Firmen lassen sich diese Schritte Millionen und Milliarden US-Dollar kosten. Das hilft natürlich den dortigen Volkswirtschaften ungemein.
5. Dazu kommen die gewaltigen staatlichen Investitionsprogramme der Regierungen in die eigene Wirtschaft. In den vergangenen Jahren haben die BRICs ihre Staatshaushalte richtig auf Vordermann gebracht. So belaufen sich die Währungsreserven von China inzwischen auf über 2,8 Billionen US-Dollar.

Damit besitzt das Reich der Mitte die größten Währungsreserven der Welt. Die Devisenreserven Russlands betragen gut 480 Milliarden US-Dollar. Brasilien kommt auf gut 293 Milliarden US-Dollar. Indien sitzt auf Währungsreserven von rund 297 Milliarden US-Dollar.

Das klingt im Vergleich zu China nicht viel. Aber damit Ihnen die Dimensionen dieser Entwicklungen klar werden: Im Jahr 1991, also vor genau 20 Jahren, lagen die Devisenreserven von Indien nur bei 1,0 Milliarden US-Dollar. Diese Entwicklung ist eine ganz andere Liga als die der hoch verschuldeten Industriestaaten.

Investmenttipp

Allerdings muss an dieser Stelle betont werden, dass alle Prognosen über den Aufstieg der BRICs voraussetzen, dass die eingeschlagenen Wege der Reformen und Modernisierungen der Gesellschaften, Wirtschaften, Kapitalmärkte sowie der Politik und der Bürokratie in den kommenden Jahren weiter vorangetrieben werden.

Nur so können die BRICs ihren Sturm auf die Weltspitze erfolgreich durchführen. Sollten sich diese Rahmenbedingungen zum Negativen verändern, kann dies die Entwicklungen einzelner Länder stark beeinträchtigen. Anleger sollten sich deshalb über die politischen und gesellschaftlichen Entwicklungen der BRICs und der umliegenden Regionen informieren.

In den vergangenen Jahren haben die BRIC-Staaten allesamt aber gezeigt, dass sie die eingeschlagenen Wege weiter fortsetzen wollen – und die wirtschaftlichen Erfolge haben ihnen recht gegeben.

Trotzdem muss an dieser Stelle ganz klar gesagt werden: Die Risikofaktoren in Bezug auf die langfristigen Entwicklungen der BRIC-Staaten sind nicht zu unterschätzen. Es ist absolut sicher, dass wir in den kommenden Jahrzehnten einige schwere Krisen erleben werden.

Auf die individuellen Risiken der einzelnen Länder gehe ich in den kommenden Kapiteln innerhalb der Länderanalysen ein. Es gibt aber natürlich noch einige übergeordnete Risikofaktoren, die Anleger unbedingt beachten müssen:

Dazu gehören neben der Umweltverschmutzung und der großen sozialen Schere zwischen Arm und Reich beispielsweise die internationalen Mittelzuflüsse. Wenn es zu Krisen kommt, werden internationale Investoren ihre Gelder blitzschnell abziehen, was zu erdrutschartigen Bewegungen an den BRIC-Börsen führen kann.

Nichtsdestotrotz: Der langfristige Aufstieg der BRICs ist nicht aufzuhalten. Im Jahr 2010 machte das kollektive BIP der vier BRIC-Staaten bereits 35 Prozent des BIP der größten G6-Industriestaaten (Deutschland, Frankreich, Großbritannien, Italien, Japan und USA) aus.

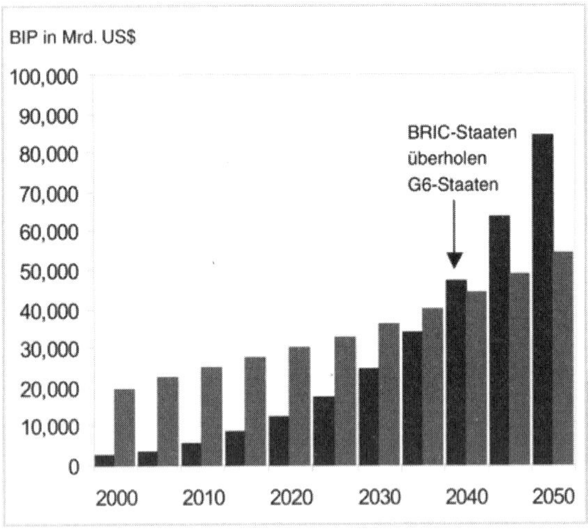

Abbildung 26: Entwicklung des BIP der BRICs im Vergleich zu G6-Industrieländern
(Quelle: Goldman Sachs)

In den kommenden fünf Jahren wird das Gesamt-BIP der G6-Staaten laut dem IWF von 30,6 Billionen US-Dollar auf 36,8 Billionen US-Dollar wachsen. Das ist ein Anstieg von gut 22 Prozent. Im gleichen Zeitraum wird jedoch das Gesamt-BIP der BRICs von 10,6 Billionen US-Dollar auf 17,5 Billionen US-Dollar explodieren.

Das ist ein Anstieg um 65 Prozent – fast drei Mal so schnell wie das Wachstum der G6-Staaten. Damit wird das BIP aller BRICs bereits auf fast die Hälfte des BIP der G6-Staaten anwachsen – obwohl die BRICs zwei Länder weniger sind. Und das innerhalb der nächsten fünf Jahre. Der Siegeszug der BRICs ist nicht mehr aufzuhalten.

simplified

3 B = Brasilien

Den Kindern dieses Bodens bist du fürsorgliche Mutter,
geliebte Heimat, Brasilien!
(Strophe aus der brasilianischen Nationalhymne)

Größe:	17,1 Mio. qkm
Bevölkerungsanzahl:	192 Mio.
Hauptstadt:	Brasilia
Währung:	Real
Börsenplatz:	BM&Bovespa
Leitindex:	Bovespa
BIP 2010:	2.024 Mrd. USD
BIP 2015 (e):	2.789 Mrd. USD
BIP pro Kopf 2010:	10.471 USD
Arbeitslosenquote 2010:	6,9 %
Inflationsrate 2010:	5,0 %

Abbildung 27: Die Fakten im Überblick
(Quelle: Deutsche Bank Research, Allianz/Dresdner Bank Research, Goldman Sachs Research, IWF)

Wenn die Menschen Brasilien hören, dann denken sie zuerst an Meer und Sonnenschein, Samba, Fußball und Bikinischönheiten an der Copacabana. Aber der BRIC-Star aus Lateinamerika hat noch viel, viel mehr zu bieten. Okay, zugegeben – die attraktiven Damen mit Bikinis, die auf wundersame Weise irgendwie immer zwei Nummern zu klein erscheinen, helfen sicherlich, dass man dieses Land einfach mögen muss.

Doch lassen Sie sich von dem Fußballzauber und dem Karnevalsamba nicht täuschen. Es sind knallharte wirtschaftliche und politische Fakten, die das Land am Zuckerhut zu einem der interessantesten und spannendsten Investmentstandorte der Welt machen. Denn in den vergangenen zwei Jahrzehnten hat Brasilien einen gewaltigen Entwicklungssprung gemacht.

3.1 Das Flaggschiff Lateinamerikas

Doch zuerst ein Blick auf die Fakten. Brasilien ist das geografisch größte und bevölkerungsreichste Land Südamerikas. Brasilien beheimatet 192 Millionen Menschen und ist damit auch das Land mit der fünftgrößten Bevölkerung der Welt. Der fünfmalige Fußballweltmeister dominiert Südamerika in einer Art und Weise, wie man es noch nicht mal in Osteuropa vorfindet.

Mit seiner Bevölkerung von 192 Millionen Menschen ist Brasilien mit Abstand das größte Land in Süd- und in Mittelamerika (auf Platz zwei folgt weit abgeschlagen Mexiko mit 110 Millionen Einwohnern). Damit leben ein Drittel aller Menschen in Lateinamerika (insgesamt 565 Millionen Einwohner) in Brasilien.

Rang	Land	Region	Bevölkerungszahl in Mio.
1	Brasilien	Südamerika	192
2	Mexiko	Mittelamerika	110
3	Kolumbien	Südamerika	46
4	Argentinien	Südamerika	40
5	Kolumbien	Südamerika	40
6	Peru	Südamerika	30
7	Venezuela	Südamerika	30
8	Chile	Südamerika	17
9	Guatemala	Südamerika	15
10	Ecuador	Südamerika	14

Abbildung 28: Die zehn bevölkerungsreichsten Länder in Süd- und Mittelamerika
(Quelle: Deutsche Stiftung Weltbevölkerung, IWF)

Auch geografisch überragt Brasilien alle anderen Länder in Südamerika. Das Gebiet „Südamerika" umfasst 17,8 Millionen Quadratkilometer. Sage und schreibe 8,5 Millionen Quadratkilometer davon liegen in Brasilien. Das sind knapp 48 Prozent der gesamten Landfläche von Südamerika.

In den vergangenen zehn Jahren ist Brasilien nun auch wirtschaftlich und politisch zum Flaggschiff des gesamten lateinamerikanischen Kontinents aufgestiegen. Das Bruttoinlandsprodukt (BIP) von Brasilien lag im Jahr 2010 bei 2,02 Billionen US-Dollar. Damit ist Brasiliens BIP doppelt so groß wie das des zweitgrößten lateinamerikanischen Landes, Mexiko (1,00 Billionen US-Dollar).

Oder um die Dimensionen noch klarer zu machen: Die brasilianische Volkswirtschaft ist größer als alle (!) anderen südamerikanischen Volkswirtschaften zusammen. Für 2011 werden fast 60 Prozent des gesamten südamerikanischen BIPs nur aus dem Land am Zuckerhut kommen. 60 Prozent!

Rang	Land	Bruttoinlandsprodukt (in Milliarden USD)
1	**Brasilien**	**2.024**
2	Mexiko	1.004
3	Argentinien	351
4	Venezuela	285
4	Kolumbien	283
5	Chile	199
6	Peru	154
7	Ecuador	61
8	Uruguay	41
9	Guatemala	41
10	El Salvador	22

Abbildung 29: Die zehn größten Volkswirtschaften in Lateinamerika im Jahr 2010
(Quelle: Deutsche Stiftung Weltbevölkerung, IWF)

Welch hohes Ansehen Brasilien nach dem jahrelangen Aufstieg auf dem internationalen Parkett genießt, lässt sich an einem Beispiel exzellent verdeutlichen. Brasilien wird in den kommenden Jahren etwas schaffen, das (interessanterweise außer dem anderen BRIC-Land Russland) kein anderes Land der Erde vorweisen kann:
Das Land wird mit der Fußball-WM 2014 und den olympischen Sommerspielen 2016 (in Rio de Janeiro) in den kommenden Jahren Veranstalter von zwei der weltweit bedeutendsten internationalen Sportereignissen sein.

3.2 Vom BRIC-Kellerkind zum Musterknaben

Aber in Brasilien war lange Zeit nicht alles voller Sonnenschein. Von 1964 bis 1985 wurde das Land von einer Militärdiktatur beherrscht. Doch nach der Befreiung 1985 kam das Land vom Regen in die Traufe. Die Militärdiktatur hatte das Land gnadenlos heruntergewirtschaftet.

Ohne einen vernünftigen Staatshaushalt, auf den die neuen Regierungen zurückgreifen konnten, rutschte Brasilien in der Folge bis Mitte der 90er-Jahre von einer Währungskrise in die nächste. Die Folgen dieser Zeit spürte das Land bis in die Mitte der letzten Dekade hinein.

Dadurch stand das „B“ in BRIC in den ersten Jahren bis 2005 eher für „Bremsklotz“ als für „Blitzstart“. Während die Wirtschaften in Russland, Indien und China ein Wachstumsfeuerwerk nach dem anderen abbrannten, war Brasilien in den Anfangsjahren des BRIC-Konzepts das Sorgenkind in dem Quartett.

Land	2000–2005	2006–2010
Brasilien	3,7 %	4, 5%
Russland	6,1 %	3,6 %
Indien	6,2 %	8,3 %
China	9,6 %	11,2 %

Abbildung 30: Durchschnittliches BIP-Wachstum der BRICs zwischen 2000 und 2010

(Quelle: IWF)

Doch inzwischen hat sich das Bild komplett geändert. Heute hat Russland die „Esel“-Mütze auf und sitzt in der BRIC-Strafecke (wenn auch nicht unbedingt berechtigt), während Brasilien an den Börsen einer der großen Stars unter den Emerging Markets geworden ist.

Wie so oft in der Geschichte der Menschheit ist dieser Wandel eng mit den Erfolgen einer ganz besonderen Person verbunden. Der Aufstieg Brasiliens wird für immer mit dem Namen Lula da Silva verknüpft werden. Der ehemalige brasilianische Präsident (im Amt von 01.01.2003 bis zum

01.01.2011) vollbrachte eine Glanzleistung, die vor zehn Jahren niemand für möglich gehalten hätte.

Nicht ohne Grund sagen viele Ökonomen und Wirtschaftshistoriker respektvoll, dass Lula als der vielleicht beste Politiker aller Zeiten von ganz Lateinamerika in die Geschichte eingehen wird. Dabei begann alles ganz anders. Als Lula 2002 zum ersten Mal zum Präsidenten gewählt wurde, stand Börsianern die blanke Panik in die Gesichter geschrieben.

Hatte man im Westen doch Angst, dass der linke Gewerkschaftsfunktionär Lula mit möglichen reformfeindlichen und linkspopulistischen Aktionen die ohnehin labile brasilianische Volkswirtschaft völlig in Grund und Boden „planwirtschaften" könnte.

Doch Lula überraschte sie alle – und verwandelte selbst härteste Kritiker in jubelnde Fans. Wie viele Politiker können das heute schon noch von sich behaupten? Denn Lula vollbrachte etwas, zu dem viele Politiker, egal ob in den Emerging Markets oder den Industrieländern, einfach nicht fähig sind:

Lula war professionell genug, das Wohl Brasiliens über seine eigenen ideologischen Überzeugungen und sein Ego zu stellen. So führte er konsequent Maßnahmen durch, die Brasilien und nicht seinem Image nützten. Also setzte Lula den eingeschlagenen Reformkurs Brasiliens konsequent fort und führte das Land an die Spitze Lateinamerikas.

Lula ist der beliebteste Präsident in der Geschichte Brasiliens. Und wenn die Brasilianer jemanden lieben, dann mit aller Leidenschaft. Sage und schreibe 83 Prozent aller Brasilianer gaben Lula für die Arbeit in seinen acht Jahren Amtszeit gute bis sehr gute Noten. Davon träumt Guido Westerwelle nachts.

Tatsächlich vergleichen einige Ökonomen Lula schon mit US-Präsident Franklin D. Roosevelt, einem der populärsten Präsidenten in der US-Geschichte. Roosevelt führte die USA in den 30er-Jahren mit seinen New-Deal-Programmen aus der Wirtschaftskrise und legte den Grundstein für den Aufstieg der USA zur Wirtschaftsmacht Nummer eins.

Dieser Vergleich zeigt Ihnen sehr gut, welche Rolle Lula in der Entwicklung Brasiliens beigemessen wird. Inzwischen steht Lula allerdings nicht mehr an der Spitze des Landes. Am 2. Januar 2011 wurde nach den jüngsten Präsidentschaftswahlen Dilma Rousseff als erste Präsidentin Brasiliens im Amt vereidigt. Die 63-jährige Politikerin gilt als Wunschkandidatin Lulas und will dessen Politik in den kommenden Jahren fortsetzen. Die Börsen, die in Brasilien politische Kontinuität befürworteten, reagierten auf die Wahl positiv.

3.3 Der Aufstieg Brasiliens

Neben dem internen Faktor eines außergewöhnlichen Präsidenten Lula kam dann im vergangenen Jahrzehnt noch ein externer Faktor hinzu, der die Entwicklung Brasiliens endgültig durchstarten ließ: die Hausse der Rohstoffmärkte.

Durch die steigenden Rohstoffpreise fing die brasilianische Wirtschaft Feuer und wuchs seit 2000 um durchschnittlich 3,7 Prozent pro Jahr. Und zwar inklusive der ersten Jahre nach dem Jahrtausendwechsel und der schweren Wirtschaftskrise 2008/09.

2000	2001	2002	2003	2004	2005	2006	2007	2008	2009	2010
4,3 %	1,3 %	2,7 %	1,1 %	5,7 %	3,2 %	4,0 %	6,1 %	5,1 %	-0,2 %	7,5 %

***Abbildung 31:** Wirtschaftswachstum von Brasilien in den letzten zehn Jahren*

(Quelle: IWF)

Dabei beschleunigte sich das Wachstum mit den zunehmenden Preisanstiegen der Rohstoffe. Lag das Wachstum zwischen 2000 und 2003 nur bei mickrigen 2,4 Prozent, schossen die Wachstumsraten mit der Hausse der Rohstoffe von 2004 bis 2008 auf durchschnittlich 4,8 Prozent nach oben.

Die Weltwirtschaftskrise 2008/09 sorgte zwar für einen kurzfristigen Rückgang der Wachstumsdynamik. Aber trotzdem gehört Brasilien fraglos zu den großen Gewinnern der Krise. So schrumpfte die brasilianische

Wirtschaft im Jahr 2009 trotz Wirtschaftskrise und kollabierender Rohstoffpreise „nur“ um -0,2 Prozent.

erwartetes Wachstum im Jahr	2011	2012	2013	2014	2015
Brasilien	4,1 %	4,1 %	4,1 %	4,1 %	4,1 %

Abbildung 32: Prognose für Brasiliens Wirtschaftswachstum 2011 bis 2015

(Quelle: IWF)

Der Hauptgrund für die schnelle Bewältigung der Krise: Der brasilianische Finanzsektor war in die globalen Verstrickungen der hoch risikoreichen Credit-Default-Swaps, die das weltweite Finanzsystem an den Rand des Abgrunds brachten, überhaupt nicht involviert (ebenso wie die meisten Banken aus den Emerging Markets).

So gingen während der Finanzkrise 2008/09 in den USA über 150 Banken pleite. (Das bekannteste Beispiel ist sicherlich die damals fünftgrößte Investmentbank der Welt Lehman Brothers.) In Brasilien musste hingegen keine einzige Bank ihren Zusammenbruch verkünden.

Mit einem stabilen und funktionsfähigen Bankensystem im Rücken und dem Wind steigender Rohstoffpreise in den Segeln ist Brasilien neben China und Indien als einer der großen Gewinner der Krise 2008/09 hervorgegangen.

Während die Regierungen und die Finanzinstitute in den Industriestaaten gewaltige finanzielle und personelle Ressourcen für die Stabilisierung und Restrukturierung ihrer Finanzsysteme binden müssen, kann Brasiliens Volkswirtschaft unter Volldampf arbeiten, als hätte es die Finanzkrise nie gegeben.

So konnte die brasilianische Wirtschaft im vergangenen Jahr schon wieder ein rauschendes Comeback mit einem Wachstum von 7,5 Prozent feiern (und feiern, das können die Brasilianer ja bekanntlich besonders gut). Brasiliens Volkswirtschaft hat die Krise komplett hinter sich gelassen.

Dementsprechend erwarten die Volkswirte und Analysten für die kommenden Jahre eine schnelle Rückkehr zu alter Wachstumsdynamik. Das Land besitzt, anders als die Industrieländer mit ihren angeschlagenen Bankensektoren, eben keine inneren Bremsklötze, welche die Entwicklung der eigenen Volkswirtschaft hemmen. Für Brasilien werden für die kommenden fünf Jahre Steigerungsraten oberhalb von 4 Prozent erwartet.

Rang	Land	Bruttoinlandsprodukt (in Mrd. USD)
1	Brasilien	2.193
2	Mexiko	1.041
3	Argentinien	363
4	Kolumbien	309
5	Venezuela	296

Abbildung 33: Die fünf größten Volkswirtschaften in Lateinamerika im Jahr 2011e

(Quelle: IWF)

3.4 Brasilien: ein Paradies der Rohstoffe

Der Wirtschaftsaufschwung in Brasilien ist vor allem einem Wirtschaftszweig geschuldet: der Rohstoffindustrie. Brasilien ist nicht nur mit großartigen Fußballern, sondern auch mit gigantischen Rohstoffvorkommen gesegnet. Damit gehört das südamerikanische Land zu den großen Profiteuren steigender Rohstoffpreise.

Brasilien ist eines der Länder, die vom lieben Gott mit einem schier unendlichen Rohstoffreichtum beschenkt wurden. Aber das ist bei Brasiliens Rohstoffressourcen nur die halbe Story. Denn es gibt viele Länder, die über bedeutende Rohstoffvorkommen verfügen.

Aber meist handelt es sich dabei um eine dominierende Sparte der Rohstoffe: So ist das Rohstoffland Südafrika besonders reich an Edelmetallen. Rohstoffreiche Länder wie Russland oder die kleinen GUS-Länder sind vor allem mit den Energierohstoffen Öl und Gas gesegnet. Die südamerikanischen Länder wie Chile oder Peru überzeugen vor allem durch ihren Reichtum an Industriemetallen wie beispielsweise Kupfer.

Rang	Land	Produktion (in Mio. Tonnen)
1	China	880
2	Australien	394
3	**Brasilien**	**300**
4	Indien	245
5	Russland	92

Abbildung 34: Die größten Eisenerzproduzenten der Welt in 2009

(Quelle: USGS)

Ganz anders Brasilien: Das Land hat sich in den vergangenen Jahren zum wahren „Allround-Könner" unter den Rohstoffländern entwickelt. Ob Industriemetalle, Energierohstoffe, Agrarprodukte und auch Edelmetalle – Brasilien ist sozusagen ein „Komplettanbieter", weil es alles besitzt. Und zwar in gewaltigen Mengen.

Ursprünglich war Brasilien vor allem für seinen immensen Reichtum an Industriemetallen bekannt. Daher kam auch die frühere Beschreibung der DWS von Brasilien als Rohstofflager unter den BRICs. Doch diese Zeiten sind längst vorbei. Brasilien profitiert heute wie kaum ein anderes Land in voller Breite vom Boom der Rohstoffe.

Fangen wir mit dem Agrarsektor an: Hier war Brasilien lange Zeit vor allem für die kleineren Nischenrohstoffe Orangensaft und Zucker bekannt (was wiederum natürlich mit der hohen Ethanolproduktion zusammenhängt).

Bei Orangensaft ist Brasilien neben den USA der größte Produzent der Erde. Sowohl bei Zucker als auch bei dem gelben, süßen Saft ist Brasilien auch der größte Exporteur der Welt. Aber das südamerikanische Land hat noch viel mehr zu bieten. Und zwar außerhalb des Amazonas, dem größten zusammenhängenden Regenwaldgebiet der Welt.

Brasilien gehört auch bei den wichtigen Getreidesorten Mais und Sojabohnen zu den größten Produzenten der Welt. Bei Sojabohnen ist Brasilien hinter den USA der zweitgrößte Produzent der Welt. Bei Mais ist Brasilien der weltweit drittgrößte Exporteur des gelben Getreides.

Rang	Land	Anteil an der Weltproduktion
1	USA	38 %
2	**Brasilien**	**25 %**
3	Argentinien	19 %

Abbildung 34: Die größten Eisenerzproduzenten der Welt im Jahr 2009

(Quelle: USGS)

Zudem gehört Brasilien zu den fünf größten Rindfleischproduzenten der Erde und ist die führende Exportnation. Das ist immer noch nicht das Ende der Fahnenstange: Das Land ist auch der größte Produzent von Kaffee (ah, jetzt werden Sie hellhörig) und der viertgrößte Produzent von Kakao. (Kaffee hat einen Anteil von 20 Prozent am brasilianischen Gesamtexport.)

Es gibt zwei Gründe für die starke Position Brasiliens im weltweiten Agrarmarkt: Da sind zuerst die hervorragenden Wetterbedingungen. Die Cerrado ist eine große tropische Savanne im Herzen Brasiliens, die sowohl mit ausgiebigen Niederschlägen als auch Sonnenschein gesegnet ist.

Zudem besitzt Brasilien gut 600.000 Quadratkilometer an landwirtschaftlich nutzbarer Fläche. Damit ist das Ackerland in Brasilien so groß wie ganz Deutschland, Belgien, Österreich, Schweiz, die Niederlande und auch noch Tschechien zusammen. Brasilien besitzt also alle Voraussetzungen, um auch in Zukunft einer der großen Gewinner im Agrarsektor zu sein.

Bei den Industriemetallen ist Brasilien historisch sowieso immer schon eine globale Macht. In Brasiliens Böden und Gebirgen schlummern gewaltige Ressourcen an Industriemetallen. So gehört Brasilien bei Aluminium zu den zehn größten Produzenten der Welt. Bei Zinn ist das Land am Zuckerhut sogar der fünftgrößte Produzent.

Im „Eisernen Viereck“ im Bundesstaat Minas Gerais liegen die größten Eisenerzvorkommen des Landes. Brasilien ist bei Eisenerz, das für die Produktion von Stahl existenziell ist, mit China und Australien mit Abstand einer der drei größten Produzenten der Welt. Zudem verfügt Brasilien bei den Edelmetallen über bedeutende Gold- und Silbervorkommen.

Als wäre das noch nicht beeindruckend genug, gehört Brasilien inzwischen auch zu den Stars im Energiesektor. Neben Kohle und Gas sitzt Brasilien auf rund 13 Milliarden Barrel an Ölreserven. In die erste Liga des Ölsektors katapultierte Brasilien ein sensationeller Ölfund im November 2007.

Gut 280 Kilometer vor der Küste Rio de Janeiros entdeckte ein internationales Konsortium unter der Führung des brasilianischen Ölriesen Petrobras (45 Prozent-Beteiligung) im Atlantik in 5000 Meter Tiefe ein gigantisches neues Ölfeld. Dabei handelt es sich um das größte neu entdeckte Ölfeld seit 1976. Es hat laut Experten das Potenzial, sich zum drittgrößten Erdöllager der Welt zu entwickeln.

Allein die Kapazitäten des Teilgebietes mit dem Namen „Tupi-Ölfeld“ werden auf fünf bis acht Milliarden Barrel Öl geschätzt. Damit würden sich die Ölreserven von Brasilien verdreifachen und die Ölvorkommen wären dann größer als von bisherigen Öl-Superstars wie Nigeria oder den USA.

Kurzum: Durch diesen Fund besitzt Brasilien das Potenzial, in den kommenden Jahrzehnten zu einem der ganz großen „Big Player“ im Ölsektor zu werden – und dementsprechend stark von langfristig steigenden Ölpreisen zu profitieren.

Rang	Land	Ölproduktion (in Tsd. Barrel pro Tag)
1	Russland	10.127
2	Saudi Arabien	10.018
3	USA	9.564
4	Iran	4.254

Rang	Land	Ölproduktion (in Tsd. Barrel pro Tag)
5	China	4.235
6	Kanada	3.311
7	Mexiko	2.993
8	Vereinigte Arabische Emirate	2.811
9	**Brasilien**	**2.721**
10	Nigeria	2.434

Abbildung 36: Die zehn größten Ölproduzenten der Welt im Jahr 2010
(Quelle: Energy Information Administration)

Bereits heute ist Brasilien der neuntgrößte Ölproduzent der Welt und hinter Mexiko die Nummer zwei in Lateinamerika. Aber Mexikos Ölvorräte sind schon seit Jahren rückläufig. Insofern ist es nur eine Frage der Zeit, bis Brasilien auch am ehemaligen Aztekenstaat vorbeizieht.

Wenn man über „Brasilien und Energie" spricht, führt der Weg an Ethanol nicht vorbei. Brasilien ist weltweit das Vorbild für Ethanolanwendung. Während die Industriestaaten nach der Ölkrise 1979 ohne große Veränderungen wieder in die alte Öl-Abhängigkeit zurückfielen, lernte Brasilien seine Lektionen.

In den folgenden Jahren baute Brasilien eine weltweit beispiellose Ethanolindustrie auf (Ethanol wird in Brasilien vor allem aus Zuckerrohr gewonnen). So gibt es Ethanol in Brasilien bereits an allen 35.000 Tankstellen des Landes.

Bei PKWs liegt der Anteil der Autos, die mindestens teilweise mit Ethanol betrieben werden, schon bei weit über 50 Prozent. Bei neu zugelassenen Autos beträgt der Anteil an PKW mit ethanoltauglichen Motoren fast 90 Prozent.

Tatsächlich ist Brasilien im Energiebereich weiter als alle Industriestaaten. Bereits heute gewinnt das Land über 50 Prozent seiner Energie aus regenerativen Quellen. Davon könnten sich alle Industrieländer eine ganz dicke Scheibe abschneiden.

Das Land des fünfmaligen Fußballweltmeisters ist der zweitgrößte Ethanolproduzent der Welt. Im Export sieht die Situation sogar noch krasser aus: Brasilien besitzt eine fast monopolartige Marktstellung im Ethanolsektor mit einem alles dominierenden Marktanteil von über 90 Prozent der globalen Ethanolexporte.

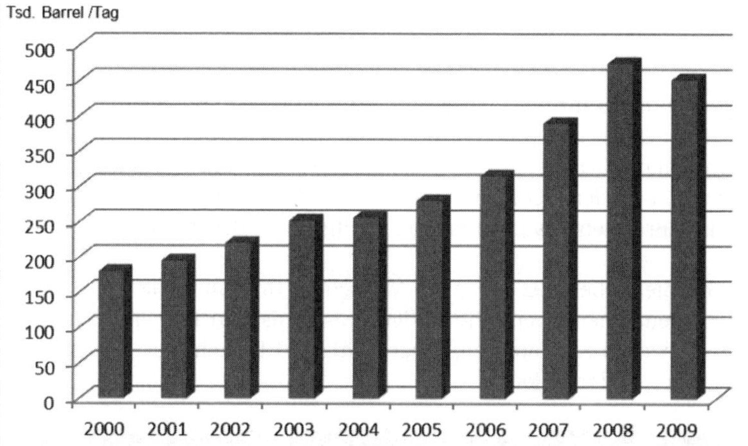

Abbildung 37: Brasiliens Ethanolproduktion seit 2000

(Quelle: Energy Information Administration)

Wenn der Ölpreis also mittel- bis langfristig deutlich über 100 US-Dollar pro Barrel ansteigen wird, gewinnt Brasiliens Wirtschaft gleich zweifach: Durch die eigene Ölproduktion und seine Ethanolexporte. Insgesamt profitiert Brasiliens Exportindustrie also aufgrund der vielfältigen Rohstoffe von dem Wirtschaftsboom rund um die Welt.

Der größte Exportpartner ist (wer hätte es bei Rohstoffen gedacht) China; gefolgt von den USA und Argentinien. Danach finden sich unter den bedeutendsten Exportpartnern europäische Länder wie Deutschland, Frankreich und Italien sowie Japan und Chile. Brasilien profitiert also vom weltweiten Boom.

3.5 Das fünftbevölkerungsreichste Land der Welt

Interessanterweise wird Brasilien in den Augen der meisten Anleger immer nur mit Rohstoffen in Verbindung gebracht. Wie Sie gelesen haben, ist diese Sichtweise berechtigt. Aber sie greift deutlich zu kurz. An der Börse wird die langfristig wesentlich spannendere Story noch völlig verkannt.

Dabei ist eines für die soziale und wirtschaftliche Entwicklung des Landes sogar noch wertvoller als der Boom der Rohstoffe: der brasilianische Binnenmarkt. Das Land am Zuckerhut verfügt über den fünftgrößten Binnenmarkt der Welt. Denn nach China, Indien, den USA und Indonesien ist Brasilien das Land mit der fünftgrößten Bevölkerung der Erde.

In Brasilien leben 192 Millionen Menschen. Um Ihnen die Dimensionen zu verdeutlichen: Wenn Sie in den brasilianischen Binnenmarkt investieren, decken Sie damit auf einen Schlag 50 Prozent der gesamten Bevölkerung Südamerikas.

Altersgruppen	Anteil an der Gesamtbevölkerung
0–14 Jahre	26,7 %
15–64 Jahre	66,8 %
65+ Jahre	6,4 %
Durchschnittsalter	28,9
Bevölkerungswachstum	+1,2 %

Abbildung 38: Demografie der brasilianischen Bevölkerung

(Quelle: CIA World Factbook)

Aber nicht nur die absolute Größe der brasilianischen Bevölkerung ist spannend. Hinzu kommt eine ausgesprochen aussichtsreiche Demografie. Das Durchschnittsalter liegt in Brasilien bei nur 28,9 Jahren! Das sind geradezu asiatische Altersstrukturen in Lateinamerika. Damit kann Brasilien mit den demografischen Strukturen der asiatischen Länder locker mithalten.

Land	Durchschnittsalter	Region
Singapur	39,6	Südostasien
Thailand	34,0	Südostasien
Brasilien	**28,9**	**Südamerika**
Indonesien	27,9	Südostasien
Vietnam	27,4	Südostasien
Malaysia	26,5	Südostasien
Philippinen	22,7	Südostasien

Abbildung 39: Durchschnittsalter von Brasilien und südostasiatischen Ländern
(Quelle: CIA World Factbook)

Ähnlich wie in Asien finden Sie in Brasilien also eine große junge Bevölkerung vor, die nun langsam und unaufhaltsam zu Konsumenten heranwächst. Aber im Vergleich zu den asiatischen BRICs ist das Pro-Kopf-BIP in Brasilien schon weiter fortgeschritten. Das BIP pro Kopf liegt in Brasilien bereits bei 10.470 US-Dollar. Das ist mehr als doppelt so hoch wie das BIP Chinas (4.664 US-Dollar) und sogar gut achtmal so hoch wie Indien (1.297 US-Dollar).

Die langfristigen Chancen im brasilianischen Binnenmarkt sind, wie bei allen BRIC-Staaten, gewaltig. Nehmen wir des Deutschen liebstes Kind: das Auto. In Deutschland besitzt statistisch jeder Zweite ein Auto (auf 1000 Bundesbürger kommen 500 Autos).

In Brasilien liegt dieser Prozentsatz nicht mal bei 15 Prozent (ca. 120 Autos pro 1000 Bürger). Wenn Sie sich immer gefragt haben, warum sich VW und Co. so stark in Brasilien engagieren – jetzt wissen Sie es.

Investmenttipp

Um das Rohstoffrisiko bei Ihren Brasilien-Investments zu reduzieren, sollten Sie nicht nur auf die altbekannten Rohstoffriesen setzen. Diversifizieren Sie Ihre Brasilien-Position auch in den brasilianischen Binnenmarkt, die zweite große Story des Landes am Zuckerhut.

Es gibt zwar noch keine Branchenfonds oder -zertifikate. Aber über amerikanische ETFs können Sie gezielt in den Konsumsektor investieren. Dafür eignen sich der „Global X Brazil Consumer"-ETF (US-Kürzel-BRAQ, ISIN-US37950E8460) oder der „Global X Brazil Financials"-ETF (US-Kürzel-BRAF, ISIN-US37950E8387) des Emittenten Global X Funds.

Auffallend ist in Brasilien der große geografische Unterschied in der wirtschaftlichen Entwicklung. Während sich der Süden des Landes, in dem sich das Wirtschaftszentrum etabliert hat, eines Booms erfreut, sind die Regionen im Norden und Nordosten noch deutlich rückständiger.

Lassen Sie sich von dem Pro-Kopf-BIP, das im Verhältnis zu den asiatischen Ländern schon recht hoch ist, nicht täuschen: Das Land birgt große langfristige Entwicklungspotenziale. Weite Teile der brasilianischen Bevölkerung sind noch nicht so wohlhabend, wie es der Durchschnittswert vermittelt.

Das bedeutet für Investoren große langfristige Entwicklungspotenziale. Denn – und dies ist ein sehr wichtiger Aspekt, den man über Brasilien wissen muss – obwohl Lula in seiner Amtszeit gut 20 Millionen Brasilianer in die Mittelschicht führte, ist der Reichtum am Zuckerhut immer noch extrem ungleich verteilt.

In Brasilien befinden sich etwa 60 Prozent des gesamten Geldvermögens in den Händen der reichsten 20 Prozent der Bevölkerung. Eine andere Statistik beschreibt die brasilianischen Missverhältnisse der Vermögensverteilung noch deutlicher: Mindestens 80 Prozent des gesamten brasilianischen Grundbesitzes werden von den reichsten 10 Prozent des Landes kontrolliert.

Der Binnenmarkt ist also in der Breite überhaupt noch nicht entwickelt. Insgesamt besitzt Brasilien eigentlich alles, was ein Land braucht, um eine Wirtschaftsweltmacht zu werden: gewaltige Bodenschätze aus allen Rohstoffsektoren auf der einen und eine junge, große Bevölkerung in Lateinamerikas größtem Konsummarkt auf der anderen Seite.

Dazu kommt eine dominante Führungsrolle innerhalb Lateinamerikas, durch die Brasilien auch von der Entwicklung der umliegenden Länder profitieren wird. Deshalb feiern die Börsianer in Brasilien seit Jahren an der Börse in São Paulo eine riesige Samba-Party. Und feiern – das können die Brasilianer bekanntlich wie kein anderer.

Investmenttipp

Obwohl Brasiliens Börse die größte in Lateinamerika ist und das Land inzwischen zu den größten Volkswirtschaften der Welt gehört, ist es für deutsche Anleger weiterhin nur sehr begrenzt möglich, in Brasilien zu investieren.

Außerhalb der bekannten Blue Chips werden die Investmentoptionen sehr dünn. Deutsche Investoren haben kaum Chancen, in brasilianische Nebenwerte zu investieren. Aber was kaum ein deutscher Anleger weiß: Es gibt in den USA spannende Möglichkeit für Investments in brasilianische Werte aus der zweiten und dritten Reihe.

Der „Market Vector Brazil Small Cap Fund" (US-Kürzel-BRF, ISIN-US57060U6139) des Emittenten Van Eck Global ist ein spezieller ETF, er setzt gezielt auf kleine brasilianische Small Caps. Der „Global X Brazil Mid Cap"-ETF (US-Kürzel-BRAZ, ISIN- US37950E7884) des Emittenten Global X setzt hingegen auf mittelgroße Mid-Cap-Nebenwerte.

Der internationale Aufstieg Brasiliens zeigt sich nicht zuletzt darin, dass Brasilien zwei der bedeutendsten Sportevents der Welt austragen wird: die Fußball-WM 2014 und die olympischen Sommerspiele 2016 in Rio de Janeiro.

Interessanterweise kann nur ein anderes Land in den kommenden zehn Jahren eine ähnlich beeindruckende Konstellation aufweisen: der BRIC-Bruder Russland. Ein weiterer Beleg für die steigende globale Bedeutung der BRICs.

3.6 Brasiliens Schattenseite: große soziale Probleme

Aber so beeindruckend wie Brasiliens Wirtschaftsaufschwung auch ist – in dem sonnigen Land gibt es auch eine Schattenseite. Und die hat viele verschiedene Facetten. So hat das Land gewaltige soziale Probleme. Unter Cristo Redentor, der berühmten, 38 Meter hohen Jesusstatue auf den Corcovado-Berg in Rio de Janeiro, liegt in Brasilien ein echtes Pulverfass begraben – und die Lunte brennt bereits.

Gesellschaftliche Probleme und Spannungen gelten an der Börse eher als „weicher" Faktor, da ihr Einfluss auf die Entwicklung eines Landes statistisch nur schwer messbar ist. Daher finden gesellschaftliche Faktoren, mit Ausnahme von Massenbewegungen oder Aufständen, in der Finanzwelt bei Weitem nicht die Beachtung wie harte volkswirtschaftliche Daten.

Deshalb werden derartige Probleme in der Finanzszene nur selten in die Anlageentscheidungen einbezogen. Das gilt nicht nur für Brasilien, sondern für alle Emerging Markets. Also sollten Sie sich unbedingt selbstständig über die sozialen Entwicklungen in den BRICs informieren. Denn die Finanzhäuser widmen diesem Aspekt zu wenig Aufmerksamkeit.

Das Gute an gesellschaftlichen Problemen ist, dass es klare Lösungsansätze gibt, die universell gültig und erfolgserprobt sind: Wenn die Menschen in Arbeit stehen, ein zumindest ausreichendes Einkommen haben, Perspektiven besitzen und die Rahmenbedingungen für soziale Versorgung gegeben sind, lösen sich gesellschaftliche Spannungen historisch immer schnell in Luft auf – sehr zum Leidwesen der politischen Linken und Rechten.

Doch bis dahin ist es in Brasilien noch ein sehr weiter Weg. Die Schere zwischen der großen armen Bevölkerung und der kleinen reichen und superreichen Bevölkerungsschicht ist gewaltig. Das ist in den Emerging Markets normal. Breite Mittelschichten entwickeln sich in den Schwellenländer gerade erst.

Was jedoch in Brasilien anders ist als in anderen Schwellenländern: Arm und Reich leben in den brasilianischen Städten fast Tür an Tür. In den meisten Schwellenländern wohnen die armen Bevölkerungsteile auf dem Land oder ausgelagert in den Vorstädten (und das ist noch eine euphorische Formulierung für die Slums, die sich außerhalb der Stadtgrenzen in vielen Ländern entwickelt haben).

Diese ungewöhnliche soziologische Struktur der extremen Nähe von Arm und Reich sorgt für explosive soziale Spannungen. Die Kriminalität wuchert in Brasilien inzwischen wie Unkraut aus den Favelas, den Armenvierteln, in die Städte und ins Land. In Deutschland kriegen wir die erschreckenden Dimensionen der sozialen Probleme Brasiliens nur am Rande mit. Dabei eskaliert die Situation zusehends.

Um Ihnen die Lage zu verdeutlichen, hier ein typisches Ereignis aus Rio de Janeiro (vom November 2010): Drogendealer beschossen einen Polizeihubschrauber, als dieser über die Favela „Complexo do Alemão“ flog. Nachdem die Polizei das Feuer erwiderte, eskalierte die Situation so sehr, dass die Polizei unter Einsatz von Panzern, Hubschraubern und Elitesoldaten die Favela stürmte.

Wohlgemerkt: Dies geschah nicht im irakischen Kriegsgebiet, sondern mitten in der Metropole Rio de Janeiro! Die Bilanz des Häuserkampfes zwischen gut 2600 Soldaten und Polizisten und rund 600 Bandenmitgliedern: über 35 Tote, knapp 200 Festnahmen und die Sicherstellung von 40 Tonnen (!) Marihuana. Willkommen im anderen Brasilien ...

Investmenttipp

Inzwischen wissen Sie, dass Problemfelder in den BRICs einige der größten Investmentchancen bieten. Gleichzeitig gehören solche Investments aber auch zu den sichersten Anlagen für die Emerging Markets. Denn diese Sektoren werden von den Staaten in jedem Fall gezielt gefördert – egal wie sich die Weltwirtschaft entwickelt.

Für Bereiche wie Kriminalitätsbekämpfung, fraglos ein Milliardenmarkt, gibt es jedoch keine Branchenzertifikate oder Spezialfonds. Das bedeutet nicht, dass Sie derartige Chancen einfach ziehen lassen müssen. Die Lösung lautet: Investments in Einzelaktien, die in derartigen Bereichen tätig sind.

Wie beispielsweise das israelische Unternehmen Ituran (US-Kürzel-ITRN, ISIN-IL0010818685). Ituran entwickelt GPS-Systeme, mit denen gestohlene Autos innerhalb von 20 Minuten geortet werden können. Genau das Richtige für Brasilien und seine hohe Kriminalität. In Rio de Janeiro wird alle zwölf Minuten ein Auto gestohlen. In Sao Paulo sogar alle drei Minuten!

Der größte Risikofaktor ist aber fraglos die hohe Abhängigkeit von der Entwicklung der Rohstoffpreise. Brasilien ist aufgrund seines vielfältigen Reichtums innerhalb des Sektors so gut diversifiziert wie kaum ein anderes Rohstoffland.

Dadurch kann Brasiliens Wirtschaft Schwächephasen in einzelnen Rohstoffsektoren, wie beispielsweise bei den Energierohstoffen, besser abfedern als andere Länder, deren Rohstoffreichtum vor allem auf einer Rohstoffgattung basiert. So wie beispielsweise die Wirtschaften im Mittleren Osten eine extreme Abhängigkeit vom Ölpreis aufweisen.

Aber wenn es an den Rohstoffmärkten zu einer breiten Baisse quer durch alle Rohstoffbereiche kommt, wird auch Brasiliens Wirtschaft getroffen. Eine Entwicklung, die durch die wachsenden Engagements von Investoren und Spekulanten, die eigentlich mit dem Rohstoffsektor nichts zu tun haben, in den vergangenen Jahren deutlich gestiegen ist.

Ein weiterer Risikofaktor ist das geopolitische Umfeld. In Südamerika gab es im vergangenen Jahrzehnt einen deutlichen Linksruck in der Politik. Der Sozialismus hat ein Revival erlebt – mit dem linken Präsidenten Chavez in Venezuela als Speerspitze. Da lacht sich Fidel Castro in den weißen Kommunistenbart …

Tatsächlich hat der Sozialismusboom auch schon auf andere südamerikanische Staaten wie Ecuador übergegriffen. Sollte sich ein derartiger politischer Linksruck auch in Brasilien etablieren, wäre das für die Volkswirtschaft und die Börse verheerend. Anleger sollten deshalb die großen politischen Entwicklungen in Südamerika und Brasilien im Auge behalten.

3.7 Fazit

Brasilien ist der Alleskönner unter den BRICs: Das Land am Zuckerhut ist mit unglaublichem Rohstoffreichtum gesegnet. Noch besser: Dieser Reichtum zieht sich quer durch alle Rohstoffklassen – von Energierohstoffen über Metalle bis zu Agrarprodukten. Egal welche Rohstoffe gerade „in" sind – Brasilien sitzt immer in der ersten Reihe.

Gleichzeitig besitzt das Land einen jungen, großen Binnenmarkt, mit dem Anleger von dem Megatrend „Konsum" profitieren können. Das Land hat in den letzten 15 Jahren unter Lula und dessen Vorgänger Cardoso fraglos sagenhafte Fortschritte gemacht und sich vom Sorgenkind der BRICs zu einem Musterknaben entwickelt.

Trotzdem müssen Anleger bei Brasilien immer über die Entwicklungen der Rohstoffpreise informiert sein. Auch wenn Brasiliens Rohstoffsektor ungewöhnlich breit aufgestellt ist, wird ein allgemeiner, breiter Rückgang der Rohstoffpreise auch an Brasilien nicht spurlos vorbeigehen.

Zudem sollten Investoren die politische Entwicklung nach dem Machtwechsel im Auge behalten. Der eingeschlagene politische Weg muss in Brasilien unbedingt fortgesetzt werden, damit die großen sozialen Probleme gelöst werden können.

Brasilien sorgt an den Börsen selten für die spektakulären Schlagzeilen und Kursexplosionen wie Russland oder China. Aber das Land und der Leitindex Bovespa entwickeln sich seit Jahren abseits des großen Rampenlichts hervorragend.

4 R = Russland

Russland, unser geheiligter Staat.
Russland, unser geliebtes Land.
Tatkräftiger Wille und großer Ruhm
sei dir eigen für alle Zeit.
(Strophe aus der russischen Nationalhymne)

Größe:	17,1 Mio. qkm
Bevölkerungsanzahl:	144 Mio.
Hauptstadt:	Moskau
Währung:	Rubel
Börsenplatz:	Russian Trading System
Leitindex:	RTS
BIP 2010:	1.477 Mrd. USD
BIP 2015 (e):	2.499 Mrd. USD
BIP pro Kopf 2010:	10.522 USD
Arbeitslosenquote 2010:	7,5 %
Inflationsrate 2010:	6,6 %

Abbildung 40: Die Fakten im Überblick
(Quelle: Deutsche Bank Research, Allianz/Dresdner Bank Research, Goldman Sachs Research, IWF)

Russland ist unter den vier BRIC-Staaten ohne Frage das Land der Extreme. Dieses Bild zieht sich quer durch alle Bereiche: von der Geschichte des Land über die Vermögensverteilung innerhalb der Bevölkerung oder der Struktur der russischen Wirtschaft bis zur Entwicklung der russischen Börsen.

Sowohl für Russlands Wirtschaft als auch für seine Kapitalmärkte gilt: Das ehemalige Zarenreich ist nichts für schwache Nerven, Vorwärtseinparker oder Beckenrandschwimmer. Keine andere Börse hat in den vergangenen 15 Jahren derartige Kursschwankungen durchlebt wie die russische.

Keine Börse weltweit, mit Ausnahme einiger afrikanischer Exotenbörsen, ist so explosiv wie Russland – sowohl im positiven als auch im negativen Sinne. Nirgendwo in den BRICs können Anleger schneller Geld verdienen. Aber nirgendwo rauscht die Börse auch schneller in den Keller.

Abbildung 41: Entwicklung des RTX zwischen 2000 und 2010

(Quelle: tradesignal-online.com)

Das hat vor allem einen Grund: Russland steht für Öl und Gas. Denn das Zarenreich ist wie kaum ein anderes Land der Erde mit Energierohstoffen gesegnet. Wenn die Preise für Öl und Co. steigen, dann boomt die russische Wirtschaft – und zwar gewaltig.

Aber wenn der Ölpreis niedrig ist oder die Preise fallen, dann hat die russische Volkswirtschaft ein richtiges Problem. Das schlägt sich in den Wirtschaftszahlen und damit auch in den Börsenkursen nieder. In Russland steht und fällt alles mit den Preisen des schwarzen Goldes und der anderen Rohstoffe.

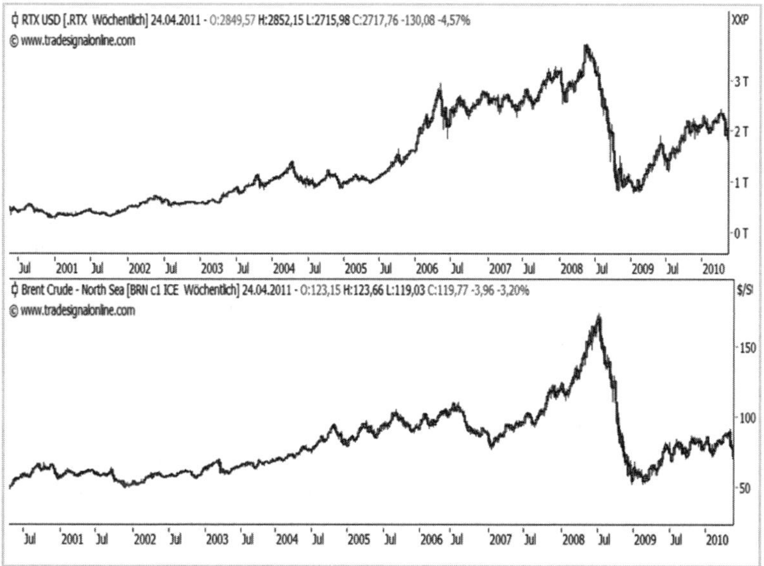

Abbildung 42: Vergleich der Entwicklung des RTX und des Ölpreises 2000 bis 2010
(Quelle: tradesignal-online.com)

4.1 Wirtschaftswachstum im Schatten des Ölpreises

Da der Ölpreis im vergangenen Jahrzehnt bis zur Wirtschaftskrise 2008/09 nur eine Richtung – nämlich nach oben – kannte, brannte die russischen Wirtschaft zwischen 1999 bis 2008 ein wahres Feuerwerk ab. In diesen zehn Jahren wuchs Russlands Volkswirtschaft um durchschnittlich 6,4 Prozent pro Jahr.

2001	2002	2003	2004	2005	2006	2007	2008	2009	2010
5,1 %	4,7 %	7,3 %	7,2 %	6,4 %	8,2 %	8,5 %	5,2 %	-7,9 %	4,0 %

Abbildung 43: Wirtschaftswachstum von Russland zwischen 2001 und 2010

(Quelle: IWF)

Dabei stieg das Wirtschaftswachstum in den Boomjahren der Energierohstoffe, zwischen 2003 bis 2007, sogar auf durchschnittlich 7,5 Prozent an. Das waren asiatische Wachstumsraten mitten in Europa. Russland war in diesen Jahren der Liebling der Börsen.

Doch in der Wirtschaftskrise 2008/09 zeigte sich mit den fallenden Rohstoffpreisen und der einbrechenden globalen Nachfrage für Commodities die Kehrseite der Medaille. Innerhalb von nicht einmal zwei Jahren brach die russische Wirtschaft komplett in sich zusammen. Das Wirtschaftswachstum verwandelte sich von einem fantastischen Anstieg von 8,5 Prozent im Jahr 2007 in einen desaströsen Rückgang von -7,9 Prozent im Jahr 2009.

Da können langjährige Russlandexperten den neuen Anlegern nur ein Glas Wodka reichen und sagen: „Willkommen in Russland. Ruhig schlafen können Sie woanders. Dafür wird hier richtig Geld verdient."

erwartetes Wachstum im Jahr	2011	2012	2013	2014	2015
Russland	4,3 %	4,4 %	4,2 %	4,1 %	4,0 %

Abbildung 44: Prognose für Russlands Wirtschaftswachstum

(Quelle: IWF)

Inzwischen hat sich die Weltwirtschaft jedoch wieder gefangen und auch die Rohstoffpreise, vor allem der wichtige Ölpreis, sind wieder deutlich angestiegen. Damit ist auch die russische Volkswirtschaft wieder auf den Wachstumspfad zurückgekehrt.

Die erwarteten Wachstumsraten um durchschnittlich 4 Prozent pro Jahr für die kommenden fünf Jahre schließen zwar noch nicht an die alten Dynamiken an. Aber nach so einem tiefen Schock wie 2008/09 kann das auch nicht erwartet werden. Trotzdem sind auch diese Wachstumsraten im europäischen Vergleich immer noch sehr hoch.

4.2 Gigant der Energierohstoffe

Der Grund für Russlands starkes Wachstum ist, wie schon oben erwähnt, der Rohstoffreichtum des Landes. Im Zentrum steht dabei der enorme Reichtum an Energierohstoffen. In der Erde des russischen Riesenreiches lagern einige der weltgrößten Rohstoffvorkommen.

Rang	Land	Ölproduktion (in Tsd. Barrel pro Tag)
1	**Russland**	**10.127**
2	Saudi Arabien	10.018
3	USA	9.564
4	Iran	4.254
5	China	4.235

Abbildung 45: Die fünf größten Ölproduzenten der Welt im Jahr 2010
(Quelle: Energy Information Administration)

So ist das ehemalige Zarenreich im Jahr 2009 zum größten Ölproduzenten der Welt aufgestiegen. Kein Wunder, verfügt Russland doch über die siebtgrößten Ölreserven der Welt. Bei Erdgas sieht die Situation noch besser aus: Hier besitzt Russland sogar die größten Reserven der gesamten Welt.

Sage und schreibe 30 Prozent aller weltweiten Gasreserven befinden sich in Russland. Als wäre das noch nicht beeindruckend genug, liegen im russischen Boden auch noch die fünftgrößten Kohlevorkommen der Welt.

Rang	Land	Erdgasreserven (in Bill. Kubikmeter)
1	**Russland**	**48,0**
2	Iran	29,9
3	Katar	25,7

Rang	Land	Erdgasreserven (in Bill. Kubikmeter)
4	Saudi Arabien	7,5
5	USA	7,0

Abbildung 46: Die fünf Länder mit den größten Erdgasreserven
(Quelle: Energy Information Administration)

Bei Uran, dessen Nachfrage durch den neuen Boom der Nuklearindustrie schon seit Jahren immer weiter ansteigt, verfügt das ehemalige Zarenreich über die drittgrößten Vorkommen auf dem Globus.

Damit ist Russland einer der ganz großen Gewinner des Megatrends Energie und Energieversorgung. Denn durch den wirtschaftlichen Aufstieg der Schwellenländer und die wachsende Industrialisierung wird die Energienachfrage in den kommenden Jahrzehnten immer weiter zunehmen.

Dazu kommt noch ein zweiter Wachstumsmotor: Durch den steigenden Lebensstandard der Bevölkerung der Schwellenländer erhöht sich auch deren Stromverbrauch unaufhörlich. Denn mit steigendem Wohlstand werden immer mehr Haushalte immer mehr elektronische Geräte erwerben und dementsprechend immer mehr Strom verbrauchen.

Deshalb wird Energie in Zukunft einer der zentralen Trendmärkte sein, an dem Anleger nicht vorbeikommen (vor allem im wachstumsstarken Asien). Russland verfügt über riesige Mengen an den Energierohstoffen, welche die Welt in Zukunft immer mehr brauchen wird. Das ist Gold wert für die russische Wirtschaft. Sozusagen schwarzes Gold.

Investmenttipp

Russland hat längst erkannt, dass die größte Nachfrage für seine Bodenschätze, vor allem für Öl und Gas, in Zukunft nicht mehr aus dem Westen, sondern aus dem Osten kommen wird: aus Asien. Allen voran natürlich aus dem chinesischen Riesenreich.

Das passt Russland perfekt. Bietet es doch die Chance, seine Abhängigkeit von den westeuropäischen Absatzmärkten zu reduzieren. Deshalb ist seit einigen Jahren ein Zusammenrücken der BRIC-Brüder Russland und China in Fragen der Energieversorgung zu beobachten.

Spekulative Anleger sollten also auf die Suche nach russischen Unternehmen gehen, die von der neuen Brüderschaft Russlands und Chinas im Energiebereich besonders profitieren. Denn bei Chinas riesigem Hunger nach Energie wird es für russische Unternehmen, die mit China kooperieren, große Wachstumsstorys geben.

Aber das ist noch nicht alles, was Russland zu bieten hat: Neben seinem gewaltigen Reichtum an Energierohstoffen besitzt Russland auch einige der weltweit größten Reserven an Metallen (Edelmetalle, aber vor allem Industriemetalle). Die ehemalige kommunistische Supermacht beheimatet große Mengen an den unentbehrlichen Basismetallen Aluminium, Eisen und Zink sowie dem unbekannteren, aber sehr bedeutenden Molybdän. Dazu kommen noch bedeutende Vorkommen an den Edelmetallen Gold und Platin.

Doch lassen Sie sich davon nicht täuschen: Das Kernstück des russischen Rohstoffreichtums und der russischen Volkswirtschaft sind die Energierohstoffe. So ist Russland einer der größten Ölexporteure der Welt und die Nummer eins außerhalb des Mittleren Ostens. Das osteuropäische Land exportiert jährlich alleine mehr Öl als der dritt- und der viertgrößte Exporteur zusammen.

Rang	Land	Ölexporte
1	Saudi-Arabien	8,406
2	**Russland**	**6,874**
3	Vereinigte Arab. Emirate	2,521
4	Iran	2,433
5	Kuwait	2,390

Abbildung 47: Die fünf größten Netto-Ölexporteure der Welt in 2008

(Quelle: Energy Information Administration)

Der Grund für die extreme Ausrichtung der russischen Wirtschaft findet sich natürlich in der Geschichte Russlands. Sie kennen vielleicht das Poster, auf dem eine Karikatur von Karl Marx sagt: „War nur so eine Idee von mir." Nun, jeder Mensch, der sich die russische Wirtschaft anschaut, kann darauf nur antworten: „Das war einen Schrott-Idee."

Im wahrsten Sinne des Wortes. Durch die kommunistische Planwirtschaft wurden die damaligen Staatsbetriebe aus den verschiedensten Branchen komplett in Grund und Boden gewirtschaftet und konnten sich bis heute nicht davon erholen.

Nach gut 70 Jahren Kommunismus fehlt es heute immer noch in weiten Teilen der russischen Wirtschaft an Management-Know-how, modernem Unternehmertum, kosteneffizienter Produktion sowie Investitionskultur in Forschung und Innovationen. Lediglich die Luft- und Raumfahrtbranche und der Rüstungssektor gelten außerhalb des russischen Rohstoffsektors als international voll konkurrenzfähig.

4.3 Der größte Binnenmarkt Europas

Neben den Rohstoffen hat Russland noch ein zweites, wirklich bedeutendes Ass im Ärmel: die mit Abstand größte Bevölkerung in Europa (sowohl West- als auch Osteuropa). In Russland leben 142 Millionen Menschen. Das sind so viele Menschen wie in Deutschland und Frankreich zusammen.

Kein Land in Osteuropa weist auch nur annähernd eine ähnlich große Bevölkerung auf. In Polen, dem mit Abstand bevölkerungsreichsten Land in Zentral- und Südosteuropa schauen gerade mal 38 Millionen Menschen über den Grenzzaun nach Russland. Russland besitzt also das größte Binnenmarktpotenzial in ganz Europa.

Rang	Land	BIP pro Kopf
1	Slowenien	23.009 USD
2	Tschechien	18.722 USD
3	Slowakei	15.906 USD

Rang	Land	BIP pro Kopf
4	Estland	14.417 USD
5	Kroatien	13.528 USD
6	Ungarn	13.210 USD
7	Polen	11.522 USD
8	Litauen	10.765 USD
9	**Russland**	**10.522 USD**
10	Lettland	10.378 USD

Abbildung 48: Die zehn osteuropäischen Staaten mit dem höchsten Pro-Kopf-BIP

(Quelle: IWF)

Aber – und hier wird das spannende Potenzial des russischen Binnenmarktes voll sichtbar: Das Pro-Kopf-BIP von Russland befindet sich mit 10.522 US-Dollar innerhalb Osteuropas gerade mal auf dem abgeschlagenen neunten Platz. Zudem muss man es in Russland in Relation zur Vermögensverteilung setzen:

Russland besitzt zwar das höchste Pro-Kopf-BIP aller vier BRIC-Staaten. Allerdings verzerrt dieser Wert die reale Situation in Russland massiv. Denn der Grund für das hohe Pro-Kopf-BIP ist der extreme Reichtum der kleinen Oberschicht und der Superreichen.

Laut Forbes ist Moskau nach New York City die Stadt mit der höchsten Zahl an Milliardären weltweit – noch vor Städten wie London, Los Angeles oder Hongkong, der Stadt in Asien mit den meisten Superreichen.

Die Vermögen der zahlreichen Millionäre und Milliardäre verfälschen also das wirkliche Bild in Russland. Schlüsselt man die finanzielle Situation der russischen Bevölkerung weiter auf, dann zeigt sich plötzlich ein ganz anderes Bild: Nämlich, dass große Teile der russischen Bevölkerung, vor allem auf dem Land, immer noch arm sind.

Das im osteuropäischen Verhältnis niedrige Pro-Kopf-BIP liegt natürlich an der großen Bevölkerung. Wenn man das BIP absolut betrachtet, dann ist Russland in Osteuropa das Maß aller Dinge. Russlands BIP ist allein so groß wie das BIP der vier danach folgenden Länder zusammen.

Rang	Land	BIP (in Mrd. USD)
1	**Russland**	**1.477**
2	Türkei	729
3	Polen	439
4	Tschechien	195
5	Rumänien	158
6	Ungarn	132
7	Slowakei	86
8	Kroatien	59

Abbildung 49: Die acht osteuropäischen Staaten mit dem höchsten BIP im Jahr 2010

(Quelle: IWF)

Trotzdem deckt der Vergleich des Pro-Kopf-BIP auf, welches große Entwicklungspotenzial noch im russischen Binnenmarkt steckt; zumal der Wirtschaftsaufschwung extrem ungleich auf die Bevölkerung verteilt ist. Westliche Börsianer fokussieren sich immer nur auf Russlands Rohstoffsektor und ignorieren die großen Chancen des Binnenmarktes.

Ein weiterer Grund für diesen Fehler: die Demografie Russlands. Die russische Bevölkerung ist für Emerging-Markets-Verhältnisse recht alt. Das Durchschnittsalter liegt in Russland bei 38,5 Jahren. Damit besitzt Russland die älteste Bevölkerung unter den vier BRIC-Staaten und auch im Vergleich mit vielen anderen Emerging Markets.

Altersgruppen	Anteil an der Gesamtbevölkerung
0–14 Jahre	14,8 %
15–64 Jahre	71,5 %
65+ Jahre	13,7 %
Durchschnittsalter	38,5
Bevölkerungswachstum	-0,5 %

Abbildung 50: Demografie der russischen Bevölkerung

(Quelle: CIA World Factbook)

Wenn man die Demografie Russlands jedoch ins Verhältnis zu den west- und osteuropäischen Nachbarn setzt, dann fällt sofort auf, dass die Altersstruktur des ehemaligen Zarenreiches deutlich attraktiver ist als in vielen westlichen Industrieländern.

Land	Durchschnittsalter
Deutschland	44,3
Italien	43,7
Tschechien	40,4
Spanien	40,1
Ungarn	40,0
Großbritannien	39,8
Frankreich	39,7
Russland	**38,5**
Polen	38,2

Abbildung 51: Durchschnittsalter verschiedener west- und osteuropäischer Staaten
(Quelle: CIA World Factbook)

4.4 Russland 2.0: die große Modernisierungsoffensive

Wenn Russland den Anschluss an die anderen BRIC-Länder und auch die Industrieländer nicht endgültig verlieren will, muss die Wirtschaft jedoch unbedingt auf ein breiteres Fundament gestellt und umfassend modernisiert werden. Nur so kann der Aufschwung breitere Bevölkerungsschichten erreichen und die große Schere zwischen Arm und Reich geschlossen werden. Selbst nach offiziellen Angaben leben in Russland gut 13 Prozent aller Russen unter der Armutsgrenze.

Das ist aber immerhin der niedrigste Wert seit Anfang der 90er-Jahre. Die Dunkelziffer dürfte deutlich höher sein. Zudem kann sich Russland nur durch den Aufbau weiterer Wirtschaftszweige von seiner Abhängigkeit vom Öl lösen. Denn langfristig wird Russlands Ölsektor ein Problem bekommen. Die gnadenlose Ausbeutung der Bodenschätze bleibt natürlich nicht ohne Folgen für Russland.

So ist Russland zwar der größte Ölproduzent der Welt, besitzt aber nur die siebtgrößten Reserven. Es werden zwar noch gewaltige Ölmengen in Sibirien und anderen, bisher kaum explorierten Regionen des Riesenreichs vermutet. Fakt ist jedoch: Langfristig kann die russische Wirtschaft nicht nur von ihrem Öl und ihren anderen Rohstoffen leben.

Rang	Land	Ölreserven (in Mrd. Barrel)
1	Saudi-Arabien	262
2	Kanada	175
3	Iran	138
4	Irak	115
5	Venezuela	99
6	Vereinigte Arab. Emirate	98
7	**Russland**	**60**
8	Libyen	44

Abbildung 52: Die acht Länder mit den größten Ölreserven der Welt im Jahr 2010
(Quelle: Energy Information Administration)

Das wird nicht in diesem Jahr ein Problem werden. Auch nicht in diesem Jahrzehnt. Aber es wird kommen. Wenn Russland bis dahin die Petrodollars nicht in eine Modernisierung der Wirtschaft investiert hat, bekommt das Land gewaltige Probleme. Die Wirtschaft muss auf ein breiteres Fundament gestellt werden.

Zum Glück hat man die absolute Dringlichkeit dieser Entwicklung im Kreml längst erkannt. Mit dem amtierenden Präsidenten Dimitri Medwedew verfügt diese unbedingt notwendige Modernisierung der russischen Wirtschaft über einen extrem starken Anführer.

Präsident Medwedew hatte bei seinem Amtsantritt versprochen, Russlands Wirtschaft endlich zu modernisieren. Nun macht er mit seinem Versprechen Ernst. Im Oktober 2010 verkündete Medwedew eine umfassende Modernisierungsoffensive für Mütterchen Russland. Die Ziele: eine gravierende Modernisierung der Wirtschaft und damit einhergehend der Ausbau und Aufbau zusätzlicher Infrastruktur.

Gleichzeitig ist der Aufbau neuer Wirtschaftszweige geplant, um endlich eine größere Diversifikation der russischen Wirtschaft, weg von der Rohstoffabhängigkeit, zu erzielen. Zudem sollen die großen sozialen Probleme (Stichwort: Gesundheitsversorgung) angegangen werden.

Damit wird es in den kommenden Jahren in Russland richtig zur Sache gehen – und cleveren Investoren gewaltige Chancen bieten. Medwedew hat die Modernisierung Russlands zur persönlichen Chefsache gemacht – und damit kommt nun richtig Dampf in den Kessel, der jahrelang nur müde vor sich hin brodelte.

Denn eines ist bei den Russen ganz klar: Wenn sie eine Sache machen, dann wird nicht gekleckert, sondern geklotzt. Und zwar mit dem ganz großen Löffel. Die angekündigte Modernisierungsoffensive von Medwedew ist der Startschuss für Milliardeninvestitionen, die in den kommenden Jahren in die unterschiedlichsten Bereiche der russischen Wirtschaft und Gesellschaft fließen werden.

In der Wirtschaft ist diese Modernisierungsoffensive dringend notwendig. Denn außerhalb des Rohstoffsektors sind russische Produkte international kaum konkurrenzfähig. Das ist keine Behauptung von mir. Sie können noch viel deutlichere Worte haben – und zwar vom russischen Präsidenten Medwedew persönlich.

In einer Rede der Nation gab er bereits Ende 2009 in ungewöhnlicher Ehrlichkeit zu: „Die Wettbewerbsfähigkeit unserer Produktion ist beschämend gering." Das muss sich ändern. Und das wird sich ändern. So plant Medwedew den Bau eines russischen „Silicon Valley" in Skolkowo, einem Vorort außerhalb Moskaus.

Dort soll die russische Hightech-Industrie den Anschluss an die Weltspitze schaffen. Nach den Vorstellungen des Kremls sollen in diesem Innovationszentrum Branchen wie IT, Telekommunikation, Biotech und

Medizintechnik, Nukleartechnologie und Umwelttechnologie gezielt entwickelt und gefördert werden.

4.5 Milliardenmarkt Infrastruktur

Einer der Hauptprofiteure der jüngst gestarteten Modernisierungsoffensive ist Russlands Infrastruktursektor. Wer von Ihnen schon mal außerhalb von Moskau oder St. Petersburg in Russland unterwegs war, dem wird vor allem eine Sache aufgefallen sein: Die Infrastruktur ist ein Desaster.

Reden wir nicht lange drum herum: Die Infrastruktur des ehemaligen Zarenreichs erinnert eher an Mittelerde aus „Herr der Ringe" als an eine angehende Weltwirtschaftsmacht. Nehmen wir beispielsweise den Bahnverkehr. Im Riesenreich Russland ist der Transport per Bahn immer noch das Hauptbeförderungsmittel.

Das Schienennetzwerk in Russland ist gewaltige 87.000 Kilometer lang. Damit Sie eine bessere Vorstellung dieser unglaublichen Dimension haben: Die Gesamtlänge aller Eisenbahnnetze auf der ganzen Welt liegt bei gut 870.000 Kilometer. Russland alleine besitzt also 10 Prozent aller Schienenstrecken dieses Planeten.

Aber: Selbst heute ist nicht mal die Hälfte des russischen Schienennetzwerks von 87.000 Kilometern elektrifiziert. Die Folge: Die Durchschnittsgeschwindigkeit der russischen Züge beträgt lediglich 30 km/h. Zum Vergleich: In Deutschland liegt der Durchschnittswert mit 80 km/h mehr als doppelt so hoch. (Und das bei all den Patzern, welche die Deutsche Bahn mit der Regelmäßigkeit eines Schweizer Uhrwerks gekonnt abliefert ...)

Das muss anders werden, wenn Moskau das Wirtschaftswachstum fördern und den Wirtschaftserfolg auch in die ländlichen Gegenden außerhalb der Metropolen und Industriezentren tragen will. Denn das Rückgrat einer jeden Wirtschaft ist die Infrastruktur.

Dementsprechend große Pläne wurden nun im Kreml geschmiedet: Bis 2015 sollen in Russland sage und schreibe 6200 Kilometer neuer Trassen für Straßen und Schienenverkehr gebaut werden. Damit Sie diese Megaplanungen richtig einordnen können: Die Strecke zwischen Hamburg und München beträgt etwa 615 Kilometer.

Innerhalb der nächsten fünf Jahre will Moskau also Streckennetze errichten lassen, die einer Länge entsprechen, als ob in Deutschland zehn neue Verbindungen zwischen Hamburg und München gebaut werden würden.

In den Ausbau überregionaler Verkehrsverbindungen sollen zirka 45 Milliarden US-Dollar investiert werden. Für die Modernisierung des Schifffahrtsverkehrs will man im Kreml bis 2015 knapp 27 Milliarden US-Dollar ausgeben. Sie sehen: Wir sprechen hier über Milliardensummen, die sich Moskau die Modernisierung seiner Infrastruktur kosten lässt.

Und das ist noch nicht alles. Russland hat in den vergangenen Jahren die Zuschläge für zwei der prestigeträchtigsten Sportereignisse der Welt erhalten: Die olympischen Winterspiele 2014 in Sochi und die Fußball-WM im Jahr 2018.

Die Megaereignisse werden in den kommenden Jahren ihren Investmentschatten vorauswerfen. Allein für den Zuschlag der Fußball-WM musste Russland der FIFA das Versprechen geben, fast 8000 Kilometer neue Straßen zu bauen und gut 2000 Kilometer neue Schienen zu verlegen.

Ach ja: Von den 16 Stadien für die WM-Spiele stehen aktuell gerade drei.

Die Prognosen für die Infrastrukturausgaben, die allein die Fußball-WM mit sich bringen wird, liegen bei heftigen 50 Milliarden US-Dollar. Das ist mehr, als viele Länder in der Krise 2008/09 als Konjunkturprogramme auflegten, um ihre Volkswirtschaften zu retten.

Investmenttipp

Clevere Anleger suchen gezielt nach russischen Unternehmen, die von der Modernisierungsoffensive profitieren. Der große Vorteil dieser Anlagen: Da sie einer eigenen Investitionsdynamik unterliegen, sind sie nicht so konjunkturabhängig wie andere Sektoren. Branchen wie Infrastruktur oder Hightech sollten ganz oben auf der Watchlist stehen.

4.6 Risiken in Russland

Was Investoren in Russland immer beachten müssen, ist der sehr große staatliche Einfluss auf die Wirtschaft. Das ist die „Black Box“, der unkalkulierbare und kaum seriös prognostizierbare schwarze Punkt in Russland. Genau dieser unkalkulierbare Risikofaktor ist der Grund, warum russische Aktien historisch zu den günstigsten Aktien der Welt gehören. Tatsächlich kontrolliert der Staat in Russland selbst heute noch gut 60 Prozent der Wirtschaft. Und das 20 Jahre nach dem Ende des Kommunismus. Keine Frage, die Risiken für Russland-Investoren sind beträchtlich.

Wie immer an der Börse ist das eben der Preis für die gigantischen Chancen. Und wir sprechen hier nicht von Risiken, wenn man sich für 2,50 Euro fünf Rubbellose kauft. Von allen vier BRIC-Ländern ist die Börse im ehemaligen Zarenreich mit Abstand die risikoreichste.

Das ist der Grund für die gewaltigen Kursausschläge an den russischen Börsen. Sie preisen einen gewaltigen Risikoabschlag ein. Je nach Intensität der Ängste internationaler Anleger wird dieser übertrieben groß oder kleiner.

Es gibt in Russland sechs besonders gewichtige Risikofaktoren:

1. Die hohe Abhängigkeit von den Rohstoffpreisen (vor allem von den Öl- und Gaspreisen)
2. Die Politik
3. Die fehlende Diversifikation der russischen Wirtschaft
4. Die sozialen Strukturen und die ungleiche Vermögensverteilung in der Bevölkerung
5. Die Umweltverschmutzung
6. Die wirtschaftsfeindliche Struktur des russischen Staates (Stichwort: Überbürokratie)

Die Punkte drei, vier und fünf sind vor allem für die mittel- bis langfristige Entwicklung des Landes bedeutend. Auf die kurz- bis mittelfristigen Kursentwicklungen russischer Aktien haben sie aber kaum Auswirkungen. Es sei denn, es kommt zur massiven Unruhen, Protesten oder Terroranschlägen.

Kurzfristig sind vielmehr die ersten beiden Punkte das entscheidende Zünglein an der Börsenwaage und bewegen die Kurse russischer Aktien. Der dominierende Faktor ist dabei die Preisentwicklung der Rohstoffe.

Wer in Russland investiert, sollte sich immer über die Entwicklungen beim Ölpreis und in der russischen Politik informieren. Ansonsten ist ein Investment in Russland so, als ob Sie mit einem blutenden Steak um den Rücken geschnallt im Great Barrier Reef mit Weißen Haien schwimmen gehen. Das kann gut gehen, aber das wollen Sie nicht wirklich erleben …

4.7 Die Rolle der Politik

Die „große Unbekannte" unter den Risikofaktoren ist in Russland natürlich die Politik. Bei keinem anderen BRIC-Land sind die Unsicherheit und die Nervosität der Anleger auch nur annähernd ähnlich hoch wie bei Russland.

Das basiert natürlich auf der kommunistischen, wirtschaftsfeindlichen Geschichte und den vergangenen Zeiten der ehemaligen Supermacht UdSSR. Dabei hilft es nicht, dass der Perestroika-Wandel im Jahr 2010 bereits sein 25-jähriges Jubiläum feierte.

Fakt ist: Natürlich wird in den westlichen Medien gerne die kommunistische Opposition gezeigt. Aber seit Michail Gorbatschow im März 1985 ganz langsam mit den ersten Perestroika-Lockerungen begann, gab es in Russland in den letzten 15 Jahren keine nennenswerten Rückschritte zu alten kommunistischen Zeiten mehr.

Im Westen wird dies nur oftmals aufgrund der dominierenden Rolle von Wladimir Putin innerhalb der russischen Politik und des teilweise aggressiven internationalen Auftretens Russlands falsch verstanden. Fangen wir mit Putin an.

Der 1952 geborene Wladimir Wladimirowitsch Putin ist der mächtigste Mann in Moskau. Der ehemalige russische Präsident (2000–2008) ist offiziell seit 2008 lediglich der Ministerpräsident (aber nur weil man laut der russischen Verfassung nur zwei Amtszeiten russischer Präsident sein darf).

Aber lassen Sie sich nicht täuschen: Putin ist der mächtigste Mann im Kreml und alle Fäden laufen bei ihm zusammen. Der amtierende Präsident ist zwar Dmitri Medwedew, aber dieser wurde von Putin handverlesen und hinter den Kulissen ist Putin weiterhin aktiv.

Putin ist ein absoluter Machtmensch und ein echter Hardliner. Was mit Leuten passiert, die seine Machtposition untergraben wollen, spürte der ehemalige Yukos-Besitzer Michail Chodorkowski, einst der reichste Mann Russlands, am eigenen Leib. Als der Chodorkowski Putin offen kritisierte, ließ Putin diesen gnadenlos kaltstellen. Da halfen Chodorkowski auch all seine Kontakte und seine Milliarden nichts. Chodorkowski wurde ein Prozess wegen Steuerhinterziehung gemacht. 2005 wurde er zu fünf Jahren Haft verurteilt. Damit wäre er also eigentlich 2011 freigekommen. Also wurde eine neue Anklage erhoben und im Dezember 2010 wurde Chodorkowski zu vielen weiteren Jahren Gefängnis verurteilt.

Es sind Aktionen wie diese, die Putin und die russische Politik in den Augen vieler Westler als unsicher und risikoreich erscheinen lassen. Tatsächlich haben die Demokratisierungs- und Reformprozesse innerhalb der russischen Politik unter Putin Rückschritte verzeichnet. Aber was viele Westler falsch einschätzen: Putin ist kein Kommunist. Er ist Patriot und Machtmensch. Aber kein Kommunist. Im Gegenteil: Putin hat sich immer klar zur Marktwirtschaft bekannt und unter seiner Präsidentschaft hat die russische Wirtschaft (natürlich mithilfe der steigenden Rohstoffpreise) einen gigantischen Aufschwung erlebt.

Putin glaubt zwar an staatliche Eingriffe zur Lenkung der Wirtschaft (beispielsweise schützt der Kreml bestimmte Wirtschaftszweige), aber das tun auch viele Demokratien, wie beispielsweise die Franzosen.

Unterm Strich zählen für Börsianer auf der politischen Eben in allererster Linie zwei Dinge: Stabilität und die Wirtschaftspolitik. Bei beiden Punkten kann Putin absolut überzeugen. Er hat in Moskau vielleicht zentralistische Machtstrukturen um seine Person herum aufgebaut – aber dafür ist die politische Situation in Russland seit einer Dekade sehr stabil.

Es liegt eine Welt zwischen den wüsten 90er-Jahren unter dem Vorgänger Jelzin und heute. Anfang der 90er-Jahre war die politische und wirtschaftliche Situation in Russland so außer Kontrolle, dass diese Phase in Börsenkreisen nur als die Zeit des „Wilden Ostens" bezeichnet wird – in Anlehnung an die rechtlose und unkontrollierte Zeit des „Wilden Westens".

Putin konnte dieses Machtvakuum erfolgreich schließen und hat Stabilität nach Moskau gebracht. Zudem hat Putin klar Flagge zu einer westlich orientierten Marktwirtschaft bekannt. Lassen Sie sich da nicht von den außenpolitischen Machtspielen täuschen.

Außenpolitisch sieht sich Russland trotz des Verlusts des „Supermacht"-Titels immer noch als legitime Weltmacht. Dementsprechend agiert der Kreml international. Man versucht beispielsweise ständig, seine Machtposition in den umliegenden Staaten auszubauen (zum Beispiel Russlands Einmarsch in Tschetschenien). Mit der Wirtschaftspolitik hat dies aber nichts zu tun.

In diesem Zusammenhang müssen Russland-Investoren auch die Oligarchenstrukturen beachten. Tatsächlich sind die extrem einflussreichen Oligarchen mit einer Schattenherrschaft die Machthaber über die russische Wirtschaft. Bei den Oligarchen handelt es sich um eine Gruppe ultrareicher Unternehmer, die Anfang bis Mitte der 90er-Jahre in den wüsten Zeiten des „Wilden Ostens" steinreich wurden.

Nach dem Zusammenbruch der UDSSR rissen die Oligarchen in der damaligen Privatisierung der Wirtschaft durch beste politische Kontakte und teilweise sehr dubiose Machenschaften die Kontrolle ehemaliger russischer Staatsbetriebe an sich. Sie nutzten das fehlende Wissen von Behörden, Politikern und Bürgern aus, um die Staatskonzerne weit unter dem fairen Preis zu Schnäppchenpreisen aufzukaufen und dann mit deren Sanierung oder Zerschlagung Milliardensummen zu verdienen.

Aufgrund ihrer Reichtümer und ihres großen Einflusses existiert zwischen den Oligarchen und der politischen Elite Moskaus ein stillschweigendes Abkommen: Solange die Oligarchen dem Kreml nicht in die Politik funken, können sie in einer Grauzone mehr oder weniger tun und lassen, was sie wollen.

Yukos-Boss Chodorkowski brach diese Vereinbarung und wurde dafür sofort aus dem Verkehr gezogen. Das bedeutet jedoch, dass die Oligarchen in der Wirtschaft häufig ihre eigenen Interessen verfolgen, ohne staatliche Repressionen befürchten zu müssen.

Investmenttipp

Der Kreml will gegen die Oligarchenstrukturen vorgehen. Aber gravierende Veränderungen gab es bisher nicht. Aufgrund der großen Macht der Oligarchen kann es für ausländische Investoren sehr gefährlich sein, wenn sie an der Börse auf der falschen Seite positioniert sind.

Auf der anderen Seite lautet eine der besten Investmentstrategien, über die Medien das Investmentverhalten der Oligarchen zu beobachten. Ähnlich wie es für Investoren oftmals eine kluge Idee ist, den Investments von Warren Buffett zu folgen, bieten sich Russland-Investoren immer wieder aussichtsreiche Profitchancen, wenn sie den Aktivitäten der Oligarchen folgen.

4.8 Fazit

Russland hat es wirklich in sich – sowohl im positiven wie auch im negativen Sinne. Das Land ist ohne Frage die spekulativste BRIC-Anlage. Wenn Sie mit dem russischen Bären tanzen, dann sollten Sie besser die gut gepolsterten Tanzschuhe anziehen. Denn in Russland müssen Sie sich auf gewaltige Kursausschläge einstellen.

Dafür besitzt kein BRIC-Land so ein dynamisches Aufwärtspotenzial wie die immer günstig bewertete russische Börse. Wenn es hier nach oben geht, dann schießen die Kurse durch die Decke. Diese Entwicklungen hängen natürlich eng mit den Rohstoffpreisen zusammen. Denn der Ölpreis gibt der russischen Wirtschaft und damit auch den Börsen die Marschrichtung vor. Deshalb sind Rohstoffwerte immer die erste Anlaufstelle für Investoren; zumal die russischen Energieaktien traditionell zu den günstigsten Energiewerten der Welt gehören.

Clevere Anleger setzen aber auch auf den verkannten russischen Binnenmarkt und die Branchen, die von Medwedews Modernisierungsoffensive besonders profitieren werden. Hier werden sich große Investmentchancen bieten – auch wenn die Rohstoffe nicht weiter ansteigen.

Investmenttipp

Die Royal Bank of Scotland (RBS) und die österreichische Erste Bank und Raiffeisen Centrobank sind Vorreiter im Bereich von Branchenzertifikaten für den russischen Aktienmarkt. Bei diesen drei Emittenten gibt es bereits verschiedene Produkte, die sich ausschließlich auf spezielle Sektoren fokussieren.

Die meisten Produkte basieren auf Sub-Indizes des RTS, RDX und RTX. Der Schwerpunkt liegt aber ganz klar auf dem Rohstoffsektor. Ausführliche Infos zu den Branchenzertifikaten finden Sie auf den Internetseiten der Emittenten (Internetadressen finden Sie im Anhang).

Das A und O jedes Russland-Investors ist eine gute Kenntnis der Entwicklungen im Rohstoffsektor (vor allem der Energierohstoffe) und im Kreml. Aufgrund seiner extremen Ausschläge und schnellen Kursbewegungen ist der russische Aktienmarkt vor allem für spekulative Investoren interessant. Konservative Investoren gewichten Russland niedriger.

simplified

5 I = Indien

Glückbringer der Massen,
Sieg dir, Indiens Schicksalslenker!
(Strophe aus der indischen Nationalhymne)

Größe:	3,3 Mio. qkm
Bevölkerungsanzahl:	1,17 Mrd.
Hauptstadt:	Neu-Delhi
Währung:	Rupie
Börsenplatz:	Bombay Stock Exchange
Leitindex:	Sensex 30
BIP 2010:	1.430 Mrd. USD
BIP 2015 (e):	2.412 Mrd. USD
BIP pro Kopf 2010:	1.176 USD
Arbeitslosenquote 2010:	10,7 %
Inflationsrate 2010:	13,2 %

Abbildung 53: Die Fakten im Überblick
(Quelle: Deutsche Bank Research, Allianz/Dresdner Bank Research, Goldman Sachs Research, IWF)

Im Showbusiness gibt es den Ausdruck „Sidekick". Das ist der zweite Charakter an der Seite des Stars. Er tritt zusammen mit dem Star auf, ist aber nicht auf gleicher Augenhöhe sondern sorgt dafür, den Star richtig ins Rampenlicht zu rücken. Der Sidekick ist der klassische zweite Mann.

Bei den BRICs ist Indien in der Wahrnehmung westlicher Anleger der Sidekick von China. Indien ist immer der zweite Mann in der BRIC-Gruppe: Spricht man über Rohstoffe, dann reden alle über Brasilien und Russland. Dreht sich das Thema um Wirtschaftswachstum, dann schauen alle immer zuerst nach China.

Das Verrückte ist: Nichts liegt ferner von der Wahrheit als diese Wahrnehmung vieler uninformierter Anleger. Indien befindet sich nicht nur auf Augenhöhe mit den anderen BRICs, das Land der Fakire besitzt sogar langfristig das größte Potenzial von allen vier Ländern.

Der Grund, warum die meisten ausländischen Anleger Indien und seine langfristigen Potenziale so falsch einschätzen: Da in Asien immer zuerst China im Fokus steht, ist die Masse der Anleger nur schlecht über Indien informiert. Seien wir ehrlich: Die meisten Deutschen haben wahrscheinlich ihr Wissen über Indien aus dem Oscar-preisgekrönten Film „Slumdog Millionaire“ (ausgezeichnet mit acht Oscars).

Stellen Sie sich einen Moment vor, Sie würden – in Anlehnung an den Film – anstelle des Filmhelden Jamal auf dem Stuhl der indischen Version von „Wer wird Millionär?“ Platz nehmen. Ihnen gegenüber sitzt der Moderator Prem Kumar. Die TV-Kameras laufen. Das Publikum im Saal hält den Atem an. Die Spannung ist bis zum Zerreißen gespannt.

Abbildung 54: Szene aus dem Film „Slumdog Millionaire“
(Quelle: Warner Bros. Pictures)

Dann stellt Moderator Kumar die Frage: „Welches Land der vier BRICs wird langfristig die höchsten Wirtschaftswachstumsraten aufweisen?“ Die weltbekannte Musik ertönt und auf dem Monitor vor Ihnen bauen sich die vier möglichen Antworten auf:

A) Brasilien B) Russland C) Indien D) China

5.1 Ein Land wie ein Kontinent

Indien ist das siebtgrößte Land der Erde. Um Ihnen eine Vorstellung von der Größe des Landes zu geben: Mit einer Fläche von 3,29 Millionen Quadratkilometern ist Indien ungefähr neun Mal so groß wie die Bundesrepublik. Das Land unterteilt sich in 28 Bundesstaaten, deren Eigenständigkeit jedoch wesentlich weitreichender ist als die der Bundesländer in Deutschland.

Es ist deshalb falsch, Indien als ein einzelnes Land wie Brasilien oder Vietnam zu verstehen. Indien ist eher eine föderale Struktur zahlreicher Regionen, die sich teilweise in Kultur, Sprache und Historie deutlich voneinander unterscheiden. So gibt es in Indien 23 offiziell anerkannte Sprachen.

Wohlgemerkt: offizielle Sprachen. Insgesamt gibt es etwa 220 Sprachen und Dialekte in Indien. In einem Land! Damit ist klar: Indien ist in Wahrheit kein einzelnes Land, sondern eigentlich eine Region. Das ist ein extrem wichtiger Punkt, wenn man Indien und seine politische, gesellschaftliche und wirtschaftliche Entwicklung richtig verstehen will.

Diese vielseitigen Strukturen sind beispielsweise einer der entscheidenden Gründe dafür, warum in dem Land politische Reformen oder Wirtschaftsentwicklungen, besonders im Infrastrukturbereich, so lange brauchen.

Beispielsweise verlangen einige der indischen Bundesstaaten zusätzlich eigene Ein- und Ausreisevisa – obwohl sie Teil Indiens sind. Indien sollte man deshalb eher mit der Europäischen Union vergleichen – und welche Probleme wir dort tagtäglich erleben, brauche ich Ihnen ja nicht zu erzählen (Gruß an Brüssel).

Ein weiterer wichtiger Punkt, um Indien richtig zu verstehen, ist die Geschichte des Landes. Indiens Geschichte ist lang, vielfältig und fraglos faszinierend. Aber dies ist keine Serie mit acht Folgen auf Discovery Channel, sondern wir konzentrieren uns auf die wichtigsten historischen Ereignisse in diesem BRIC-Land.

Um Indien richtig zu verstehen, ist der Einfluss der britischen Kolonialzeit (Anfang des 19. Jh.–1947) extrem wichtig. Als Unabhängigkeitstag wird in Indien der 15. August 1947 gefeiert. Wir wollen hier gar nicht genau auf die geschichtlichen Verläufe von „Britisch-Indien“ eingehen.

Für uns ist entscheidend, dass durch den Einfluss der britischen Herrschaft (erst gesteuert durch die British East India Company und nach dem Sepoy-Aufstand 1857/58 durch die britische Krone) westliche Strukturen und Ideologien ungewöhnlich stark Indiens politische, juristische, legislative und wirtschaftliche Systeme prägten.

So basiert das indische Justizsystem auf dem britischen Rechtssystem und das Land weist einen weit fortgeschrittenen Demokratisierungsgrad auf. Beispielsweise existiert in Indien im Gegensatz zu vielen anderen asiatischen Ländern seit Jahren eine umfassende Pressefreiheit.

Diese fortschrittlichen Rahmenbedingungen sind eine Stärke Indiens gegenüber anderen asiatischen Emerging Markets. Trotzdem sind Politik, Bürokratie und das Rechtssystem alles andere als unproblematisch (dazu später). Fakt ist: Trotz dieser vorteilhaften Rahmenbedingungen ist Indien heute erst da, wo China schon vor fünf bis zehn Jahren war.

5.2 Indiens Wirtschaft wächst rasant

In den vergangenen 20 Jahren wies die indische Wirtschaft ein extrem dynamisches Wachstum auf. Dabei beschleunigte sich das Wirtschaftswachstum immer weiter. In den 90er-Jahren wuchs Indiens Wirtschaft um durchschnittlich um 5,6 Prozent pro Jahr. Seit 2000 stieg das jährliche Wirtschaftswachstum bis 2008 sogar auf satte 6,1 Prozent.

2000	2001	2002	2003	2004	2005	2006	2007	2008	2009	2010
4,4 %	3,9 %	4,6 %	6,9 %	8,1 %	9,2 %	9,7 %	9,9 %	6,4 %	5,7 %	9,7 %

Abbildung 55: Wirtschaftswachstum von Indien in den letzten zehn Jahren

(Quelle: IWF, Deutsche Bank)

Doch dann kam die Krise 2008/2009. Volkswirte fürchteten angesichts der weltweiten Wirtschaftsprobleme das Schlimmste. Aber die indische Wirtschaft überraschte sie alle. Neben China und Brasilien gab es in der Finanz- und Wirtschaftskrise 2008/09 noch einen dritten großen Gewinner: Indien.

Tatsächlich wuchs die indische Volkswirtschaft selbst im Horrorjahr 2009 um satte 5,7 Prozent. Im vergangenen Jahr knüpfte Indien schon wieder nahtlos an die hohen Wachstumsraten vor 2008 an – als hätte es die Weltwirtschaftskrise nie gegeben: Im Jahr 2010 wuchs Indiens Wirtschaft um 9,7 Prozent.

Für die ungewöhnliche Stärke Indiens während der Wirtschaftskrise gibt es drei Hauptgründe:

Der erste Grund ist der wichtigste: Obwohl wir heute in einer globalisierten Welt leben, ist die indische Wirtschaft noch sehr auf das eigene Land fokussiert. Indien ist eine eher binnenmarktorientierte Wirtschaft. Ganz im Gegensatz zu den meisten asiatischen Volkswirtschaften, die eher exportdominiert sind.

In der Krise war dies der große Vorteil Indiens. Während die Volkswirtschaften der asiatischen Exportnationen aufgrund der kollabierenden Absatzmärkte in Nordamerika und Westeuropa zusammenbrachen, lief die Krise an weiten Teilen der indischen Wirtschaft vorbei.

Dies wurde durch zwei weitere Faktoren gefördert: Der indische Bankensektor war nicht in die „wunderschönen“ Finanzspekulationen der westlichen Geldhäuser involviert. Deshalb kam es in Indien zu keiner Bankenkrise und die dortigen Kreditmärkte konnten die Wirtschaft in der Krise weiterhin unterstützen.

Gleichzeitig sanken in der Krise die Rohstoffpreise, was sich positiv auf die Inflation auswirkte und dem indischen Binnenmarkt half. Allerdings ging diese beeindruckende Entwicklung – mal wieder – im Schatten des noch stärkeren chinesischen Wirtschaftswachstums an den Weltbörsen unter.

erwartetes Wachstum im Jahr	2011	2012	2013	2014	2015
Indien	8,4 %	8,0 %	8,2 %	8,1 %	8,1 %

Abbildung 56: Prognose für das Wirtschaftswachstum Indiens

(Quelle: IWF, Deutsche Bank)

Dabei besaß Indien nach China selbst in der schweren Krise das zweithöchste Wachstum unter allen großen Volkswirtschaften der Welt (und damit natürlich auch die zweithöchsten Wachstumsraten in Asien).

Für die kommenden fünf Jahre rechnen Ökonomen mit einer Fortsetzung der alten Wachstumsdynamik. Die Prognosen erwarten ein hohes Wirtschaftswachstum von 8,2 Prozent per annum. Sollten sich diese Wachstumsraten realisieren, besitzt Indien unter den großen Ländern nach China die höchsten Wachstumsraten. Und zwar mit großem Abstand.

erwartetes Wachstum im Jahr	2011	2012	2013	2014	2015
China	9,6 %	9,5 %	9,5 %	9,5 %	9,5 %
Indien	**8,4 %**	**8,0 %**	**8,2 %**	**8,1 %**	**8,1 %**
Vietnam	6,8 %	7,0 %	7,2 %	7,4 %	7,5 %
Indonesien	6,2 %	6,5 %	6,7 %	7,0 %	7,0 %
Malaysia	5,3 %	5,2 %	5,1 %	5,1 %	5,0 %
Thailand	4,0 %	4,3 %	4,5 %	4,8 %	5,0 %
Philippinen	4,5 %	4,5 %	4,5 %	4,5 %	4,5 %

Abbildung 57: Prognose für das Wirtschaftswachstum großer asiatischer Länder

(Quelle: IWF)

Der große Unterschied zu China: Indiens Wirtschaft ist noch deutlich kleiner und weniger weit entwickelt als die Volkswirtschaft des anderen asiatischen BRIC-Landes. Das Bruttoinlandsprodukt (BIP) von Indien belief sich im Jahr 2010 auf 1,43 Billionen US-Dollar. Das BIP von China ist mit 5,75 Billionen US-Dollar viermal so groß.

Diese Differenz zeigt eindrucksvoll, welches Nachholpotenzial das unterentwickelte Indien besitzt. Das ist jedoch nur ein Grund, warum viele

Experten der Meinung sind, dass Indien langfristig sogar ein noch größeres Potenzial als China besitzt.

5.3 Der kommende Bevölkerungsstar in Asien

Die weiteren Gründe sind die deutlich besseren demografischen Verhältnisse und politischen und legislativen Rahmenbedingungen, die für die weitere Entwicklung der Demokratie und der freien Marktwirtschaft in Indien schon sehr fortgeschritten sind. Der zweite Punkt basiert natürlich auch wieder auf der britischen Kolonialzeit.

Die Briten implementierten in Indien ihre politischen und juristischen Systeme – und haben Indien damit in seiner Entwicklung einen großen Dienst erwiesen. Gönnen wir den Freunden von der Insel diese Erfolge. Sie haben ja sonst nicht viel zu lachen, wie die letzte Fußball-WM gezeigt hat ...

Der entscheidende Faktor ist aber Indiens Bevölkerung und Demografie. Indien ist mit gut 1,2 Milliarden Menschen das zweitbevölkerungsreichste Land auf dem Erdball. Mal wieder nur die zweite Geige hinter China mit seinen 1,3 Milliarden Menschen.

Altersgruppen	Anteil an der Gesamtbevölkerung
0–14 Jahre	30,5 %
15–64 Jahre	64,3 %
65+ Jahre	5,2 %
Durchschnittsalter	25,9
Bevölkerungswachstum	1,4 %

Abbildung 58: Demografie der indischen Bevölkerung

(Quelle: CIA World Factbook)

Aber: Diese Situation wird sich in den kommenden Jahrzehnten verändern – und zwar zum Vorteil Indiens. Denn nach den Berechnungen der

Vereinten Nationen (UNO) und vieler anderer Organisationen wird die indische Bevölkerung bis zum Jahr 2050 auf gut 1,6 Milliarden Menschen anwachsen.

Damit wird Indien das bevölkerungsreichste Land der Erde sein. Denn aufgrund der jahrelang praktizierten „1 Kind"-Politik und der deutlich schlechteren Altersstruktur in China wird die Zahl der Menschen im Reich der Mitte im gleichen Zeitraum „nur" auf 1,4 Milliarden Menschen ansteigen (plus/minus einige Hundert Millionen Chinesen ...).

Gleichzeitig liegt das Durchschnittsalter in Indien aber gerade mal bei 25,9 Jahren. Damit besitzt Indien eine der jüngsten Bevölkerungsstrukturen der Welt (wenn man die Entwicklungsländer in Afrika außen vor lässt).

Indien verfügt über die jüngste Bevölkerung aller vier BRIC-Staaten. Selbst im Vergleich mit den sehr jungen Bevölkerungen aus den südostasiatischen Ländern nimmt Indien einen Spitzenplatz ein. Ein Vergleich mit den wesentlich älteren ostasiatischen Ländern wie Japan (44,6 Jahre) oder Südkorea (37,9 Jahre) erübrigt sich.

Rang	Land	Durchschnittsalter
1	China	35,2
2	**Indien**	**25,9**
3	Indonesien	27,9
4	Pakistan	21,2
5	Bangladesch	22,9
6	Japan	44,6
7	Philippinen	22,7
8	Vietnam	27,4

Abbildung 59: Altersdurchschnitt asiatischer Länder mit Bevölkerung über 75 Mio.
(Quelle: CIA World Factbook)

5.4 Die Wirtschaftsstory Indiens: der eigene Binnenmarkt

Die Analyse über die indische Bevölkerung führt uns direkt zur indischen Wirtschaft. In allen BRIC-Ländern nimmt die Entstehung der eigenen Binnenmärkte eine zentrale Rolle ein. Aber in keinem Land ist der Einfluss des eigenen Binnenmarktes bereits heute ein so grundlegender Faktor wie in Indien.

In Brasilien und Russland sind die Rohstoffvorkommen der allererste Wachstumsmotor. Diese Story gibt es in Indien nicht, da das Land rohstoffarm ist. China vollzieht nun den Wandel von einer exportorientierten Wirtschaft, die durch die Produktion von Industriegütern getrieben wurde, hin zu einer Binnenmarktwirtschaft.

Aber trotzdem besitzt das Reich der Mitte einen bedeutenden Exportsektor. Auch diese Story gibt es in Indien nicht. Indiens Wirtschaft basiert hingegen seit Jahren auf drei Säulen:

1. Die eigene Binnennachfrage
2. Staatliche Investitionen
3. Ausländische Direktinvestitionen

Verrückterweise ist das Flaggschiff der Wirtschaft, für das Indien im Ausland besonders bekannt ist, ein internationaler Bereich: Der IT-Outsourcing-Sektor. In diesem Bereich gehört Indien zur absoluten Weltspitze. Aber wie Sie inzwischen gemerkt haben dürften, bildet der eigene Konsummarkt das zentrale Element der indischen Wirtschaftsentwicklung.

Eine Bevölkerungsgröße von knapp 1,2 Milliarden Menschen ist fraglos ein unschlagbares Argument für diese These. Aber zu dieser jungen, rasant wachsenden Bevölkerung kommt noch ein zweiter Punkt, der den indischen Binnenmarkt erst zu einer der explosivsten Storys des 21. Jahrhunderts macht. Wir sprechen hier von einer explosiven Dynamik, als ob man Salpetersäure und Glyzerin vermischt.

Wenn die Bevölkerungsgröße Indiens das „Nitro“ ist, dann ist der ultrajunge Entwicklungsstand des indischen Binnenmarktes das „Glyzerin“. Das BIP pro Kopf in Indien liegt erst bei 1.176 US-Dollar. Damit besitzt Indien das mit Abstand niedrigste Pro-Kopf-BIP aller BRIC-Länder.

Überall lesen wir, in welch frühem Stadium sich der chinesische Binnenmarkt und die Vermögensbildung in China befindet. Und das stimmt auch. Aber trotzdem liegt das BIP pro Kopf in China schon bei 4.383 US-Dollar. Das ist fast viermal so hoch wie in Indien! Um Ihnen ein besseres Gefühl zu geben, wie man das Entwicklungsniveau des indischen Binnenmarktes einzuschätzen hat, schauen Sie sich die Tabelle mit den BIP-pro-Kopf-Vergleichen verschiedener Emerging Markets an.

Land	BIP pro Kopf	Region
Chile	12.805 USD	Lateinamerika
Argentinien	8.875 USD	Lateinamerika
Rumänien	7.700 USD	Osteuropa
Südafrika	7.249 USD	Afrika
Bulgarien	6.085 USD	Osteuropa
Indonesien	3.270 USD	Asien
Nigeria	1.453 USD	Afrika
Indien	**1.297 USD**	**Asien**
Vietnam	1.272 USD	Asien

Abbildung 60: Pro-Kopf-BIP verschiedener Emerging Markets

(Quelle: IWF)

Bulgarien ist das ärmste Land in der Europäischen Union – und das Pro-Kopf-BIP ist immer noch über viermal so hoch wie in Indien. Tatsächlich liegt das indische Pro-Kopf-BIP sogar noch auf einem Level mit Emerging Markets aus der dritten Reihe wie Vietnam oder Nigeria. Diese Vergleiche zeigen eindrucksvoll, in welch frühem Stadium sich Indien erst befindet und welch gewaltiges langfristiges Potenzial in dem Land der heiligen Kühe steckt.

Welche Entwicklungspotenziale schon in den nächsten Jahren in Indiens Binnenmarkt stecken, zeigen die Prognosen des IWF: Der Internationale

Währungsfonds rechnet damit, dass das indische BIP pro Kopf von dem aktuell niedrigen Niveau bis 2015 auf 1.857 US-Dollar anwächst. Das ist ein Anstieg von 60 Prozent in den nächsten fünf Jahren.

Land	Anstieg des BIP pro Kopf
China	+69,5 %
Indien	**+57,9 %**
Indonesien	+50,0 %
Malaysia	+34,8 %
Thailand	+35,7 %
Vietnam	+53,3 %

Abbildung 61: Erwartete prozentuale Steigerung des Pro-Kopf-BIP verschiedener asiatischer Länder in den kommenden fünf Jahren

(Quelle: IWF)

Hintergrund ist der rasante Anstieg der indischen Mittelschicht (Definition: Jahreseinkommen zwischen 4.200 US-Dollar bis 21.000 US-Dollar). Die Schätzungen gehen davon aus, dass heute 300 Millionen Inder zur Mittelschicht gehören. Das entspricht der gesamten Bevölkerung der USA.

Bei knapp 1,2 Milliarden Einwohnern bedeutet das, dass erst 25 Prozent der Inder zur Mittelschicht gehören. Das renommierte Beratungsunternehmen McKinsey geht jedoch davon aus, dass die indische Mittelschicht bereits in den nächsten zehn Jahren auf 500 Millionen Menschen anwachsen könnte. Nach McKinsey sollen die Konsumausgaben in Indien bis 2025 auf 1,7 Billionen US-Dollar ansteigen. Dadurch wird Indien dann in gut 15 Jahren bereits zum fünftgrößten Konsummarkt der Welt aufsteigen.

Ich möchte Ihnen die abstrakten Zahlen mit einem Beispiel bildlich darstellen. Damit Sie eine echte Vorstellung haben, in welch ultrafrühem Stadium sich Indiens Binnenmarkt befindet: Indien hat eine Bevölkerung von 1,17 Milliarden Menschen. Aber in Indien gibt es noch nicht mal 300 Millionen TV-Geräte – und davon sind auch noch 40 Prozent völlig veraltete Schwarz-Weiß-Fernseher. Im Jahr 2011!

Das Aushängeschild der indischen Wirtschaft ist allerdings noch der IT-Servicesektor. Indien hat sich in den vergangenen 20 Jahren zu einem Global Player im Bereich des Outsourcing für Hochtechnologiebranchen wie IT oder Telekommunikation entwickelt.

In diesem Bereich spielt Indien auf Augenhöhe mit den Industrieländern und ist voll konkurrenzfähig mit dem Westen – eine Leistung, die im Hochtechnologiesektor bisher nur ganz wenige Emerging Markets wie Malaysia, Taiwan (beide im Chipbereich) oder Südkorea (Consumer Electronics) geschafft haben.

Nicht umsonst trägt Indien unter den BRIC-Staaten den Titel „High-Tech-Labor der Welt“. Hier hat Indien bereits geschafft, wovon Russland oder China noch träumen: Die südindische Stadt Bangalore gilt als „Indiens Silicon Valley“ und gehört inzwischen zu den weltweiten Zentren der Hochtechnologiebranche.

Deshalb kommen die bekanntesten indischen Blue-Chip-Aktien, wie Wipro (ISIN-US97651M1099) oder Infosys (ISIN-US4567881085), aus dem IT-Outsourcing-Sektor. Aber trotz der enormen Bedeutung der IT-Branche für die indische Wirtschaft ist die größte Wachstumsphase dieses Sektors inzwischen vorbei.

Steigende Löhne und wachsende Konkurrenz drücken die ohnehin schon niedrigen Margen der IT-Firmen immer weiter. Zumal die BRIC-Brüder Russland und vor allem China auch aggressiv in den Outsourcing-Bereich drängen, um Indien Marktanteile abzunehmen.

Trotz der volkswirtschaftlichen Bedeutung der Branche besitzt der IT-Sektor für Anleger ein unattraktiveres Chance-Risiko-Profil als viele andere Sektoren der indischen Wirtschaft. Wesentlich spannendere Sektoren aus der Hochtechnologie, in der Indien ebenfalls einen sehr guten Ruf genießt, sind Pharmaka und Generika.

Investmenttipp

Es ist für ausländische Anleger fast unmöglich, in indische Nebenwerte zu investieren. Das ist ebenso ärgerlich wie frustrierend – werden Nebenwerte aus Emerging Markts doch in den kommenden Jahren und Jahrzehnten die größten Investmentchancen bieten. Doch weder im Zertifikatebereich noch bei Fonds gibt es spezielle Nebenwerteprodukte für Indien.

Aber es gibt für deutsche Anleger doch eine Chance, an indische Nebenwerte zu kommen: Mit einem speziellen ETF des US-Emittenten Van Eck Global. Der „India Small Cap Index"-ETF (US-Kürzel-SCIF, ISIN-US57060U5636) investiert nur in indische Nebenwerte.

Deshalb ist es nicht verwunderlich, dass gerade in die Bereiche Konsum und Hochtechnologie große Summen ausländischer Direktinvestitionen fließen (also Investitionen in die reale Wirtschaft). Da sich der eigene Binnenmarkt noch in der Frühphase seiner Entwicklung befindet, sind ausländische Investitionen in Indien ein wichtiger Wachstumstreiber.

In den vergangenen zehn Jahren haben sich die ausländischen Direktinvestitionen (kurz FDI genannt; englisch: Foreign Direct Investments) in die indische Wirtschaft um sagenhafte 700 Prozent erhöht (von 3,1 Milliarden US-Dollar im Jahr 2000 auf gut 25,0 Milliarden US-Dollar im Jahr 2010).

Die indische Regierung hat begriffen, dass sie die ausländischen Dollar unbedingt braucht, um das nötige hohe Wirtschaftswachstum in Zukunft aufrechterhalten zu können. Dementsprechend werden immer mehr FDI zugelassen – und die ausländischen Firmen und Investoren geben sich die Klinke in die Hand, um in Indien Fuß zu fassen.

Das erklärt auch den exponentiellen Anstieg der FDI in den vergangenen Jahren. Zwischen 2000 und 2005 stiegen die FDI um knapp 50 Prozent an. Zwischen 2005 und 2010 explodierten die FDI hingegen um knapp 450 Prozent.

Diese Wachstumssäule der indischen Wirtschaft boomt. Fraglos haben wir hier, wie in vielen anderen Emerging Markets, auch einiges Blasengeld dabei. Aber selbst in der Krise 2008/09 sanken die FDI nur moderat (von 23,8 Milliarden US-Dollar im Jahr 2008 auf 20,0 Milliarden US-Dollar im Jahr 2009). Im Vergleich zu vielen asiatischen Ländern ist dieser Rückgang moderat.

Land	Rückgang
China	-28,6 %
Indien	**-15,7 %**
Indonesien	-32,1 %
Singapur	-47,5 %
Thailand	-65,0 %
Vietnam	-44,3 %

***Abbildung 62:** Rückgang der FDI in der Weltwirtschaftskrise von 2008/2009 in einzelnen asiatischen Ländern*

(Quelle: Deutsche Bank)

5.5 Die größte Demokratie der Welt

Einer der Hauptgründe für die Rückständigkeit Indiens gegenüber den anderen BRIC-Ländern ist skurrilerweise eine der eigentlichen Stärken des Landes: das politische System. Denn Indien ist die größte Demokratie der Welt.

Das Positive an diesem Satz ist natürlich das Wort „Demokratie". Damit ist Indiens politische Entwicklung wesentlich weiter, als wir es derzeit in vielen anderen Emerging Markets sehen. Das Negative an dem Satz ist das Wort „größte" – und in Indien bedeutet „groß" eher „giganti", um ein wenig italienisches Flair einzubringen.

Hier fangen die Probleme Indiens an. Schauen Sie sich nur die deutsche Demokratie an. Unsere Regierungskoalitionen kriegen doch seit Jahrzehnten die elementaren Probleme eines Industrielandes kaum gelöst. Von einem Konsens zum Wohle des Landes rede ich hier nicht mal. Und die Regierungskoalitionen bestehen in Deutschland traditionell aus zwei Parteien.

Jetzt können Sie sich wohl vorstellen, wie unglaublich aufreibend, kontraproduktiv und ineffizient die Regierungsarbeit in der größten Demokratie der Welt verläuft. Die politische Lage der indischen Demokratie ist sehr labil. Dadurch wurden soziale und wirtschaftliche Entwicklungen jahrelang ausbremst und verschleppt. Das Land mit seinen zahlreichen Volksgruppen, Religionen und politischen Strömungen ist schwierig zu regieren.

Wenn die deutschen Regierungskoalitionen aus zwei Parteien schon nichts auf die Reihe kriegen – dann „Willkommen in Indien", kann ich da nur sagen. Häufig bestehen die Regierungskoalitionen in Indien aus über 20 (!) verschiedenen Parteien. Das führt zwangsläufig zu ineffektivem politischem Handeln.

Aber: Auch hier hat es in den vergangenen Jahren eine sehr erfreuliche Entwicklung gegeben. So wie Ex-Präsident Lula in Brasilien als Leitfigur des Wirtschaftaufschwungs gilt, hat auch Indien einen Politiker, der die Erfolge in Indiens Wirtschaft verkörpert, wie kein anderer: Mammohan Singh.

Premierminister Singh gilt sowohl in Indien als auch rund um den Globus als Urvater des indischen Aufschwungs. Er spielte in den frühen 90er-Jahren als Finanzminister eine zentrale Rolle in der Liberalisierung und Reformierung der indischen Wirtschaft.

Im Mai 2009 wurde Singh als erste Premierminister seit 1964 nach einer vollen Amtszeit wiedergewählt (ein weiteres Beispiel dafür, wie instabil Indiens Politik über Jahrzehnte war). Ökonomen, Historiker und Börsianer deuten diese Widerwahl als Wendepunkt in der Entwicklung Indiens.

Zum einen entstand so erstmals seit Dekaden eine politische Kontinuität. Zum anderen gilt die Widerwahl als Zeichen dafür, dass die Mehrheit der Inder für eine Fortsetzung der marktwirtschaftlichen Entwicklungen in Indien ist. Damit ist nun der politische Weg bereitet, die zahllosen aufgestauten Reformen endlich umzusetzen.

5.6 Die Risikofaktoren für Indien

Das ist dringend notwendig. Denn wie es bei einem so jungen Emerging Market nicht anders sein könnte, besitzt auch der indische Hund einige

Flöhe. Neben der Problematik auf der politischen Ebene oder der Korruption existieren in Indien historisch sechs herausragende Risikofaktoren: Zwei Risiken sind eng miteinander verknüpft: die Rohstoffarmut des Landes und die schon chronische Inflationsproblematik. Bei zwei weiteren Problemfeldern handelt es sich um die Neandertal-ähnlich unterentwickelte Infrastruktur und die gewaltige Schere in der Vermögensverteilung zwischen den einzelnen gesellschaftlichen Schichten.

Zwei weitere wichtige Störfaktoren sind die starke staatliche Kontrolle innerhalb der Wirtschaft und auch der Kapitalmärkte sowie die großen regionalen Kulturunterschiede des Riesenreiches.

Auf der wirtschaftlichen Ebene gehören die chronisch hohe Inflation und die Rückständigkeit der Infrastruktur zu den Kernproblemen der indischen Wirtschaft. Besonders problematisch sind die Preisanstiege bei den Rohstoffen. Denn Indien ist ein rohstoffarmes Land. Man kann also deutliche Preisanstiege bei Öl, Kupfer und vor allem bei den Agrarrohstoffen so gut wie gar nicht abfedern, da man als Käufer an den weltweiten Rohstoffmärkten aktiv ist. Die Preissteigerungen, vor allem bei Lebensmitteln, treffen die indische Bevölkerung mit voller Wucht.

Investmenttipp

Achten Sie deshalb bei Indien immer auf die Inflationsentwicklung beziehungsweise auf die Entwicklung der Rohstoffpreise, besonders der Agrarpreise. Als Investmentfaustregel gilt: Steigt die Inflation deutlich an, ist das schlecht für indische Aktien. Auf der anderen Seite ist Indien ein Profiteur von sinkenden Rohstoffpreisen.

Zwischen 2000 und 2005 lag der Inflationsanstieg bei 4 Prozent pro Jahr. Von 2006 bis 2010 schoss die Inflation jedoch auf 9 Prozent pro Jahr nach oben. Dies ist natürlich in direkter positiver Korrelation zu den steigenden Rohstoffpreisen zu sehen. So muss Indien beispielsweise etwa 70 Prozent seines Öls importieren. Im Jahr 2009 und 2010 war die Inflationsrate sogar zweistellig, da die Agrarpreise besonders stark anzogen.

Abbildung 63: Vergleich der indischen Inflationsrate und Rohstoffpreisentwicklung
(Quelle: tradesignal-online.com)

Dieses Problem haben viele Länder. Aber Indien ist eben noch in weiten Teilen ein armes Land und dementsprechend hart treffen inflationäre Preisanstiege die armen Bevölkerungsschichten oder binden Kapital der jungen Mittelschicht, das sonst partiell in den indischen Binnenmarkt fließen würde.

Die Armut ist in Indien ein Problem gigantischen Ausmaßes. Trotz aller wirtschaftlichen Erfolge, der rasant wachsenden Mittelschicht und zahlloser individueller Erfolgsgeschichten leben große Teile der Bevölkerung in bitterer Armut. Tatsächlich ist Indien nach Schwarzafrika weltweit die Region mit der größten Armut. Dabei bilden Zentralindien und der Osten die Kerngebiete mit den schlimmsten Armutsverhältnissen.

Die Dimensionen sind erschütternd: Über 250 Millionen Inder leben selbst heute noch in extremer Armut. Darunter versteht man per Definition Menschen, die weniger als 1,00 US-Dollar pro Tag zum Leben haben. Das sind, je nach Schätzung, zwischen 20 bis 25 Prozent der gesamten indischen Bevölkerung. Das Problem: Drei Viertel der Armen leben auf dem Land, zumeist Kleinbauern. An ihnen zieht der Wirtschaftsaufschwung wie ein schicker Hochgeschwindigkeitszug vorbei.

Da die Urbanisierung in Indien nicht so ausgeprägt ist wie in anderen asiatischen Schwellenländern verändert sich diese Situation auch nur sehr schleppend. Diese Menschen stehen leider ganz am Ende der Schlange für die Gaben des Wirtschaftsbooms.

Investmenttipp

Mit einem Investment viel Geld zu verdienen und gleichzeitig noch etwas Gutes zu tun: Das ist die Spitze der Anlagepyramide. Im Fall der Armut in den Emerging Markets gibt es sogar einen Weg: Mikrofinanzierung.

Dabei handelt es sich um Kleinstkredite (oft nur einige Hundert US-Dollar) an Menschen aus den Unterschichten, die aufgrund ihrer Benachteiligung sonst nicht an Fremdkapital kommen.

Statistiken haben bestätigt, dass die Ausfallquote bei Mikrokrediten entgegen der ursprünglichen Skepsis gering ist. Die erwiesenen Erfolge sind beeindruckend.

Nicht ohne Grund erhielt der Mikrofinanz-Pionier Muhammad Yunus 2006 dafür sogar den Friedensnobelpreis. Ich bin davon überzeugt, dass in den kommenden Jahren immer mehr Produkte für Mikrofinanzierungen auf den Markt kommen werden, zu denen Privatanleger dann einfachen Zugang haben.

Denn diese junge Sparte des Bankwesens erfreut sich rasant wachsender Popularität. Anleger, die also gleichzeitig Profite machen und Gutes tun wollen, sollten bezüglich des Themas Mikrofinanzierung die Augen offen halten.

Dazu kommen noch ausgeprägte Probleme wie Kinderarbeit. Laut Schätzungen beläuft sich die Zahl der arbeitenden Kinder auf 150 Millionen. Die Regierung in Neu-Dehli hat den Plan ausgegeben, die Armut in Indien bis 2040 abzuschaffen. Dafür sind vor allem drei Dinge wichtig: ein konstant hohes Wachstum, Bildung und ein gravierender Ausbau der Infrastruktur.

5.7 Infrastruktur und Bildung sind der Schlüssel

Bildung wird eine zentrale Rolle einnehmen, wenn Indien seinen Aufstieg weiter fortsetzen will. Aufgrund des recht weit entwickelten Hightech-Sektors eilt Indien der Ruf voraus, eine für Emerging-Markets-Verhältnisse gute Bildung zu haben.

Das stimmt partiell auch. Die Mittelschicht ist in Indien teilweise schon sehr gut ausgebildet – mit überdurchschnittlichen Sprachkenntnissen und Fachwissen über anspruchsvolle Tätigkeiten, beispielsweise im Bereich der Hochtechnologie. Aber in der Breite hat Indien ein gewaltiges Bildungsproblem.

So liegt der Prozentsatz der jungen Inder, die an einer Universität studieren, bei niedrigen 13 Prozent. Auf die Gesamtbevölkerung hochgerechnet, studiert zurzeit einer von 100 indischen Bürgern an einer Universität.

Vor allem in der grundlegenden Allgemeinbildung hat Indien elementare Defizite. Kaum zu glauben, aber wahr: In Indien können knapp 300 Millionen Menschen weder lesen noch schreiben. Laut Schätzungen besuchen etwa 120 Millionen Kinder, die eigentlich im schulpflichtigen Alter sind, keine Schule. Einer der Gründe: In Indien fehlen rund 200.000 Schulen.

Damit sind wir direkt beim Thema Infrastruktur. Infrastruktur ist in so ziemlich jedem Emerging Market ein Kernproblem. Deshalb wird es ja auf Jahre hinaus einer der ganz großen Trendmärkte sein. Denn die Gebiete mit einer modernen und ausgebauten Infrastruktur, wie beispielsweise Shanghai, sind inzwischen so übervölkert, dass die dortige Infrastruktur zwar modern ist, aber für die Massenanstürme längst nicht mehr ausreicht.

Aber in Indien sind die Infrastrukturprobleme besonders übel. Der Grund: Da sich die instabile Regierung aus Multipartei-Koalitionen in der Vergangenheit nur selten über umfassende Infrastrukturprogramme einigen konnte, wurde das Problem einfach jahrelang von einer Regierung zur nächsten weitergeschoben.

Das ging gut, solange die Wirtschaft noch in den Kinderschuhen steckte. Aber inzwischen sind die Wirtschaft und auch die Bevölkerung längst über die vorhandene Infrastruktur hinausgewachsen – und jetzt steht Indien mit dem Rücken zur Wand.

Nur ein massiver und schneller Ausbau der Infrastruktur ermöglicht Indien eine Fortsetzung des Wirtschaftswachstums. Tatsächlich schätzen Ökonomen: Wenn Indien seine Infrastruktur lediglich auf den Entwicklungsstand von China bringen könnte, würde sich das BIP pro Kopf in Indien verdoppeln. So massiv bremst die marode Infrastruktur Indiens Wirtschaft.

Straßen, Flughäfen, Seehäfen, Eisenbahnschienen – Indien braucht einfach alles. Ich möchte Ihnen die Defizite anhand der Probleme der Energieversorgung verdeutlichen. Denn eine stabile und umfassende Energieversorgung ist eines der Hauptprobleme im indischen Infrastruktursektor.

Die Energieversorgung in Indien als unzureichend zu beschreiben wäre die Untertreibung des Jahres. Die Probleme sind elementar: In Indien haben gut 400 Millionen Inder keinen Zugang zu Elektrizität. Das ist ein Drittel der gesamten indischen Bevölkerung.

Sie denken, dass China Energieprobleme hat – dann waren Sie noch nicht in Indien. China besitzt inzwischen über 800.000 Megawatt an Generatorenkapazitäten. In Indien sind es erst 100.000 Megawatt – ein Achtel der chinesischen Kapazitäten. Hier zeigt sich auch wieder deutlich, wie weit Indien in seiner Entwicklung China hinterherhinkt.

Es ist allerdings nicht so, dass Indiens Regierung diese Probleme nicht sieht. Der Staat investiert bereits Milliarden über Milliarden in den Ausbau der Infrastruktur. Zudem werden immer mehr Projekte privatisiert. Keine Frage: In diesem Sektor bieten sich Anlegern und Investoren in den kommenden Jahren goldene Chancen.

5.8 Fazit

Indien ist das Nesthäkchen unter den BRICs – das Land mit dem jüngsten Entwicklungsstand. Aber deshalb ist es unter den vier BRICs auch das Land mit dem größten langfristigen Wachstumspotenzial. In einigen Jahrzehnten wird Indien, nicht mehr China, die höchsten Wirtschaftswachstumsraten unter den BRICs haben. Denn aufgrund der aktuell rückständigen Entwicklung wird Indiens Wirtschaft immer noch massiv wachsen, wenn sich in China das Wachstum aufgrund der gestiegenen Basiseffekte, des dann schon weiter entwickelten Binnenmarkts und der demografischen Probleme verlangsamt.

In der nächsten Dekade (und vermutlich auch noch im Jahrzehnt danach) wird Chinas Wirtschaft weiterhin zwischen 8 und 10 Prozent pro Jahr wachsen – und damit die höchsten Wachstumsraten aller großen Volkswirtschaften besitzen. Indiens Wirtschaftswachstum soll in dieser Zeit zwischen 7 und 8 Prozent liegen.

Aber dann könnte sich das Bild drehen. In den extrem langfristigen Wachstumsprognosen wird Indien China dann überholen. Chinas Wirtschaftswachstum wird dann eher bei 5 bis 7 Prozent per annum liegen, während Indiens Wirtschaft dann noch zwischen 7 und 9 Prozent wachsen soll.

Indien hat fraglos sehr große Risikofaktoren, aber vielfach bieten diese Probleme eben auch besonders große Chancen für clevere Investoren. Und dann ist da natürlich das große Ass in Indiens Ärmel: der riesige Binnenmarkt, der noch in den Kinderschuhen steckt. Denn Indiens wirtschaftliche Entwicklung liegt etwa fünf bis zehn Jahre hinter der Entwicklung Chinas zurück. Wenn Sie sich ärgern, dass Sie die Chancen verpasst haben, in der Frühphase des chinesischen Binnenmarktes zu investieren – in Indien bietet sich Ihnen diese Chance noch mal.

simplified

6 C = China

Vorwärts! Vorwärts! Voran!
(Strophe aus der chinesischen Nationalhymne)

Größe:	9,6 Mio. qkm
Bevölkerungsanzahl:	1,33 Mrd.
Hauptstadt:	Beijing
Währung:	Yuan bzw. Renmimbi
Börsenplatz:	Shanghai Stock Exchange
Leitindex:	CSI 300
BIP 2010:	5.745 Mrd. USD
BIP 2015 (e):	9.982 Mrd USD
BIP pro Kopf 2010:	4.283 USD
Arbeitslosenquote 2010:	4,1%
Inflationsrate 2010:	3,5%

Abbildung 64: Die Fakten im Überblick
(Quelle: Deutsche Bank Research, Allianz/Dresdner Bank Research, Goldman Sachs Research, IWF)

Das 21. Jahrhundert hat ein neues Wappentier bekommen. Im 20. Jahrhundert war das inoffizielle Wappentier der amerikanische Adler – stellvertretend für den Aufstieg der USA zur Weltmacht Nummer eins. Im 19. Jahrhundert war das Wappentier der britische Löwe (genauer genommen die berühmten drei Löwen), ein Zeichen für Europas Blütezeit als führende Weltwirtschaftsregion.

Doch das war einmal. Im nun laufenden 21. Jahrhundert wird der chinesische Drache das Wappentier der Welt werden. Als Zeichen für den wirtschaftlichen und politischen Siegeszug Chinas zur Weltmacht und den Aufstieg der Emerging Markets im Allgemeinen. Aber die Speerspitze dieses Aufstiegs ist das Reich der Mitte.

6.1 Die Entwicklung der chinesischen Wirtschaft

Keine andere große Volkswirtschaft ist in den letzten 20 Jahren so unglaublich schnell gewachsen wie China. In den vergangenen zehn Jahren wuchs die chinesische Wirtschaft um durchschnittlich atemberaubende 10,5 Prozent. Dementsprechend kletterte China auf der Leiter der größten Volkswirtschaften unaufhaltsam immer weiter nach oben.

2000	2001	2002	2003	2004	2005	2006	2007	2008	2009	2010
8,4 %	8,3 %	9,1 %	10,1 %	10,1 %	11,3 %	12,7 %	14,2 %	9,6 %	9,1 %	10,5 %

Abbildung 65: Wirtschaftswachstum Chinas seit 2000

(Quelle: IWF, Deutsche Bank)

Ein Industrieland nach dem anderen wurde von China von der Leiter gestoßen. Niemand konnte das asiatische Riesenreich aufhalten. Auch Deutschland und alle anderen europäischen Industrieländer hat China bereits überholt.

Es gibt Daten, die in der Geschichte eines Landes eine historische Bedeutung besitzen. Sei es auf politischer, gesellschaftlicher oder wirtschaftlicher Ebene. Ein Datum historischen Ausmaßes für China war zuletzt der 16. August 2010.

An diesem Tag wurde bekannt, dass China erstmals zur zweitgrößten Volkswirtschaft aufgestiegen ist (gemessen am BIP) – und damit Japan vom zweiten auf den dritten Platz verdrängt hat. Dieses Ereignis ist gleich auf zwei Ebenen sehr bedeutend:

1. Es war absehbar, dass Japans Volkswirtschaft irgendwann vom Reich der Mitte überholt werden würde. Aber dass es so schnell gekommen ist – damit hatten selbst die größten Optimisten nicht gerechnet. In der ursprünglichen Langfristprognose von Goldman Sachs waren die Analysten noch davon ausgegangen, dass China die asiatische Supermacht der 80er-Jahre erst um 2015 herum überholen würden. Nun ist

es bereits fünf Jahre früher passiert. Das zeigt Ihnen, welche unglaublichen volkswirtschaftlichen Kräfte in China entfacht wurden.
2. Noch wichtiger: Dieses Datum ist nicht nur ein weiterer Meilenstein in dem rasanten Aufstieg der chinesischen Wirtschaft. Dies ist das historische Datum der Wachablösung in Asien. Ein Wendepunkt in der Weltwirtschaft. Am 16. August 2010 wurde die sich lange abzeichnende innerasiatische Machtverschiebung offiziell vollzogen. Das Industrieland Japan, über weite Teile des 20. Jahrhunderts das Maß aller Dinge in Asien, ist nun nicht mehr die Nummer eins in Asien.

Um den Aufstieg Chinas richtig einzuordnen, müssen Sie allerdings die chinesische Denkweise über diese Entwicklung richtig verstehen. Wenn Europäer oder Amerikaner Chinas Aufschwung analysieren, sehen sie den neuen Aufstieg eines rückständigen Schwellenlandes zu einer Wirtschaftsmacht.

In China wird das jedoch komplett anders beurteilt: China war eine der ersten Hochkulturen der Menschheit. Bis 1750 war China die größte Macht in Asien und eine der führenden Weltmächte. Das ist sehr wichtig, um die Chinesen richtig zu verstehen. Für China ist der aktuelle Aufstieg nur die Rückkehr zu der alten Weltmachtrolle, die man für einige Jahrhunderte „ausgeliehen" hatte und nun zurückholt.

Und wie! Heute ist die chinesische Volkswirtschaft größer als jede andere Volkswirtschaft der Welt, mit Ausnahme der USA. Aber es ist nur noch eine Frage der Zeit, bis das Reich der Mitte auch die Vereinigten Staaten einholen und dann überholen wird.

O'Neill war Anfang des Jahrtausends noch davon ausgegangen, dass China die USA zwischen 2040 bis 2045 überholen und damit zur größten Volkswirtschaft der Welt aufsteigen wird. Doch nach der unglaublichen Entwicklung Chinas in der ersten Dekade des neuen Jahrtausends sieht es ganz klar so aus, als ob dieser Zeitpunkt deutlich, deutlich früher eintreten wird. Inzwischen erwartet man bei Goldman Sachs, dass China die USA bereits um 2025 – also gut 15 bis 20 Jahre früher als ursprünglich gedacht, überholen wird.

erwartetes Wachstum im Jahr	2011	2012	2013	2014	2015
China	9,6 %	9,5 %	9,5 %	9,5 %	9,5 %

Abbildung 66: Prognose für Chinas Wirtschaftswachstum

(Quelle: IWF)

Für die kommenden fünf Jahre rechnet der Internationale Währungsfonds trotz der weiterhin fragilen Lage in vielen Industrieländern mit einer Fortsetzung der Wachstumsdynamik in China. Die Prognosen liegen schon wieder zwischen 9 und 10 Prozent Wirtschaftswachstum pro Jahr.

Damit wird China auch in dem gerade angebrochenen Jahrzehnt die zentrale Kraft der Weltwirtschaft mit den höchsten Wachstumsraten sein. Das gilt auch für die Rohstoffmärkte. Der Hunger des chinesischen Drachen sorgt für rasenden Absatz bei Exportländern wie Deutschland oder Japan, ebenso bei Rohstoffländern wie Brasilien, Russland oder auch Afrika.

erwartetes Wachstum im Jahr	2011	2012	2013	2014	2015
USA	2,3 %	3,0 %	2,9 %	2,8 %	2,6 %
China	**9,6 %**	**9,5 %**	**9,5 %**	**9,5 %**	**9,5 %**
Japan	1,5 %	2,0 %	1,9 %	1,8 %	1,7 %
Deutschland	2,0 %	2,0 %	1,9 %	1,8 %	1,7 %
Frankreich	1,6 %	1,8 %	2,0 %	2,1 %	2,1 %

Abbildung 67: Vergleich des Wirtschaftswachstums der fünf größten Volkswirtschaften der Welt in den kommenden fünf Jahren

(Quelle: IWF)

Viele westliche Anleger fragen sich: Wo kommt dieses Wachstum auch nach all diesen Jahren immer noch her? Die meisten westlichen Börsianer haben nämlich keine Ahnung, was wirklich in China passiert. So werden dann die populären Theorien über Spekulationsblasen geschürt, die angeblich das ganze chinesische Wachstum zum Einsturz bringen.

Teilweise sind die Warnungen bezüglich Überhitzungen fraglos richtig. Das zeigte sich schon an den vergangenen Erhöhungen der chinesischen Leitzinsen. Damit will die Regierung in Beijing Überhitzungen, wie beispielsweise in den Immobilienmärkten in Ost- und Südchina, vorbeugen.

6.2 Pekings Plan für Chinas Wirtschaftsaufschwung

Aber um Chinas Wirtschaftsentwicklung richtig einzuordnen, müssen Sie verstehen, was die politischen Machtzentralen in Beijing für Pläne in Bezug auf Chinas Wirtschaft haben. Denn dort verfolgt man konsequent eine groß angelegte, langfristige Strategie. Ich will Ihnen die Strategie hier vereinfacht darstellen, damit Sie verstehen, wie China funktioniert:

Zuerst wurde in China in den vergangenen Jahrzehnten der sogenannte „Speckgürtel" entwickelt. Darunter fallen die Küstenregionen im Süden und Osten des Landes – von Guanzhou über Shanghai bis nach Beijing. Dort ließ die chinesische Regierung die Produktionszentren für den damals boomenden Exportsektor entstehen, damit diese logistisch vorteilhaft nahe der Küste lagen.

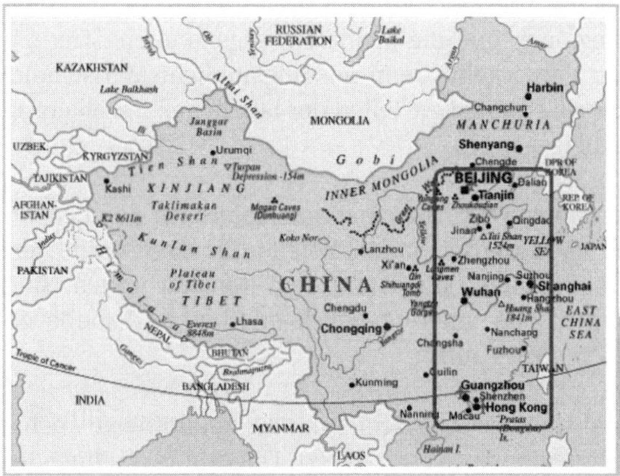

Abbildung 68: Der „Speckgürtel" – das Wirtschaftszentrum Chinas (Quelle: www.derreisefuehrer.com)

Zudem befanden sich in den Küstenregionen die großen Metropolen – die sogenannten „Tier 1"-Städte, also die größten Städte des Landes. Der Ausbau und das Wachstum dieser Städte und speziell definierter Wirtschaftszonen, wie beispielsweise Guangzhou im Süden des Landes, wurden aus Beijing gezielt gefördert.

Dieser erste Schritt des Plans für Chinas Aufstieg ging voll auf. Die Entwicklung befindet sich inzwischen in einem fortgeschrittenen Stadium. Deshalb meinen viele westliche Investoren, dass der Großteil der chinesischen Wachstumsstory schon gelaufen ist. Was sie nicht verstehen: Dies war nur der erste Schritt des Plans.

In Wirklichkeit besteht dieser Plan aus mehreren Schritten. Daher beginnt die chinesische Regierung nun damit, die nächste Stufe ihres Plans in die Tat umzusetzen: Zuerst wurden die großen Tier-1-Metropolen und der Süden und Osten des Landes aufgebaut. Im zweiten Schritt sind nun die ländlichen Regionen sowie der Norden und der Westen an der Reihe.

Es wird geschätzt, dass in China in diesen Zeiten jährlich gut 1 Prozent der Gesamtbevölkerung in die Städte zieht. Das sind über zehn Millionen Menschen in jedem Jahr! Aber trotzdem leben in China immer noch zwei Drittel der Bevölkerung auf dem Land.

In den kommenden Jahren und Jahrzehnten wird der Fokus in China darauf liegen, die Landregionen und die kleineren, sogenannten „Tier 2"- und „Tier 3"-Städte zu entwickeln. Denn der unglaubliche Wirtschaftsboom im Reich der Mitte ist an großen Teilen der ländlichen Bevölkerung bisher weitgehend vorbeigegangen.

Während moderne Metropolen wie Shanghai im Lichtermeer von Leuchtreklamen glitzern und viele Menschen dort bereits (für chinesische Verhältnisse) ein gutes Einkommen haben und dem Konsum frönen, sind die kleineren Städte noch stark unterentwickelt und bei der Landbevölkerung herrscht vielfach noch Armut.

Dementsprechend hat die chinesische Regierung die zukünftigen Wachstumspläne unter die Strategie „Go West" gesetzt. Die echte Frontlinie des chinesischen Wirtschaftsaufschwungs verläuft also nicht mehr in Shanghai oder im Süden des Riesenreichs. Das war vor fünf oder zehn Jahren der Fall.

In den kommenden Jahren werden die höchsten Wirtschaftswachstumsraten in Zentralchina, im Westen und im Norden des Landes zu finden sein. Dort läuft die nächste heiße Boomphase der chinesischen Wirtschaftsentwicklung. Ein perfektes Beispiel, um Ihnen diese Verschiebung des innerchinesischen Wirtschaftswachstums zu erklären, ist die chinesische Stadt Xi'an.

Xi'an ist die Hauptstadt der Provinz Shaanxi, die mitten im Herzen des Riesenreiches liegt. Die Stadt ist für mich ein Inbegriff des chinesischen Urbanisierungstrends und verdeutlicht, wie gigantisch groß dieses Land eigentlich ist. Seien Sie ehrlich: Sie haben wahrscheinlich noch nie in Ihrem Leben etwas von Xi'an gehört.

Da sind Sie in guter Gesellschaft. Denn die meisten Westler kennen diese Stadt nicht. Liebhabern asiatischer Kultur ist Xi'an aufgrund der Terrakotta-Armee ein Begriff. Aber ansonsten zucken Westler beim Namen „Xi'an" nur ahnungslos mit den Schultern. Dabei ist Xi'an die achtgrößte Stadt in China.

Mit über acht Millionen Einwohnern ist die Stadt so groß wie die drei größten deutschen Städte München, Hamburg und Berlin zusammen! Wenn Xi'an beispielsweise in Italien oder Belgien liegen würde, wäre es die mit Abstand größte Stadt in Westeuropa.

Rang	Name	Bevölkerung (in Mio.)	Land
1	Xi'an	8,3	China
2	London	7,6	Großbritannien
3	Berlin	3,4	Deutschland
4	Madrid	3,3	Spanien
5	Rom	2,8	Italien
6	Paris	2,2	Frankreich

Abbildung 69: Xi'an und die fünf bevölkerungsreichsten Städte in Europa im Vergleich
(Quelle: Eurostat, Wikipedia)

Doch was viel wichtiger ist: Xi'an und die Provinz Shaanxi liegen nicht im weit entwickelten Süden oder im boomenden Osten des Riesenreiches, sondern in Zentralchina. Also genau in einer der Regionen, die im Epizentrum der zweiten Phase des Wirtschaftswachstums der chinesischen Regierung stehen.

Diese Regionen fördert Beijing mit der „Go West"-Initiative besonders stark. So soll das Wirtschaftswunder immer mehr ins chinesische Hinterland getragen werden. Dadurch wachsen diese Regionen noch stärker als Gesamtchina. Sie denken, das Wirtschaftswachstum zwischen 9 und 10 Prozent für China sei grandios?

Nun, die Wirtschaft in der Xi'an-Gegend ist in den letzten Jahren um durchschnittlich 15 Prozent pro Jahr gewachsen! Das ist also noch mal 50 Prozent höher als das gesamtchinesische Wachstum. Oder nehmen wir das Krisenjahr 2009: China überraschte mit einem Wachstum von 9,6 Prozent im Jahr 2009 und löste weltweit Jubelstürme aus. Aber das ist nichts gegen Xi'an. Dort wuchs die Wirtschaft im Horrorjahr 2009 um über 12 Prozent!

Investmenttipp

Banken und Emittenten sind noch überhaupt nicht auf den Trichter gekommen, dass in den kommenden Jahren zwei der großen volkswirtschaftlichen Makro-Storys in China stattfinden werden:

1. Verschiebung der Wachstumszentren vom Süden und Osten in den Westen und Norden.
2. Verschiebung des Fokus von Tier-1-Metropolen auf kleinere Tier-2- und Tier-3-Städte.

Deshalb gibt es noch keine Fonds, ETFs oder Zertifikate, mit denen Sie gezielt auf diese Entwicklung setzen können. Vermutlich werden derartige Produkte erst in einigen Jahren auf den Markt kommen, wenn die Frühphase dieser Entwicklung – und damit die besten und größten Investmentchancen – schon längst gelaufen sind.

Der einzige Weg, wie Sie die „Go West"-Entwicklung spielen können, sind gezielte Einzelinvestments in chinesische Aktien, die im Westen oder Norden Chinas aktiv sind beziehungsweise ihren Fokus auf die kleineren Städte (und bei China sprechen wir da immer noch von Multi-Millionen-Städten) gelegt haben.

Wenn Sie sich jetzt denken: „Ja gut, Wilhelmi. Wie groß können die Städte aus der zweiten und dritten Reihe schon sein? Das sind doch keine Storys mehr wie die Metropolen im Speckgürtel." Da kann ich nur erwidern: „Ja, ich bin Fan des 1. FC Köln. Und das berechtigt jeden Menschen automatisch, meine Intelligenz anzuzweifeln …"

Aber schauen Sie sich die folgenden Zahlen an – die sagen mehr als tausend Worte: In Deutschland gibt es vier Städte mit über einer Million Einwohnern (und da muss man bei Köln den Radius schon um die Vorstädte der Vorstädte erweitern, um die Domstadt überhaupt dazu zu zählen). In den USA existieren immerhin neun Millionenmetropolen. Und in China? Im Reich der Mitte gibt es inzwischen gut 100 Städte mit mehr als einer Million Einwohnern. Lassen Sie diese Zahl auf sich wirken: 100 Städte mit mehr als einer Million Einwohnern!

Darunter die, gemessen am Verwaltungsgebiet, größte Stadt der Erde: Die Megametrople Chongqing mit 30,5 Millionen Einwohnern in Zentralchina. Das Verwaltungsgebiet ist so groß wie ganz Österreich. Wäre Chongqing ein westeuropäisches Land, dann wäre die chinesische Stadt alleine das sechstgrößte Land im Euroraum. Eine einzige Stadt! Was für ein Riesenreich.

6.3 Der zwölfte Fünfjahresplan: die besten Investmentbranchen bis 2015

In Chinas Wirtschaftsentwicklung nehmen die sogenannten Fünfjahrespläne eine wichtige Rolle ein. Im Kommunismus wird Wirtschaft bekanntlich am Reißbrett geplant. Und die Betonung liegt hier auf dem Wort „geplant“. Nicht umsonst heißt es ja „Planwirtschaft“ (gegenüber der freien Marktwirtschaft).

Das zentrale Element in diesen Planungen sind die Fünfjahrespläne. Im kommunistischen China steuert die Regierung in Beijing anhand dieser Fünfjahresplanungen die chinesische Volkswirtschaft.

Wie der Name schon verrät, werden in diesen Plänen die Eckpfeiler der Ausrichtung der volkswirtschaftlichen Entwicklung Chinas für einen Zeitraum von fünf Jahren festgelegt. Danach kommen die Politeliten in Beijing wieder zusammen und verabschieden einen neuen Fünfjahresplan für die nächsten fünf Jahre.

	Fünfjahresplan	Zeitraum
1	Der erste Fünfjahresplan	1953–1957
2	Der zweite Fünfjahresplan	1958–1962
3	Der dritte Fünfjahresplan	1966–1970
4	Der vierte Fünfjahresplan	1971–1975
5	Der fünfte Fünfjahresplan	1976–1980
6	Der sechste Fünfjahresplan	1981–1985
7	Der siebte Fünfjahresplan	1986–1990
8	Der achte Fünfjahresplan	1991–1995
9	Der neunte Fünfjahresplan	1996–2000
10	Der zehnte Fünfjahresplan	2001–2005
11	Der elfte Fünfjahresplan	2006–2010
12	Der zwölfte Fünfjahresplan	2011–2015

Abbildung 70: Alle Fünfjahrespläne Chinas im Überblick

(Quelle: Wikipedia)

Da China inzwischen die zweitgrößte Volkswirtschaft der Erde und das unangefochtene Flaggschiff in Asien ist, besitzen diese Pläne große Relevanz. Deshalb findet 2011 eine der großen Wirtschaftsstorys in ganz Asien in China statt. Denn 2011 beginnt der neue, zwölfte Fünfjahresplan für die Jahre 2011 bis 2015.

Clevere Anleger analysieren deshalb die Fünfjahrespläne ganz genau. Denn die Wirtschaftszweige und Regionen, auf die von der Regierung in den Plänen ein besonderer Fokus gelegt wird und deren Wachstum Beijing dementsprechend besonders stark fördern will, bieten sehr große Investmentchancen.

Investmenttipp

Sektoren, die durch die Fünfjahrespläne gezielt gefördert werden, besitzen eine Sonderstellung in Chinas Wirtschaft: Da diese Wirtschaftszweige oder Regionen im Fokus der chinesischen Regierung stehen, sind Investments in diesen Bereichen häufig nicht nur chancenreicher, sondern gleichzeitig auch risikoärmer als in anderen Sparten.

Denn aufgrund der Milliardeninvestitionen oder gesetzlichen Förderungen (Steuererleichterungen etc.) aus Beijing sind diese Branchen weniger anfällig für die allgemeinen Wirtschaftsentwicklungen. Damit besitzen viele Investments, die sich an den Fünfjahresplänen orientieren, für Anleger ein besonders attraktives Chance-Risiko-Verhältnis.

Der neue, zwölfte Fünfjahresplan wird dabei besonders weitreichende Folgen haben. Das macht ihn so spannend. Denn er enthält erste Vorgaben über die kommende Neuausrichtung für die chinesische Wirtschaft und auch für den sozialen Bereich.

Im Mittelpunkt des neuen Fünfjahresplans für die Zeitspanne von 2011 bis 2015 stehen der chinesische Binnenmarkt, die Verbesserung der Wohlstandsverteilung und eine ökologisch nachhaltigere Industriepolitik. Einige der Hauptthemen sind dabei der Umweltschutz, die Energieversorgung und der gezielte Aufbau der Hochindustrie.

Mit diesem Fünfjahresplan will China also den nächsten Schritt in seiner Wirtschaftsentwicklung tun. Neben den ewigen Dauerbrennern Infrastruktur und Energieversorgung sollen laut dem zwölften Fünfjahresplan gezielt der Umweltschutz, der Ausbau erneuerbarer Energie, Energieeinsparungen und der Aufbau der Hightech- und Biotech-Industrie gefördert werden.

Investmenttipp

Wie so oft hinken die Finanzinstitute einen bis zwei (oder im Fall der Emerging Markets eher drei) Schritte hinter den wirklich heißen Storys her. Das hat einen einfachen Grund: Die größten Gewinne werden häufig in der Frühphase einer Entwicklung verdient.

Aber in diesen Phasen besitzen die meisten börsengelisteten Unternehmen erst sehr kleine Marktkapitalisierungen. Deshalb sind sie für institutionelle Investoren zu illiquide, um diese für ein Finanzprodukt zu nutzen.

Deshalb gibt es noch kaum ETFs oder Fonds (mit Ausnahme von ein oder zwei Solarfonds für Asien), die sich auf spezielle Branchen in China fokussieren. Im Zertifikatebereich sieht es etwas besser aus. Aber auch da dreht sich der Großteil der Branchenzertifikate um die Sparten Umwelt, regenerative Energien und Infrastruktur.

Für sehr aussichtsreiche Sektoren wie den jungen chinesischen Hightech-Sektor oder Pharma/Biotech suchen Sie strukturierte Produkte vergeblich. Hier können Sie nur über Einzelaktien investieren. Allerdings kommt der Großteil dieser Aktien aus dem Small- und Mid-Cap-Bereich. Daher sind diese Trends derzeit leider nur etwas für spekulative Anleger.

Die Regierung in Beijing ist dabei, die chinesische Wirtschaft neu auszurichten. Nun soll der entscheidende Wandel erfolgen: der Wandel von einer Exportwirtschaft, deren Standbein jahrelang die Produktion einfacher Industriegüter war, zu einer Konsumwirtschaft, deren Standbein der Dienstleistungssektor und der hochwertigere Technologiesektor sein wird.

In China entsteht in den kommenden Jahrzehnten der größte Binnenmarkt der Welt – bis er dann in einigen Jahrzehnten vom indischen Binnenmarkt abgelöst wird. Das ist die wirklich große Story im Reich der Mitte. Da müssen clevere, weitsichtige Investoren dabei sein.

Die Entstehung des chinesischen Konsummarktes wird eine der größten Investmentstorys des 21. Jahrhunderts sein. Auf einer gleichbedeutenden Ebene finden sich nur ein Handvoll anderer Megatrends, wie Energie, die Rohstoffversorgung oder der Aufstieg des indischen Binnenmarktes, des anderen Milliardenvolkes.

6.4 Der größte Binnenmarkt der Welt entsteht

Tatsächlich besitzt die Entwicklung des chinesischen Binnenmarktes nicht nur einen sondern gleich zwei Schubkräfte: Zum einen ist das BIP-pro-Kopf in China im Vergleich zu den anderen großen Volkswirtschaften immer noch extrem niedrig. So macht Chinas BIP-pro-Kopf erst ein Neuntel des Durchschnittswertes der vier größten Volkswirtschaften aus.

Rang	Land	BIP pro Kopf
1	USA	48.387 USD
2	**China**	**4.764 USD**
3	Japan	44.682 USD
4	Deutschland	41.236 USD
5	Frankreich	40.965 USD

Abbildung 71: Pro-Kopf-BIP der fünf größten Volkswirtschaften der Welt (2011e)

(Quelle: IWF)

Ein anderer Vergleich macht das Entwicklungspotenzial des chinesischen Konsummarktes noch klarer: Der durchschnittliche Monatslohn in China beträgt gerade mal 134 US-Dollar. 134 US-Dollar im Monat! In den USA liegt das monatliche Durchschnittseinkommen bei über 2400 US-Dollar. Das ist fast 20 Mal so viel wie in China.

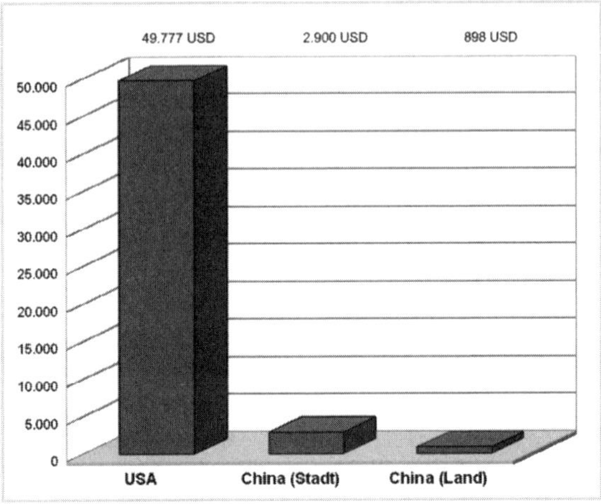

Abbildung 72: Jährliches Durchschnittseinkommen in den USA und China
(Quelle: Eigenes Research)

Das zeigt Ihnen, welches unglaubliche Konsumpotenzial sich im Reich der Mitte in den kommenden Jahren entwickeln wird. Chinas Konsummarkt steht noch ganz am Anfang. Dazu kommt noch ein weiterer Turbo, der für die richtige Einschätzung der mittel- bis langfristigen Entwicklung des chinesischen Binnenmarktes von entscheidender Bedeutung ist: die extrem hohe Sparquote der Chinesen. Obwohl die Chinesen noch so wenig verdienen, besitzt China eine der höchsten Sparquoten der Welt. Die Sparquote in China liegt trotz der noch niedrigen Einkommen bei gut 30 Prozent.

Zum Vergleich: In den USA liegt die Sparquote bei ungefähr 5 Prozent (und das auch erst seit dem Platzen der Immobilienblase. Zuvor war die Sparquote der Amis sogar negativ). In Deutschland liegt die Sparquote immerhin bei 20 Prozent. Und Deutschland ist als eines der Länder mit den konsumfaulsten Sparern bekannt.

Trotzdem liegt die Sparquote der Chinesen 50 Prozent über der Sparquote der deutschen Haushalte. Die Sparsamkeit der Chinesen hat natürlich fundamentale Gründe. Einerseits eine klassische chinesische Erziehungstradition zur Sparsamkeit (davon können sich unsere Burger-schmatzenden Freunde aus den USA eine dicke Scheibe abschneiden). Andererseits schützen sich viele Chinesen durch die Rücklagen vor beruflichen oder krankheitsbedingten Problemen. Denn die Mängel in den Sozialsystemen und bei der staatlich geförderten Gesundheitsversorgung sind immer noch gewaltig. Der Anteil der Konsumausgaben am Einkommen liegt deshalb in China bei rund 40 Prozent.

Zum Vergleich: In den Industrieländern liegt der Anteil zwischen 60 und 70 Prozent. China besitzt also nicht nur Entwicklungspotenzial in den absoluten Einkommen, sondern auch bei dem Anteil der Konsumausgaben am Einkommen. Das bedeutet: Mit steigenden Einkommen wird im chinesischen Binnenmarkt ein Lawineneffekt entstehen.

Das Wachstum des inländischen Konsummarktes wird sich in den kommenden Jahren und Jahrzehnten immer weiter beschleunigen. Denn die Chinesen haben dann mehr Geld zur Verfügung. Das wird, einhergehend mit den Anstrengungen der Regierung, das Gesundheitssystem zu modernisieren, dazu führen, dass der prozentuale Anteil der Konsumausgaben immer weiter in Richtung der Prozentsätze aus Industrieländern ansteigt.

Damit wird die Dampflok mit dem Namen „Chinas Konsummarkt" also gleich von zwei Kohleöfen angeheizt. Es wird also ein doppelter Wachstumsschub entstehen. Das bedeutet eine rasante Fahrt für Unternehmen, die im chinesischen Konsumsektor aktiv sind, und gigantische Gewinnmöglichkeiten für Investoren.

6.5 Ein Milliardenvolk wird mobil

Welche unglaubliche Power in der Entwicklung des chinesischen Binnenmarktes steckt, möchte ich Ihnen anhand des chinesischen Autosektors verdeutlichen. Kennen Sie noch die Hit-Single „Nine Million Bicycles" der Sängerin Katie Melua aus dem Jahr 2005?

In dem Lied geht es bekanntlich um neun Millionen Fahrräder in der chinesischen Hauptstadt Beijing. Die Vorstellung dieses Songs über das Stadtbild von Beijing mit Millionen Fahrradfahrern auf den Straßen ist wahrlich romantisch. Und für viele westliche Anleger ist es ein Bild, das sie mit China assoziieren.

Aber dieser Song entspricht inzwischen überhaupt nicht mehr der Realität im Reich der Mitte. Das Fahrrad ist in China, vor allem bei den ärmeren Bevölkerungsschichten, immer noch ein zentrales Fortbewegungsmittel. Aber das Straßenbild hat sich in den vergangenen Jahren grundlegend geändert.

Das veraltete und verträumte Bild von zahllosen chinesischen Fahrradfahrern auf breiten Straßen ist dem Autoboom gewichen. In Deutschland schafft es die Autoindustrie nur noch mittels Abwrackprämie, eine künstliche Wachstumsdynamik in den eigentlich gesättigten Absatzmarkt zu bekommen.

Ganz anders sieht es dagegen in China aus: Dort ist der Autosektor ein dynamischer Wachstumsmarkt – ähnlich wie man es im Westen in den 50er- und 60er-Jahren erlebte. In den letzten zehn Jahren hat sich die Zahl der Autos auf Chinas Straßen verzehnfacht!

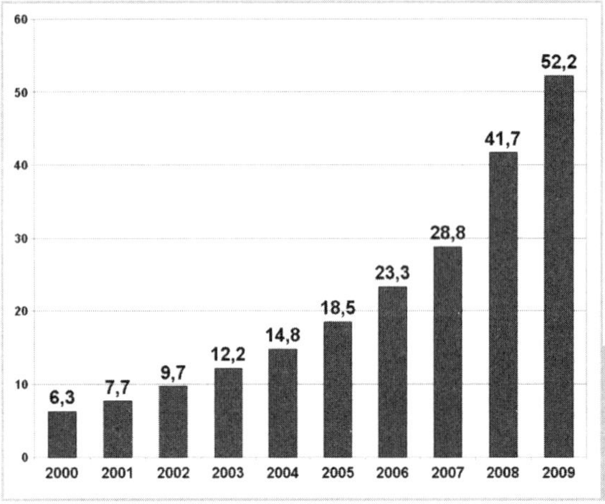

Abbildung 73: Anstieg der Anzahl privater Fahrzeuge in China seit 2000
(Quelle: National Bureau of Statistics of China)

Das sind historische Chancen im chinesischen Binnenmarkt. Selbst im Jahr 2009 verzeichnete Chinas Automarkt trotz Weltwirtschaftskrise ein Wachstum von 53 Prozent gegenüber 2008. Aufgrund dieses Wachstums überholte China 2009 erstmals die USA als das Land mit den meisten Autoverkäufen und stieg damit zum weltweit größten Absatzmarkt auf. Sage und schreibe 13,6 Millionen Autos wurden im Jahr 2009 im Reich der Mitte verkauft. In den USA waren es 10,4 Millionen. (Dies war allerdings aufgrund der Krise auch das schlechteste Absatzjahr der Automobilindustrie seit 27 Jahren.)

Doch auch wenn sich der US-Automarkt stabilisieren sollte, wird China seine Führungsrolle als neuer Automarkt Nummer eins nicht mehr abgeben. Chinas Automarkt befindet sich nämlich in einem massiven Wachstumszyklus – einem Zyklus, den die Industrieländer eben längst hinter sich haben. So stiegen die Autoverkäufe im Jahr 2010 um 32 Prozent.

Trotz dieser beeindruckenden Zahlen befindet sich Chinas Automarkt noch in der Frühphase seines Wachstums. Denn in China haben erst 2 Prozent der Bevölkerung ein Auto. In den Industrieländern liegt der prozentuale Anteil bei 50 Prozent.

Ja, das ist kein Tippfehler: Obwohl China schon heute der größte Automarkt der Welt ist, haben erst 2 Prozent aller Chinesen ein Auto. Mit dem Anstieg der kaufkräftigen chinesischen Mittelschicht wird sich diese Schere in den kommenden Jahren schließen – und Anlegern große Gewinne mit den richtigen Autowerten bescheren.

Die großen internationalen Autokonzerne, wie Volkswagen, werden sich fraglos ihr Stück vom Kuchen abschneiden. Aber achten Sie auch auf den chinesischen Autosektor. Hier werden sich in den kommenden Jahren hervorragende Chancen finden. Da diese Branche viele Arbeitsplätze schafft, wird die chinesische Regierung den Sektor vor einem zu starken internationalen Einfluss schützen und dadurch die einheimischen Autokonzerne fördern.

Investmenttipp

Bevor Sie jetzt über den Tisch springen, das Telefon an sich reißen und schnellstmöglich die Nummer Ihres Broker eintippen, als wären Sie James Bond und müssten eine Bombe entschärfen: Bleiben Sie ruhig. Ja, der chinesische Autosektor ist sehr aussichtsreich. Aber Aktien chinesischer Autobauer und Zulieferer gehören derzeit zu den teuersten China-Aktien.

Warten Sie Korrekturen ab, bevor Sie derartige Aktien kaufen. Für konservative Anleger bieten sich alternativ internationale Autokonzerne an, die stark im chinesischen Markt engagiert und dort bereits etabliert sind.

6.6 Infrastruktur ist in China ein Milliardentrend

Eine interessante Anlagealternative zu Direktinvestments in den Autosektor sind Infrastrukturwerte, die natürlich indirekt von dem notwendigen Ausbau der Straßennetze in China profitieren werden. Zumal Infrastruktur in den kommenden Jahren sowieso ein wichtiger Trendmarkt in China sein wird.

Der Infrastrukturbedarf in China ist gigantisch. Nicht ohne Grund nimmt der Sektor in den Fünfjahresplänen seit Ewigkeiten immer eine zentrale Rolle ein. Im elften Fünfjahresplan (2006 bis 2010) wurden allein 455 Milliarden US-Dollar für Infrastrukturprojekte vorgesehen.

Auch in Chinas Konjunkturpaket zur Bekämpfung der Wirtschaftskrise 2008/09, das mit 586 Milliarden US-Dollar nach den USA das zweitgrößte Konjunkturprogramm der Welt war, floss der Löwenanteil der Milliardeninvestitionen in den Infrastruktursektor.

Experten gehen davon aus, dass die chinesische Regierung in den kommenden zwei Dekaden 35 Billionen US-Dollar in die Infrastruktur des eigenen Landes investieren wird. Infrastruktur ist aus drei Gründen ein zentraler Wachstumsmarkt in Chinas Wirtschaft:

1. Eine ausgebaute Infrastruktur ist unerlässlich, um das Wirtschaftswachstum Chinas mittel- bis langfristig zu erhalten.

2. Im Infrastruktursektor kann die Regierung Arbeitskräfte auffangen und mit Jobs versorgen, die aus der einfachen Industrieproduktion infolge der Konsolidierungen im Exportsektor entlassen wurden. So kann Beijing der Massenarbeitslosigkeit und damit der Gefahr sozialer Unruhen entgegensteuern.
3. Durch den Aufbau moderner Infrastruktur hält man jüngere, aufstrebende Emerging Markets, wie Indien oder Vietnam, weiterhin auf Distanz

Damit ist klar: Auch in den kommenden Jahren wird Beijing Milliarden über Milliarden in den Ausbau und Aufbau der eigenen Infrastruktur investieren. Um die Infrastrukturarbeiten in China richtig einzuordnen, müssen westliche Anleger die Vorgehensweise der chinesischen Regierung richtig verstehen.

In den westlichen Ländern, aber auch in demokratischen Emerging Markets wie Indien werden Infrastrukturarbeiten anhand des Bedarfs der Realwirtschaft durchgeführt. Das hat Vor- und Nachteile. Der große Nachteil: Die Infrastruktur hinkt den realwirtschaftlichen Anforderungen eigentlich immer hinterher. China verfolgt eine andere Strategie.

Kennen Sie den Film „Feld der Träume“ mit Kevin Costner (von 1989, exzellenter Film, kann ich wirklich empfehlen)? Darin spielt Kevin Costner einen Farmer, der sein Maisfeld in ein Baseball-Feld umbaut, als ihm eine geheimnisvolle Stimme sagt: „Wenn du es baust, wird er kommen.“

Warum das so ist, wird hier natürlich nicht verraten. Machen Sie sich lieber einen schönen DVD-Abend mit einer guten Flasche Wein und Ben&Jerry's-Eiscreme (Disclaimer: Ich habe keine Werbeeinnahmen für dieses Product-Placement erhalten. Aber wenn jemand von der Marketingabteilung des Eiscremekonzerns dies lesen sollte: Ich sage nicht „Nein“ zu einer lebenslangen Belieferung mit Ben&Jerry's-Eiscreme).

Warum erzähle ich Ihnen von diesem Film? Ganz einfach: Die Strategie hinter den Bauprojekten der chinesischen Regierung ähnelt dem Verhalten des Farmers in dem Film: Frei nach dem Motto „Wenn wir es bauen, werden sie kommen“ werden in China Infrastrukturprojekte häufig nicht anhand von realwirtschaftlichen oder soziologischen Notwendigkeiten gebaut. Vielmehr werden große Teile der Bauprojekte aufgrund der zentral geplanten Wirtschaftsentwicklung realisiert. Es ist ziemlich verrückt, wenn man es live erlebt. Da fährt man in China über eine hochmoderne Straße im Niemandsland – mit Abfahrten, die ins Nirgendwo führen, und man denkt sich: Was soll das? Wofür diese Infrastruktur?

Zwei Jahre später fährt man dieselbe Straße entlang und am Ende der Abfahrten befinden sich plötzlich Kleinstädte oder Industriegebiete. Und Menschen leben dort, wo vor zwei Jahren noch ödes Ackerland war.

Dabei baut China gezielt eine hochmoderne Infrastruktur auf. Die großen Infrastrukturprojekte sind schon heute auf höchstem Niveau und stellen teilweise sogar die Infrastrukturen der Industrieländer in den Schatten.

Daraus ergibt sich ein weiterer Vorteil für China: Durch die Modernität der eigenen Infrastruktur hält man andere asiatische Emerging Markets auch in Zukunft auf Distanz. Bei den Infrastrukturkonzepten der chinesischen Regierung muss man einmal mehr sagen: Sehr durchdacht und sehr clever, wie die Chinesen hier vorgehen.

Im Zusammenhang mit Infrastruktur kommt man auch auf das Thema Rohstoffe. Um es kurz zu machen: China braucht schier unermessliche Mengen an Rohstoffen – egal ob Öl, Kupfer oder Agrarrohwaren. Obwohl das Reich der Mitte bei vielen Rohstoffen zu den weltweit führenden Produzenten gehört, ist die Inlandsnachfrage so groß, dass China trotzdem noch an den Weltmärkten als Importeur auftreten muss.

Besonders bekannt ist China für seinen Reichtum an Seltenen Erden. Aber inzwischen ist China beispielsweise auch der größte Goldproduzent der Welt. Da die Nachfrage des chinesischen Drachen auf Jahre hinaus unersättlich ist, sind chinesische Rohstoffunternehmen auch ein sehr aussichtsreiches Investitionsgebiet.

6.7 Chinas Technologiesektor kommt

Ein Sektor, den Anleger ebenfalls nicht aus den Augen verlieren sollten, ist die Hightech-Branche. Die Entwicklung des chinesischen Technologiesektors wird in den westlichen Ländern immer noch massiv unterschätzt.

Aber dies ist genau das Umfeld, das China liebt. Anders als die selbstverliebten Amerikaner operieren die Chinesen lieber abseits des Rampenlichts – und plötzlich sind sie da und überrollen die Konkurrenz. Da kommt es nur gelegen, dass Chinas technologische Entwicklung und seine Potenziale im Westen völlig falsch eingeschätzt werden.

Im Westen sehen die meisten Menschen China immer noch als eine Wirtschaft, die von Millionen von einfachen Facharbeitern dominiert wird, die in Fabriken Teddybären zusammennähen oder Spielzeug fertigstellen. Das stimmt natürlich auch bis zu einem gewissen Punkt. Aber Chinas Wirtschaft besteht längst nicht mehr nur aus einfachen Produktionstätigkeiten. Parallel arbeitet China unter Hochdruck an der Entwicklung seines eigenen Technologiesektors, um den Aufstieg der Wirtschaft voranzubringen. Nicht ohne Grund nimmt der Bereich Hochtechnologie eine zentrale Stelle in dem neuen Fünfjahresplan ein.

Kein Sektor verdeutlicht dabei die Fähigkeiten, die geschickte Vorgehensweise und die Erfolge besser als der Solarsektor. Mitte der letzten Dekade waren die deutschen Solarunternehmen die großen Superstars der Zukunftsbranche. Sie standen im Rampenlicht und feierten sich selbst. Chinas Solarunternehmen waren damals nur kleine Lichter. Sie waren gerade gut genug dafür, Solarmodule, Wafer und andere Produkte für die großen deutschen Solarstars billig zu produzieren.

Chinas Solarunternehmen waren nicht mehr als billige Zulieferer, mit denen die deutschen Firmen ihre Produktionskosten senken und damit ihre Gewinne weiter steigern konnten. Konkurrenzsorgen gab es damals nicht. Schließlich waren die deutschen Solarunternehmen waren technologisch führend – dachten sie zumindest.

Denn während die Solarfirmen in Deutschland zusammen mit ihren Aktionären eine Champagnerparty nach der anderen feierten, arbeiteten die chinesischen Solarunternehmen im stillen Kämmerlein unter Hochdruck an ihren eigenen Technologien. Dabei nutzten sie auch geschickt das gewonnene Know-how aus Deutschland für ihre eigenen Entwicklungen.

Dann starteten die chinesischen Solarunternehmen in der zweiten Hälfte des vergangenen Jahrzehnts voll durch. Anfangs nur über den Preis, da die chinesischen Solarunternehmen natürlich deutlich günstiger produzieren konnten als die deutschen Branchenstars. Aber dann passierte etwas, womit die westlichen Firmen nicht gerechnet hatten:

Innerhalb kürzester Zeit schlossen immer mehr chinesische Solarfirmen die technologische Lücke zu den deutschen Anbietern und besaßen plötzlich konkurrenzfähige Produkte, die jedoch deutlich günstiger waren. Heute stehen die chinesischen Solarunternehmen an der Weltspitze und haben fast alle Konkurrenten aus den Industrieländern verdrängt.

6.8 Die Risiken für die chinesische Entwicklung

Keine Frage: So beeindruckend wie der chinesische Aufstieg der letzten 20 Jahre auch ist – im Reich der Mitte ist nicht alles eitel Sonnenschein. Kein Wunder, denn bei der horrenden Umweltverschmutzung kommt die Sonne in vielen Regionen kaum noch durch die Smogdecken zum Vorschein.

Auch China hat Probleme – ernste und große Probleme sogar. Die Umweltverschmutzung ist ein ganz zentrales Problem. Doch eines nach dem anderen. Es gibt kein Land auf der Erde, das keine Probleme hat. Zudem hat die Wirtschaftsgeschichte der Industrieländer gezeigt, dass kein Industrialisierungsprozess ohne Krise, Probleme und Rückschläge vonstatten geht.

Also wäre es utopisch, zu glauben, dass es in China trotz aller Erfolge anders ist und dass China in den kommenden Jahren keine Tiefschläge einstecken wird, die teilweise auch gravierend sein werden. Im Folgenden möchte ich Ihnen deshalb einige der Risikofaktoren und Probleme vorstellen:

Die Sorge um Blasenbildungen in Chinas überhitzter Wirtschaft

Ein Risiko, auf das Skeptiker immer wieder verweisen, sind Spekulationsblasen und Überhitzungen in Chinas Wirtschaft, Immobilienmärkten sowie immer wieder an den Aktienmärkten. Dazu kommt die (angeblich) gigantische Zahl fauler Kredite.

Diese Sorgen sind einer der Hauptgründe, warum sich viele westliche Investoren nicht an chinesische Aktien trauen. Teilweise sind diese Sorgen auch absolut berechtigt. Wie beispielsweise in den Immobilienmärkten der Tier-1-Metropolen. Aber diese Überhitzungen sind nur regional, teilweise lokal und kein landesweites Problem.

Es steht völlig außer Frage, dass es in China immer wieder in verschiedenen Bereichen Blasenbildungen gab und in Zukunft geben wird. Das ist zwar ein unerwünschtes, aber ganz normales Phänomen in jungen Volkswirtschaften. Diese Wirtschaften sind gerade erst dabei, sich zu entwickeln und ihre Balance zwischen Angebot und Nachfrage zu finden.

In diesem Prozess sind phasenweise Exzesse unvermeidbar. Dabei ist anzumerken, dass die Blasenbildungen durch die Mittelzuflüsse des internationalen Kapitals massiv gefördert werden. Ganz nebenbei sollte der Westen erst mal vor der eigenen Haustür kehren. Obwohl Westeuropa und die USA angeblich so weit entwickelt und so viel reifer sind, haben sich die Industrieländer allein in der letzten Dekade alles andere als mit Ruhm bekleckert.

Vom Kollaps des amerikanischen Immobilienmarktes über „toxische Papiere" und den „Neuen Markt" in Deutschland bis zur kompletten Implosion des spanischen Immobilienmarktes und dem Griechenland-Desaster – die Industrieländer erlebten genauso ihre Spekulationsblasen und werden sie auch in Zukunft durchstehen müssen.

Die entscheidende Frage lautet also nicht, ob es Blasen gibt oder geben wird – denn die finden wir überall auf dem Globus, wo das Kapital Wachstum und Gewinnchancen vermutet. Vielmehr lautet die entscheidende Frage, wie Länder mit diesen Blasen umgehen und wie stark ein Platzen oder ein „Luftablassen“ die Volkswirtschaft des Landes belastet.

Wir werden in China auch in den kommenden Jahren Blasenbildungen sehen. Einige dieser Blasen werden mit einem lauten Knall platzen und unvorsichtigen Investoren große Verluste bescheren. Aber wie schon in der Vergangenheit werden diese Blasen den übergeordneten Aufschwung der chinesischen Wirtschaft nicht ernsthaft aufhalten.

Vielmehr werden die Blasen (die ja das Ende einer Übertreibungsphase bilden) dafür sorgen, dass sich cleveren Investoren in China immer wieder exzellente langfristige Investmentchancen bieten.

Risikofaktor Politik: der Spagat zwischen Kommunismus und Kapitalismus

Ein weiterer Risikofaktor, ähnlich wie in Russland, ist die politische Ebene. China ist ein kommunistisches Land. Aber auch wenn die politische Ideologie weiterhin dem Kommunismus folgt – in der Realwirtschaft weicht der Kommunismus immer mehr auf, denn Chinas Wirtschaft tendiert unaufhaltsam zu einer „freieren“ Marktwirtschaft.

Trotzdem: Am Ende des Tages steht China immer noch unter dem roten Stern. Es ist offen, wie die politischen Eliten in Beijing diesen Spagat zwischen kommunistischer Ideologie und realen marktwirtschaftlichen Entwicklungen meistern werden. Bisher hat dieser Spagat exzellent geklappt. Die Machthaber in Beijing haben die Entwicklung der Wirtschaft mit beeindruckendem Erfolg geleitet.

Aber die Vergangenheit ist bekanntlich kein Garant für Erfolg in der Zukunft. Dabei liegen die politischen Risikofaktoren, wie die Historie zeigt, nicht auf der wirtschaftlichen, sondern auf der sozialen Ebene. Die menschenrechtliche Situation ist in China stark verbesserungswürdig. Freie

Meinungsäußerungen und die Medien, auch das Internet, sind immer noch stark reguliert und werden teilweise sogar unterdrückt.

Dazu kommen die sozialen Probleme im Reich der Mitte. Eines der größten Probleme Chinas ist die Schere zwischen der immer noch armen Landbevölkerung und der wohlhabenderen Stadtbevölkerung. An großen Teilen der Landbevölkerung ist das Wirtschaftswunder fast spurlos vorbeigezogen.

Diese Schere lässt sich auch geografisch bestimmen. Der Wohlstand im weiter entwickelten Osten und Süden des Landes ist durch das Wirtschaftswunder wesentlich höher als im ländlichen Norden und Westen des Riesenreiches. Tatsächlich müssen selbst heute noch 200 Millionen Chinesen von einem US-Dollar oder weniger pro Tag leben!

Sorgenkind Umwelt: Chinas hoher Preis für das Wirtschaftswunder

China hat viele Probleme. Das ist die Natur der Sache, wenn man ein Land mit 1,3 Milliarden Einwohnern in ein Industrieland verwandeln will. Aber kaum ein Problem ist so gravierend wie die Umweltverschmutzung in China.

Die Zerstörung der eigenen Umwelt ist in China eines der Kernprobleme – auf einer Stufe mit existenziellen Themen wie Sicherung der Rohstoffversorgung. Der Grad der Umweltschäden hat im Reich der Mitte inzwischen Alarmstufe Rot erreicht. Die Natur kann die Belastungen des Menschen eben nur bis zu einem gewissen Punkt kompensieren.

Und China hat den Bogen in den vergangenen Jahrzehnten völlig überspannt. Jahrelang wurde dem Wirtschaftsaufschwung in China alles untergeordnet – auch die Umwelt. Doch nun bekommt China die Quittung. Wie ein Bumerang fällt die gnadenlose und rücksichtslose Wachstumspolitik, so erfolgreich sie auch war und ist, auf das Reich der Mitte und seine Menschen zurück.

In China haben die Umweltzerstörungen inzwischen schreckliche Ausmaße angenommen. Die Folgen sind dramatisch – sowohl für die Natur als auch für die Chinesen, die unter der massiven Umweltverschmutzung leiden. Hier einige der traurigen Fakten über die Umweltproblematik in China:

> Inzwischen kommt jedes Jahr gut eine Millionen Babys mit körperlichen Fehlbildungen auf die Welt. Das sind rund 7 Prozent aller Neugeborenen. Nicht alle Geburtsfehler basieren auf der Umweltverschmutzung, aber es gibt direkte Korrelationen.
> Nach Schätzungen internationaler Organisationen und der Presse sterben in China jedes Jahr etwa 750.000 Menschen infolge der Umweltverschmutzungen. Das sind mehr als alle Einwohner von Frankfurt am Main. Jedes Jahr!
> Im Jahr 2006 sorgte eine Studie der Weltbank für Aufsehen, bei der 16 der 20 Städte mit der höchsten Luftverschmutzung in China lagen. (Seitdem gab es jedoch keine neuere Studie.)
> Rund 400 der 500 größten Städte in China haben Probleme mit der Wasserversorgung.
> Über 300 Millionen Menschen haben keinen Zugang zu sauberem Trinkwasser.
> In China leben 22 Prozent der Weltbevölkerung, aber das Land verfügt nur über 7 Prozent des weltweiten Ackerlandes.
> In der letzten Dekade sind in China etwa acht Millionen Hektar Ackerland (etwa 7 Prozent der Gesamtfläche) der Urbanisierung, Umweltverschmutzung, Überdüngung und Verwüstung zum Opfer gefallen

Man könnte ein eigenes Buch über die Umweltprobleme in China füllen. Aber dafür ist hier kein Platz. Ich denke, die Dramatik der Situation ist allen bewusst geworden. Es gibt tatsächlich einige Ökonomen, die folgende Ansicht vertreten:

Die Umweltschäden in China sind inzwischen so groß, dass China real trotz seiner gewaltigen Wachstumsraten von 9, 10 oder 11 Prozent pro Jahr in Wahrheit ein Nullwachstum produziert. Weil die jährlichen Umweltschäden die Gewinne aus dem Wachstum aufzehren.

Investmenttipp

Bei diesen schrecklichen Zahlen ist es sonnenklar (oder im Fall von China eben leider nicht): In China muss bezüglich des Umweltschutzes in den kommenden Jahren viel passieren. Und es wird in den kommenden Jahren viel passieren.

Mit Ausnahme des Rohstoffsektors gibt es für keinen Megatrend schon so vielfältige und gute Anlagemöglichkeiten wie für den Umweltsektor. Von Spezialfonds für regenerative Energien über Branchenzertifikate bis zu Aktien von Umweltunternehmen – in diesem Sektor bieten sich für jeden Anlegertyp spannende Investmentmöglichkeiten.

Aber ein Punkt darf bei dieser Problematik nicht vergessen werden: Es ist nicht so, wie in den westlichen Medien gerne dargestellt wird, dass die chinesische Regierung diesen Entwicklungen desinteressiert und aktionslos gegenübersteht. Im Gegenteil: China investiert immer mehr Milliarden in den Umweltschutz.

China ist der weltgrößte Emittent von Treibhausgasen. Und in Beijing hat man längst verstanden, dass es so nicht weitergehen kann. Deswegen will China den Anteil regenerativer Energiequellen bis 2020 mehr als verdoppeln (auf 15 bis 20 Prozent).

Dafür will die Regierung bis 2020 sage und schreibe 740 Milliarden US-Dollar in den Ausbau erneuerbarer Energien investieren. Und solche Ankündigungen sind in China keine leeren Versprechungen. Im Jahr 2010 investierte China fast 30 Milliarden US-Dollar in den Bereich „regenerative Energien". Das ist doppelt so viel, wie die USA ausgaben.

Das Problem von morgen: Chinas Gesellschaft überaltert

In den kommenden Jahrzehnten wird auf China ein weiteres gewaltiges Problem zukommen. Es ist, im wahrsten Sinne des Wortes, ein „altes Problem". Aber an den Börsen spricht noch kein Mensch darüber. Verrückt, aber wahr: Dies wird in nicht allzu ferner Zukunft einer der großen Trendmärkte in China – und noch niemand beschäftigt sich damit.

Das zeigt Ihnen einmal mehr, welchen Vorsprung Sie als weitsichtiger Investor bekommen können, wenn Sie nicht nur bis zum Jahresende planen, sondern auch mal über den berühmten Tellerrand hinausschauen.

Rang	Land	Durchschnittsalter
1	**China**	**34,1**
2	Indien	25,3
3	Indonesien	27,6
4	Pakistan	20,8
5	Bangladesch	23,3
6	Japan	44,6
7	Philippinen	22,5
8	Vietnam	27,4

Abbildung 74: Durchschnittsalter der acht bevölkerungsreichsten asiatischen Länder
(Quelle: CIA World Factbook)

Es geht um den Megatrend (und ein solcher wird es werden) namens „Überalterung der chinesischen Gesellschaft“. Den Hintergrund bildet die jahrelange Ein-Kind-Politik Chinas.

1979 wurde in China eine staatlich organisierte Geburtenplanung, besser bekannt unter dem Namen „1 Kind“-Doktrin, erlassen.

In Beijing glaubte die Politelite nämlich nicht, dass Chinas wirtschaftliche und soziale Entwicklung bei einem konstant hohen Bevölkerungswachstum kontrollierbar sei. In den 70er-Jahren bekam eine Chinesin nämlich durchschnittlich sechs Kinder. Wohlgemerkt: Durchschnittlich!

Altersgruppen	Anteil an der Gesamtbevölkerung
0–14 Jahre	19,8 %
15–64 Jahre	72,1 %
65+ Jahre	8,1 %
Durchschnittsalter	34,1
Bevölkerungswachstum	+0,7 %

Abbildung 75: Demografie der chinesischen Bevölkerung

(Quelle: CIA World Factbook)

Die Ein-Kind-Politik war erfolgreich. Chinas Bevölkerungswachstum verlangsamte sich in den 80er-Jahren deutlich. In der Dekade zwischen 1994 und 2004 reduzierte sich die Geburtenzahl um 300 Millionen Babys. Aber bekanntlich ist nichts umsonst im Leben. Nun zahlt das Reich der Mitte einen hohen Preis dafür.

Die jahrelange Ein-Kind-Politik hat die Demografie in China zusammen mit der gestiegenen Lebenserwartung völlig zerstört. Um 1950 wurden Chinesen durchschnittlich 35 Jahre alt. Heute werden die Menschen schon über 72 Jahre. In etwas über 50 Jahren hat sich die durchschnittliche Lebenserwartung der Chinesen mehr als verdoppelt.

Deshalb wurde die Ein-Kind-Politik Mitte der 80er-Jahre wieder gelockert. Ein weiterer Liberalisierungsschritt erfolgte 2004: Danach dürfen geschiedene Chinesen, die sich wieder verheiraten und aus erster Ehe schon ein Kind haben, trotzdem ein neues Baby bekommen. Zudem dürfen Landbewohner ein zweites Kind bekommen, wenn das erste Kind ein Mädchen oder behindert ist. Ich weiß: Das klingt für uns verrückt. Aber das ist auch eine Seite von China.

Im China der Zukunft wird sich also in den kommenden Jahrzehnten die Bevölkerungspyramide immer weiter umdrehen. Im Jahr 2040 werden 25 Prozent der gesamten chinesischen Bevölkerung älter als 60 Jahre sein – einer von vier Chinesen.

Dadurch kommt auf China in den nächsten Jahrzehnten ein Überalterungsproblem in historisch nie dagewesenen Dimensionen zu, das die demografischen Probleme in den Industrieländern wie einen netten Bingoabend aussehen lassen wird!

Die Zahl ist so gigantisch, dass sie kaum zu glauben ist: Bis 2040 wird die Zahl der Chinesen über 60 Jahre auf unglaubliche 400 Millionen Menschen anwachsen. Stellen Sie sich Deutschland vor – und alle dort lebenden Menschen müssen gesundheitlich und pflegetechnisch versorgt werden.

Was wäre das für eine Belastung für die Sozialsysteme. Was würde das für eine Nachfrage für Pflege, Versorgung, Altersheime und Krankenhäuser bedeuten. Was ergäbe sich für ein Markt für Pharmaprodukte. Und jetzt müssen Sie dieses Bild noch mit dem Faktor fünf multiplizieren.

Dann haben Sie die Dimensionen, die wir im Reich der Mitte erleben werden. Und dabei können Sie die Konjunktive aus dem vorherigen Absatz streichen. Denn diese Annahmen werden spätestens ab 2030 in China immer mehr Realität werden. Dies wird für die Regierung in Beijing ein Problem von monumentalen Ausmaßen.

Investmenttipp

Den Trend „Überalterung der chinesischen Gesellschaft" hat noch niemand an den Börsen auf dem Radar. Denn der wirklich dramatische Teil dieser Entwicklung ist noch Jahre weg. Deshalb gibt es noch keine Branchenfonds, -ETFs oder -Zertifikate, die sich auf diesen Trend fokussieren.

Interessierte Anleger können bisher nur über Investments in Einzelaktien profitieren. Bei Einzelaktien gibt es allerdings inzwischen eine recht große Auswahl an Werten. Investoren sollten dabei aber genau hinschauen. Einer meiner Geheimtipps: Apothekenketten und Generika-Firmen.

In China kamen 1970 noch sechs Kinder auf einen Menschen über 60 Jahre. Schon heute kommen auf ein Kind bereits zwei Menschen über 60. Aufgrund der Ein-Kind-Politik wird es also Jahre dauern, bis genügend junge Menschen der Demografie wieder die richtige Struktur geben.

Erst zur Mitte dieses Jahrhunderts wird die Überalterung ihren Höhepunkt erreichen und sich der demografische Baum wieder drehen. Wie gesagt: Noch ist dieser Trend weit weg. Aber mein Anspruch in diesem

Buchs ist ja, Ihnen neben einer Einführung in die Welt der BRICs auch interessante Investmentfelder aufzuzeigen, über die noch nicht jeder spricht.

So haben Sie den entscheidenden Informationsvorsprung, um dann gezielt zu investieren, bevor die Masse der Anleger auf derartige Entwicklungen aufmerksam wird.

6.9 Fazit

Der chinesische Drache ist das Wappentier des 21. Jahrhunderts. Das Reich der Mitte ist inzwischen das Zentrum der Weltwirtschaft geworden. Deshalb müssen weitsichtige Anleger in China investiert sein. Besonders aussichtsreich sind die großen Megatrends, angeführt von dem kommenden neuen Flaggschiff des chinesischen Wachstums: dem Konsum.

Trotz aller beeindruckenden Entwicklungen müssen Anleger den chinesischen Binnenmarkt im richtigen Kontext sehen. China hat immer noch mit Abstand den niedrigsten Anteil des privaten Konsums am eigenen Bruttoinlandsprodukt in ganz Asien.

Das Pro-Kopf-BIP ist in China in den letzten Jahren zwar explosiv angestiegen, aber von einem extrem niedrigen Niveau aus (im Jahr 2000 lag das BIP pro Kopf erst bei 946 US-Dollar). Selbst nach dem starken Wachstum der vergangenen Jahre liegt das Pro-Kopf-BIP von China, der zweitgrößten Volkswirtschaft der Welt, mehr als 50 Prozent unter dem weltweiten Durchschnitt (und der beinhaltet selbst die bettelarmen afrikanischen Länder).

Damit China seine historischen Konsumpotenziale (die sich mit einiger Zeitverzögerung danach lediglich noch mal in Indien und teilweise in Afrika in ähnlichem Umfang bieten werden) voll und nachhaltig entfalten kann, muss sich die chinesische Volkswirtschaft in den kommenden Jahrzehnten weiter wandeln und modernisieren.

Neben dem Wandel zu einer binnenmarktzentrierten Wirtschaft muss auch ein Wandel von einer einfachen Produktionswirtschaft zu einer Dienstleistungsgesellschaft mit höher bezahlten Jobs erfolgen. Die chinesische Volkswirtschaft muss ihren Industrialisierungsprozess also mit raschen Schritten vorantreiben.

In China wird in den kommenden Jahren und Jahrzehnten sehr viel passieren. Das bietet cleveren Investoren gewaltige Chancen, um an den nächsten Phasen des chinesischen Aufstiegs teilzuhaben.

simplified

7 Die nächste Generation der Emerging Markets

So brillant und chancenreich das BRIC-Konzept auch ist – es hat einen großen Nachteil: Es lässt einige der aussichtsreichsten Emerging Markets und sogar Regionen außen vor. So sind Anleger, die exklusiv in die vier BRIC-Staaten investieren, überhaupt nicht in Afrika, dem Nahen Osten und nur indirekt in Osteuropa investiert.

7.1 Die Schwäche der BRIC-Strategie

Bei der arabischen Region des Nahen Ostens kann man eine legitime Argumentation aufbauen, dass ein Investment in diese Region in der BRIC-Strategie bereits durch Russland Rechnung getragen wird. Denn die Story hinter dem Nahen Osten ist natürlich der gewaltige Ölreichtum – und dieser Investmentbereich wird durch Russland schon abgedeckt.

Ich bin ein Befürworter dieser Theorie. Es gibt zu viele spannende Investmentchancen rund um den Globus. Da ist es für Anleger unmöglich, überall dabei zu sein. Ansonsten müsste man ein Depot mit 100 Positionen und mehr aufbauen – und das kann nur in einem Desaster enden.

Eine meiner Anlagestrategien lautet in Anlehnung an meine rheinische Frohnatur: „Ich muss nicht auf jeder Party tanzen." Mit Russland und Brasilien, das sich durch neue Offshore-Ölfunde in Zukunft auch zu einem Big Player im Ölsektor entwickeln wird, profitieren die BRIC-Länder bereits umfassend von steigenden Preisen des schwarzen Goldes.

Anders sieht es jedoch bei Osteuropa oder Afrika aus. Der schwarze Kontinent ist in der BRIC-Strategie eigentlich überhaupt nicht vertreten. (Ich schreibe „eigentlich", weil man über China indirekt an Afrikas Aufstieg teilnimmt. China ist in Afrika sehr aktiv. Man baut sich dort Absatzmärkte für die Exportindustrie auf und agiert aggressiv im Rohstoffsektor.)

Zudem wurden durch den Fokus auf vier Länder im BRIC einige extrem aussichtsreiche Länder außen vor gelassen. Dies hat dazu geführt, dass in den vergangenen Jahren zahlreiche Erweiterungen des BRIC-Konzepts auf den Markt kamen.

7.2 BRIC 2.0 – Die Weiterentwicklung

Wenn Sie zu den jüngeren Lesern gehören, dann kennen Sie sicherlich die erfolgreiche TV-Show „Pimp my Ride", wo alte Schrottwagen auf vier Rädern (und selbst da konnte man teilweise nicht sicher sein) in ultracoole, hochmoderne Rennmaschinen aufgemotzt wurden. Nun, auch für die BRIC-Strategie wurden über die Jahre einige erweiterte Modelle entwickelt.

Sozusagen „Pimp my BRIC". Im Folgenden möchte ich Ihnen diese erweiterten BRIC-Konzepte vorstellen – allerdings ohne glänzende Chromfelgen oder siebenfachen Heckspoiler. Wobei einige dieser Konzepte durchaus einen Turboeffekt für das Depot haben können.

Dabei handelt es sich jedoch um „inoffizielle" Weiterentwicklungen des ursprünglichen BRIC-Konzepts durch andere Banken und Finanzinstitute. Eine offizielle 2.0-Version des BRIC-Konzepts von seinem Erfinder Jim O'Neill gibt es nicht. Dies tut den Potenzialen einiger Weiterentwicklungsideen aber keinen Abbruch. Zumal Herr O'Neill immer mal wieder einige neue Länder als interessante Alternativen selbst ins Gespräch gebracht hat.

BRICM

Eine der ersten Weiterentwicklungen war „BRICM". Hinter dem Namen, der irgendwie eher nach einem ostfriesischen Fischerdorf als nach einer Ansammlung zukünftiger Wirtschaftsmächte klingt, verbergen sich die vier klassischen BRIC-Staaten und zusätzlich das „Next 11"-Land Mexiko (daher das „M").

Der Grund liegt auf der Hand: Mexiko ist nach Brasilien mit gut 110 Millionen Menschen das zweitbevölkerungsreichste Land in Lateinamerika und die zweitgrößte Volkswirtschaft (gemessen am BIP). Zudem besitzt der Sombrero-Staat die zweitgrößte Börse in Lateinamerika.

Rang	Land	erwartetes BIP 2011 (in Mrd. USD)
1	Brasilien	2,193
2	Mexiko	1,041
3	Argentinien	363
4	Kolumbien	309
5	Venezuela	296

Abbildung 76: Die fünf größten Volkswirtschaften Lateinamerikas

(Quelle: IWF)

Die Wirtschaftsdaten von Mexiko sind fraglos stark: Das BIP des Landes hat die Marke von 1,0 Billionen US-Dollar schon übersprungen (1,004 Billionen US-Dollar im Jahr 2010). Für die kommenden fünf Jahre rechnet der IWF mit einem durchschnittlichen Wirtschaftswachstum von 4,5 Prozent per annum.

Trotzdem sieht die Welt von Mexiko nicht so rosig aus wie nach dem Genuss von vier goldenen Tequila. Ursprünglich wurde dieses Konzept nämlich entwickelt, als die wirtschaftliche und gesellschaftliche Welt in Mexiko noch anders aussah.

Alles beginnt im Norden des Landes: in den USA. Die Vereinigten Staaten sind der wichtigste Wirtschaftspartner Mexikos. Zudem gibt es zirka 10 Millionen mexikanische Gastarbeiter in den USA. Das Problem: Der Hauptarbeitergeber der Mexikaner in den USA ist der Bausektor, insbesondere im Immobilienbereich.

Und sagen wir mal so: Der amerikanische Immobilienmarkt war in den vergangenen drei Jahren nicht gerade ein „Boom"-Markt. Nicht mal ein „Böömchen"-Markt. Er war ein Desaster. Und das ist ein Problem. Denn die Auslandsüberweisungen der USA-Gastarbeiter nach Mexiko leiden unter dem schwachen US-Immobilienmarkt.

Wenn die US-Wirtschaft boomt, dann geht es auch Mexiko gut – sowohl bezüglich der Auslandsüberweisungen als auch beim bilateralen Handel. Aber wenn die Wirtschaft in den USA Probleme hat - nun, dann machen auch bedeutende Teile der mexikanischen Wirtschaft eine ganz lange Siesta.

Das sind aber noch lange nicht alle Probleme des Aztekenstaates. Des Weiteren sieht sich das Land sinkenden Rohstoffreserven, vor allem bei Öl, gegenüber. Auf der gesellschaftlichen Ebene tobt in Mexiko seit geraumer Zeit ein schrecklicher Drogenkrieg. Dieser hält das Land nun schon seit langer Zeit als Geisel und wird immer brutaler.

Das Problem: Durch die hohe Korruption wird der Drogenkrieg geschützt. So muss die mexikanische Regierung immer wieder die Armee im eigenen Land einsetzen, weil große Teile der mexikanischen Polizei sowie lokaler Behörden und Politiker von der Korruption zerfressen sind.

Die BRICM-Idee kommt jedoch aus einer früheren Zeit, als Mexiko im Windschatten der USA rasant wuchs und Brasilien einfach nicht vom Fleck kam. Doch inzwischen hat sich das Bild komplett gedreht: Brasilien ist zum unangefochtenen Star Lateinamerikas aufgestiegen, während Mexiko nur noch die zweite Geige, oder in diesem Fall eher Mariachi, spielt.

Investmenttipp

Das BRICM-Konzept macht nur für Anleger Sinn, die Lateinamerika stärker gewichten wollen und an ein Comeback der US-Wirtschaft glauben. Wenn Sie in Mexiko investieren wollen, dann ist der Konsummarkt mit Abstand der spannendste Markt.

Mexiko ist mit einer Bevölkerung von über 110 Millionen Menschen das dreizehntbevölkerungsreichste Land der Erde. Der mexikanische Konsumsektor besitzt damit große langfristige Potenziale, die über Tacos, Burritos und Ponchos hinausgehen.

BRICS

Wir haben mit Mexiko angefangen und arbeiten uns nun von links nach rechts um die Erdkugel. Die nächste Evolution des klassischen BRIC-Konzepts trägt den Namen BRICS.

Dabei steht das „S“ im Namen für Südafrika. Der Grundgedanke dieser Evolution der BRIC-Strategie hat wirklich Charme und Berechtigung.

Denn durch Südafrika soll der fehlende afrikanische Kontinent in das Konzept integriert werden. Im ursprünglichen Konzept wird Afrika nicht berücksichtigt. Durchaus verständlich, wenn man die Rückständigkeit des schwarzen Kontinents bedenkt.

Mit Ausnahme von Südafrika und den nördlichen Maghrebstaaten befinden sich weite Teile des Kontinents noch in Armut und viele Nationen sind noch klassische Entwicklungsländer. Das gilt vor allem für den Sub-Sahara-Raum, wo über 800 Millionen Menschen leben.

Doch Afrika ist mit gut einer Milliarde Menschen auch der zweitbevölkerungsreichste Kontinent der Welt (hinter Asien). Und was Afrika an wirtschaftlicher und gesellschaftlicher Entwicklung oberhalb der Erdoberfläche fehlt, macht der Kontinent durch seinen Reichtum unterhalb der Erde wett: Afrika ist gesegnet mit Rohstoffen.

So befinden sich 40 Prozent der weltweiten Goldreserven in Afrika. Sage und schreibe 90 Prozent aller Metallreserven der Platingruppe liegen im Boden Afrikas. Genau wie 64 Prozent der weltweiten Diamantenreserven. Doch nicht nur bei den Edelmetallen verfügt der schwarze Kontinent über gigantische Vorkommen

Gut 12 Prozent der globalen Ölproduktion und 6 Prozent der weltweiten Gasproduktion kommen aus Afrika. Bei Kohle verfügt Afrika über 6 Prozent der globalen Reserven sowie über rund 20 Prozent aller weltweiten Uranressourcen. Im Bereich der Industriemetalle schlummern etwa 17 Prozent der globalen Kupferreserven und 18 Prozent der weltweiten Eisenerzreserven in Afrikas Erde.

Kurzum: Wenn Sie nach Afrika in Urlaub fahren, dann nehmen Sie eine Kinderschaufel mit und buddeln Sie vor Ort ein Loch. Wer weiß, auf was Sie dort stoßen – denn Afrika ist einer der großen Gewinner des Rohstoffbooms. Der Rohstoffreichtum hat dazu geführt, dass Afrika in den vergangenen zehn Jahren das zweithöchste Wirtschaftswachstum der Welt aufwies.

Region	BIP-Wachstum der letzten 10 Jahre	Prognose für das BIP- Wachstum bis 2015
Asien (ohne Japan)	8,0 %	8,5 %
Afrika	**5,2 %**	**5,6 %**
Osteuropa	4,9 %	3,8 %
USA	1,9 %	2,7 %
Europäische Union	1,7 %	2,1 %

Abbildung 77: Wirtschaftswachstum verschiedener Regionen 2000 bis 2015e

(Quelle: IWF)

Noch wichtiger: Durch die tief greifende Unterentwicklung und Rückständigkeit vieler afrikanischer Länder sind diese Rohstoffe (mit Ausnahme von Südafrika) in weiten Teilen noch so unterexploriert wie in kaum einer anderen Region der Welt. Ganz anders als in alten rohstoffreichen Ländern wie Kanada oder Australien.

Dort sind die Vorkommen schon stark ausgeschlachtet, während Afrikas Ressourcen erst zu einem deutlich geringeren Grad exploriert sind. Durch den Rohstoffboom hat Afrika also nun erstmals die Chance zu einem dauerhaften Wirtschaftsaufschwung, wie es ihn in der Geschichte des schwarzen Kontinents noch nie gegeben hat.

Südafrika besitzt dabei die alles dominierende Führungsrolle in Afrika. Das beste Beispiel: Obwohl es in Afrika über 60 Länder gibt (je nachdem, welche Inselgruppen man noch dazurechnet), macht die südafrikanische Börse alleine gut zwei Drittel der gesamten Marktkapitalisierung aller afrikanischen Börsen aus.

Ein einziges Land – bei einem ganzen Kontinent! Nicht ohne Grund gehört die Johannesburg Stock Exchange zu den 20 größten Börsen der Welt – eine echte Auszeichnung für einen Kapitalmarkt aus den Emerging Markets.

Wirtschaftlich sieht es ähnlich aus: Die Rolle der südafrikanischen Wirtschaft innerhalb des Sub-Sahara-Raums, wo zirka 80 Prozent aller Afrikaner leben, ist ähnlich dominant wie Russlands Position innerhalb Osteuropa oder Brasiliens überragende Vorherrschaft in Süd- und Mittelamerika.

Bis auf einige Konzerne aus Ägypten und wenige andere Rohstoffunternehmen und Finanzkonzerne kommen alle bedeutenden afrikanischen Großkonzerne aus Südafrika. Das Konzept der „Marktführer" trifft also auf Südafrika voll zu.

Rang	Land	BIP
1	Südafrika	366 Mrd. USD
2	Ägypten	239 Mrd. USD
3	Nigeria	233 Mrd. USD
4	Angola	97 Mrd. USD
5	Marokko	96 Mrd. USD

Abbildung 78: Die fünf größten Volkswirtschaften in Afrika (gemessen am BIP 2011e)

(Quelle: IWF)

Zwar ist Südafrika mit einer Bevölkerung von 49 Millionen Menschen nicht das bevölkerungsreichste Land Afrikas (das ist Nigeria mit 153 Millionen Menschen). Aber dafür ist Südafrika mit einem BIP von 366 Milliarden US-Dollar mit weitem Abstand die größte Volkswirtschaft in Afrika.

Noch offensichtlicher wird die Vorreiterrolle bei der Betrachtung des Pro-Kopf-BIP: Mit 7.249 US-Dollar besitzt Südafrika mit weitem Abstand das größte BIP pro Kopf. Ägypten kommt erst auf 2.998 US-Dollar. Nigeria auf 1.453 US-Dollar.

Kein afrikanisches Land hat so eine weit entwickelte Wirtschaft wie Südafrika. Das Rückgrat der Wirtschaft bildet natürlich der Rohstoffsektor. Südafrika ist eines der rohstoffreichsten Länder der Welt. Sage und schreibe 89 Prozent aller Metalle der Platin-Gold-Gruppe finden sich Südafrika.

Sowohl bei Gold (13 Prozent) als auch bei Platin (70 Prozent) verfügt Südafrika über die größten Reserven der Welt. Zudem besitzt Südafrika im Bereich der Energierohstoffe absolute Weltklasse-Vorkommen bei Kohle und Uran.

Südafrika ist inzwischen der fünftgrößte Kohleproduzent der Welt. 7 Prozent der weltweiten Uranressourcen liegen in Südafrika. Das ist gut doppelt so viel wie in Russland. Damit besitzt Südafrika weltweit die fünftgrößten Uranressourcen.

Aufgrund des Rohstoffbooms wächst Südafrikas Wirtschaft um 4 Prozent pro Jahr. Für die kommenden fünf Jahre rechnen die Ökonomen mit einem Wirtschaftswachstum von 4 Prozent pro Jahr. Das ist verglichen zu Westeuropa gut, liegt aber deutlich unter den Wachstumsraten anderer afrikanischer Länder.

Das liegt einerseits an dem fortgeschrittenen Entwicklungsstand der südafrikanischen Wirtschaft. Andererseits plagen Südafrika aber auch nach den beeindruckenden wirtschaftlichen Erfolgen sehr viele Probleme: Die Stromversorgung ist so mangelhaft, dass viele Unternehmen auch Rohstoffminen nicht einwandfrei produzieren können.

Armut ist in Südafrika immer noch weit verbreitet. Auch 15 Jahre nach dem Ende der Apartheid leben über 40 Prozent der Südafrikaner, primär Schwarze, in absoluter Armut. Die Schere zwischen Arm und Reich ist so riesig wie in keiner anderen großen bis mittelgroßen Volkswirtschaft.

Die Arbeitslosenquote beträgt laut der Weltbank zirka 24 Prozent. Aber inoffizielle Schätzungen gehen davon aus, dass der wahre Wert ehr um 30 bis 40 Prozent liegt. Das sorgt vor allem in den Townships für große soziale Spannungen. Die Kriminalität steigt immer weiter an. Südafrika gilt als eines der gefährlichsten Länder der Welt.

Zudem ist Südafrikas Wirtschaft weiterhin schlecht diversifiziert. Noch problematischer: Die Ausbeutung der Rohstoffvorkommen befindet sich in Südafrika schon im fortgeschrittenen Stadium. Dazu kommt die Gesundheitsproblematik: Über 18 Prozent der südafrikanischen Bevölkerung ist mit dem HIV-Virus infiziert – Tendenz steigend.

Insgesamt lässt sich aber klar sagen: Die Grundidee des BRICS-Konzepts ist exzellent. Decken Anleger dadurch doch den großen weißen Fleck auf der BRIC-Investmentlandkarte ab, der im Originalkonzept nicht berücksichtigt wurde. Ob es dafür allerdings unbedingt Südafrika sein muss, sei dahingestellt.

Für konservativere Investoren ist Südafrika aufgrund seiner überragenden Rolle auf dem schwarzen Kontinent und der zahlreichen Blue Chip-Werte sicherlich die erste Anlaufstelle für Afrika-Investments. Die mittel- bis langfristig größten Chancen finden spekulative Anleger aber fraglos in anderen afrikanischen Ländern, die noch nicht so weit entwickelt sind.

Investmenttipp

Langsam entwickeln sich mit dem Aufstieg Afrikas auch die Investmentmöglichkeiten für Ausländer im schwarzen Kontinent. Da Afrika erst am Anfang steht, sollten Sie Afrika in Ihrem Depot niedrig gewichten. In weiten Teilen ist die politische Lage bestenfalls labil und die Wirtschaft ist stark vom Rohstoffboom abhängig.

Afrika eignet sich nur als spekulative Beimischung. Deshalb bieten sich ETFs, Fonds oder Zertifikate an. Es gibt derzeit eine Handvoll Afrika-Fonds. Damit können Sie gut diversifiziert in den schwarzen Kontinent investieren. Allerdings müssen Sie unbedingt auf die Ländergewichtung achten. Einige Fonds haben Südafrika extrem hoch gewichtet.

BRIC + NMS

Die dritte Weiterentwicklungsidee erinnert mit der Namenskombination BRIC + NMS eher an die schlimmsten Albträume eines Schülers vor einer Chemieklausur. Das Besondere an diesem Konzept: Es kommt aus dem Hause Goldman Sachs selbst – der Geburtsstätte des BRIC-Babys.

Allerdings ist es keine offizielle Erweiterung des BRIC-Konzepts, sondern nur eine Investmentidee. Die Buchstabenkombination „NMS“ steht für „New EU Member States“ und betitelt damit Osteuropa. Individuell sind alle osteuropäischen Länder viel zu klein für das BRIC-Konzept.

Selbst Polen, das Flaggschiff Osteuropas und mit gut 38 Millionen Einwohnern das mit Abstand größte osteuropäische Land (vor Rumänien mit zirka 21 Millionen Bewohnern), besitzt nicht mal ein Drittel der Bevölkerung von Russland – dem bevölkerungsmäßig kleinsten BRIC-Land.

Aber – Sie wussten, dass ein „Aber" kommen würde, nicht wahr? Aber als vereinte Wirtschaftszone über Zentral- und Südosteuropa besitzt die NMS-Region eine Bevölkerung von rund 100 Millionen Menschen und bringt eine ganz andere Wirtschaftskraft auf die Waage.

Rang	Land	erwartetes BIP 2011 (in Mrd. USD)	Bevölkerung (in Mio. Menschen)
1	Polen	469	38
2	Tschechien	214	10
3	Rumänien	165	21
4	Ungarn	134	10
5	Slowakei	89	5
6	Kroatien	61	4
7	Slowenien	48	2
8	Bulgarien	46	7

Abbildung 79: Die acht größten Volkswirtschaften aus Zentral- und Südosteuropa

(Quelle: IWF)

Das Gesamt-BIP der 13 NMS-Staaten wird sich im Jahr 2011 voraussichtlich auf mindestens 1,3 Billionen US-Dollar belaufen. Damit spielt das BIP der NMS-Region also in der Liga von Russland. Zudem erwartet Goldman Sachs für die nächsten zehn Jahre für die NMS ein Wachstum von mindestens 4 Prozent pro Jahr.

Damit bietet die NMS-Region als vereinter Wirtschaftsraum fraglos sehr interessante langfristige Wachstums- und natürlich auch Binnenmarktpotenziale. Dabei sind die zentralosteuropäischen Binnenmärkte in Polen, Ungarn und Tschechien im Vergleich zu anderen Emerging Markets schon recht weit entwickelt.

Das durchschnittliche BIP pro Kopf liegt in der CEE-Region (Central Eastern Europe) immerhin schon bei 17.261 US-Dollar – und damit weit über dem weltweiten Durchschnitt von gut 10.500 US-Dollar. In diesen Ländern gibt es also schon eine richtige Kaufkraft, die aber im Vergleich zu Westeuropa immer noch großes Entwicklungspotenzial besitzt.

Region/Land	BIP pro Kopf im Jahr 2011
CEE-Region	17.261 USD
SEE	6.586 USD
Baltikum	12.236 USD
Deutschland	41.236 USD
Frankreich	40.965 USD
Österreich	43.623 USD

Abbildung 80: Pro-Kopf-BIP für Osteuropa im Vergleich zu Industrieländern

(Quelle: IWF)

Gleichzeitig haben die NMS-Region, aber auch die wesentlich rückständigere SEE-Region (South Eastern Europe) überdurchschnittliche Wachstumsfantasien. Denn Südosteuropa liegt mit seinen etwa 40 Millionen Einwohnern noch mindestens fünf bis acht Jahre hinter der Entwicklung der CEE-Region zurück.

Die dortigen Volkswirtschaften – und damit auch die eigenen Binnenmärkte – befinden sich erst in frühen Wachstumsstadien (nicht mehr in sehr frühen, aber in frühen). Damit haben sie den größten Teil der Entwicklungsphasen noch vor sich. Diese Phasen bieten bekanntlich für spekulative Investoren die größten Chancen, da das Wachstum besonders hoch ist.

Allerdings dürfen Anleger bei den SEE-Ländern die hohen Risiken nicht außer Acht lassen. Bis auf wenige Ausnahmen sind die Wirtschaften noch sehr rückständig und die Arbeitslosigkeit ist ebenso ein Problem wie die Armut und die Korruption.

Es ändert auch nichts daran, dass mit Rumänien und Bulgarien inzwischen zwei südosteuropäische Länder den Beitritt zur EU geschafft haben und mit Kroatien, Mazedonien und Montenegro drei weitere Länder als Beitrittskandidaten in der Warteschleife kreisen.

Wie risikoreich Börsianer die Situation in Südosteuropa bewerten, zeigte sich im Jahr 2010: Als die Krise um Griechenland ausbrach, wurden auch die südosteuropäischen Länder in den Strudel der PIIGS-Staaten gerissen.

Die SEE-Börsen gehörten daher zu den großen Enttäuschungen im Jahr 2010.

Bei dem BRIC + NMS-Konzept wird also die Region Osteuropa/Russland mit einer zweiten Position höher gewichtet und Asien gleichgestellt (vertreten durch Indien und China). Damit ähnelt diese Idee dem BRICM-Konzept, wo ja die Region Lateinamerika ausgebaut wird.

Ähnlich wie bei Mexiko trägt aber auch die NMS-Region das Risiko in sich, wirtschaftlich sehr stark von der Entwicklung eines benachbarten Industrielands anhängig zu sein. Mexikos Wirtschaft ist stark von der wirtschaftlichen Entwicklung der USA abhängig. Bei den NMS ist es die enge Verknüpfung mit Westeuropa und vor allem mit Deutschland.

Dieses Konzept eignet sich also vor allem für Anleger mit zwei Investmentstrategien:

1. Sie glauben an die langfristigen Potenziale Osteuropas und wollen deshalb diese Region übergewichten.
2. Sie möchten Ihr Kapital nicht in Russland anlegen, aber trotzdem in Osteuropa investiert sein. Dann bietet es sich an, das „R“ durch die „NMS“ zu ersetzen. Allerdings müssen Sie dann beachten, dass Sie Ihr Investment im Rohstoffsektor reduzieren (da Sie ja nicht in das rohstoffreiche Russland investieren). Entweder gleichen Sie diesen Nachteil durch direkte Investments in Rohstoffe (vor allem Öl) aus oder Sie erhöhen parallel zu Ihrer NMS-Position den Anteil im Rohstoff-Mekka Brasilien.

Für diese beiden Investmentansätze ist BRIC + NMS (oder alternativ BIC + NMS) eine sinnvolle Weiterentwicklung. Ansonsten gilt auch für dieses Konzept das Gleiche wie für manches Fotomodell: Schön anzusehen, aber viel mehr auch nicht …

Investmenttipp

Die Investmentmöglichkeiten in die NMS-Länder sind inzwischen sehr gut und vielfältig. Das gilt vor allem für die weiter entwickelte Region Zentralosteuropa (Polen, Tschechien, Ungarn). Für diese Region gibt es sogar schon Branchenzertifikate auf Sub-Indizes des CECE-Index.

Der CECE-Index ist für Zentralosteuropa das Gegenstück zum Euro-Stock-Index für Westeuropa – ein landesübergreifender Regionenindex, in dem die größten Werte aus allen Ländern enthalten sind. Für Südosteuropa gibt es auch so einen Index, der sich SETX nennt. Für beide Indizes gibt es zahlreiche Zertifikate, um gut diversifiziert Positionen aufzubauen.

BRIC + V

Für die letzten Weiterentwicklungen fliegen wir mit BRIC-Airlines weiter in östliche Richtung. Genauer genommen in den Fernen Osten. Denn bei diesen Konzepten kommen die neuen, zusätzlichen Länder aus Asien. So steht BRICI für „BRIC und Indonesien“ und BRIC + V für „BRIC und Vietnam“.

Das BRIC + V-Konzept ist von allen neuen BRIC-Modellen das unbekannteste (und gleichzeitig die spekulativste Version). Vietnam ist langfristig fraglos sehr aussichtsreich und verfügt über eine exzellente Demografie. So ist der Tigerstaat mit einer Bevölkerung von gut 87 Millionen Menschen sogar größer als Deutschland. Zudem liegt das Durchschnittsalter derzeit bei nur 27,4 Jahren.

Aber Vietnams wirtschaftliche und gesellschaftliche Entwicklung befindet sich aufgrund der schrecklichen Indochinakriege erst im ganz frühen Anfangsstadium. Die Wirtschaftsentwicklung liegt locker zehn Jahre hinter China zurück. Allerdings sind die langfristigen Perspektiven in Vietnam dementsprechend gigantisch.

Land	BIP pro Kopf (in USD)
Südkorea	21.529
Malaysia	8.239
Thailand	4.888
China	4.764

Land	BIP pro Kopf (in USD)
Indonesien	3.270
Indien	1.297
Vietnam	**1.272**

Abbildung 81: Das Pro-Kopf-BIP großer asiatischer Volkswirtschaften im Jahr 2011e
(Quelle: IWF)

Das BIP pro Kopf liegt sogar noch hinter dem Indiens und macht gerade mal ein Viertel Pro-Kopf-BIPs des Nachbarlandes Thailand aus. Gleichzeitig hatte Vietnam in den vergangenen zehn Jahren die dritthöchsten Wachstumsraten in ganz Asien – überboten nur noch von den BRIC-Superstars China und Indien. Nicht umsonst wird Vietnam in Fachkreisen auch „Little China“ genannt.

erwartetes Wachstum im Jahr	2011	2012	2013	2014	2015
China	**9,6 %**	**9,5 %**	**9,5 %**	**9,5 %**	**9,5 %**
Indien	8,4 %	8,0 %	8,2 %	8,1 %	8,1 %
Vietnam	**6,8 %**	**7,0 %**	**7,2 %**	**7,4 %**	**7,5 %**
Indonesien	6,2 %	6,5 %	6,7 %	7,0 %	7,0 %
Malaysia	5,3 %	5,2 %	5,1 %	5,1 %	5,0 %
Thailand	4,0 %	4,3 %	4,5 %	4,8 %	5,0 %
Philippinen	4,5 %	4,5 %	4,5 %	4,5 %	4,5 %

Abbildung 82: Prognose für das BIP-Wachstum großer asiatischer Volkswirtschaften
(Quelle: IWF)

Dementsprechend groß sind die Chancen – aber eben auch die Risiken. Deshalb lohnt sich Vietnam durchaus als eine spekulative Asien-Beimischung. Aber als Teil einer Kern-Investmentstrategie – und damit als echte Alternative zum klassischen BRIC-Konzept – ist Vietnam (noch) nicht geeignet.

BRICI

Etwas anders liegt die Sachlage bei der BRICI-Variante. Von allen Weiterentwicklungen des BRIC-Konzepts findet diese Idee in Fachkreisen den größten Anklang. Denn in den vergangenen Jahren hat sich Indonesien fern ab des Rampenlichts zu einem geheimen Superstar in Asien entwickelt.

Die Masse der Anleger hat Indonesien so gut wie gar nicht auf dem Schirm. An der Börse liegt der Fokus für Asien außerhalb von Japan primär auf China und Indien. Aber im Schatten der zwei BRIC-Staaten hat sich Indonesien aufgrund erfolgreicher Reformprozesse und eines beeindruckenden Wirtschaftswachstums fantastisch entwickelt.

Inzwischen ist Indonesien mit einem BIP von 777 Milliarden US-Dollar hinter China, Indien und Südkorea die viertgrößte Volkswirtschaft in Asien. Selbst in der harten Finanz- und Weltwirtschaftskrise 2008/09 wuchs die indonesische Volkswirtschaft im Krisenjahr 2009 immer noch um 4,5 Prozent.

Damit lag das Wachstum in der schwersten Wirtschaftskrise seit der großen Depression nur leicht unter den vergangenen Wachstumsraten der Jahre vor der Finanzkrise, die zwischen 5 bis 6 Prozent per annum lagen. Eine Leistung, die auf der ganzen Welt nur ganz wenige Volkswirtschaften erreichten.

erwartetes Wachstum im Jahr	2011	2012	2013	2014	2015
Indonesien	6,2 %	6,5 %	6,7 %	7,0 %	7,0 %

Abbildung 83: Prognose für das BIP-Wachstum Indonesiens

(Quelle: IWF)

Tatsächlich hat Indonesien eine Konstellation zu bieten, die in Asien so nirgendwo vorzufinden ist: Mit seiner Bevölkerung von 243 Millionen Menschen ist Indonesien das Land mit der viertgrößten Bevölkerung auf der Welt. Noch deutlich vor den BRIC-Ländern Brasilien und Russland.

Gleichzeitig ist die indonesische Wirtschaft, mit Ausnahme des Rohstoffsektors, für asiatische Verhältnisse schon stark binnenmarktorientiert. Das Land ist also vom Export nicht so abhängig wie viele andere große asiatische Länder. (Lediglich Indiens Wirtschaft ist bereits ähnlich stark auf den eigenen Binnenmarkt ausgerichtet.)

Mit einer Bevölkerung von 243 Millionen Menschen (wovon gut 130 Millionen Menschen allein auf der Hauptinsel Java leben) ist dieser Binnenmarkt gewaltig und besitzt aufgrund der noch jungen Volkswirtschaft fantastisches langfristiges Entwicklungspotenzial. Denn das BIP pro Kopf liegt erst bei 3.270 US-Dollar – und damit noch weit hinter dem BIP pro Kopf von China (4.764 US-Dollar) oder sogar Thailand (4.888 US-Dollar).

Aber – und das macht Indonesien so besonders – der eigene Binnenmarkt ist nicht das einzige Ass im Ärmel. Denn Indonesien ist eines der rohstoffreichsten Länder in Asien. Das Inselreich leidet nicht, wie viele andere asiatische Länder, unter den steigenden Rohstoffpreisen – die indonesische Wirtschaft profitiert sogar davon.

Damit nimmt Indonesien eine Art Hybrid-Stellung in Asien ein: Mit diesem Land spielen Sie zwei große Storys der kommenden Jahre gleichzeitig: einerseits die gigantischen asiatischen Binnenmärkte (Indonesien ist hier hinter China und Indien die Nummer drei) und andererseits die Hausse bei den Rohstoffen.

In Asien gibt es kein anderes Land mit einer ähnlichen Konstellation. (China verfügt zwar über riesige Rohstoffvorkommen. Aber das Reich der Mitte verbraucht so viele Rohstoffe, dass man bei vielen Commodities inzwischen trotzdem Netto-Importeur ist.)

Dementsprechend verfügt Indonesien über eine der dynamischsten Wirtschaften in ganz Asien. In den kommenden fünf Jahren soll das BIP-Wachstum von 6,2 Prozent im Jahr 2011 auf 7 Prozent in den Jahren 2014 und 2015 ansteigen. Das ist unter den großen asiatischen Ländern Platz vier hinter China, Indien und dem deutlich kleineren Vietnam.

Der große Nachteil des BRICI-Konzepts und der BRIC + V-Idee liegt jedoch auf der Hand: Durch die Addition von Indonesien wird die ohnehin schon dominierende Gewichtung Asiens noch mal erhöht: Von 50 Prozent beim ursprünglichen BRIC-Konzept auf sogar 60 Prozent bei diesen beiden neuen Variationen (dann kämen drei von fünf Ländern aus Asien).

Investmenttipp

Da es sich bei den südostasiatischen Ländern Indonesien und Vietnam noch um sehr junge Emerging Markets handelt, sind die Anlagemöglichkeiten begrenzt. Aufgrund des spekulativen Charakters beider Investments sollten Sie nicht auf Einzelaktien, sondern auf Fonds oder strukturierte Produkte setzen.

Dadurch können Sie selbst bei kleinen Positionen eine gute Diversifizierung erzielen und so das Risiko minimieren. Es gibt einige Fonds, Zertifikate und ETFs auf beide Länder, mit denen Sie gut diversifiziert in diese jungen, aber sehr aussichtsreichen Asien-Stars von übermorgen investieren können.

Fazit

Anleger, die wirklich umfangreich in die Emerging Markets investieren möchten, kommen mit dem BRIC-Konzept einfach zu kurz. Auch wenn man dadurch die ganz großen Fische im Netz hat, entgehen Anlegern doch einige der aussichtsreichsten Chancen aus der zweiten und dritten Reihe.

Die verschiedenen BRIC 2.0-Optionen bieten diesen Anlegern die Chance, ihre BRIC-Depots geschickt zu erweitern: Sei es durch höhere Gewichtungen der einzelnen Regionen (Asien, Lateinamerika und Osteuropa) oder durch die spekulative Beimischung von Afrika.

7.3 „Next 11“ – Elf Emerging-Markets-Stars von übermorgen

Das erkannte auch der BRIC-Erfinder Jim O'Neill und entwickelte deshalb mit seinem Team eine Nachfolgestrategie zum BRIC-Konzept namens „Next 11“ (auf Deutsch: die nächsten Elf). Dieses Konzept fokussiert sich auf elf der aussichtsreichsten Schwellenländer der nächsten und übernächsten Generation nach den BRICs.

Der exklusive Kreis der elf Schwellenländer der nächsten Generation umfasst einige der bekanntesten Emerging Markets, aber auch einige Geheimtipps, die überhaupt nicht auf dem Börsenradar gehandelt werden (zumindest heute noch nicht).

Dabei handelt es sich um folgende elf Schwellenländer (in alphabetischer Reihenfolge): Ägypten, Bangladesch, Indonesien, Iran, Mexiko, Nigeria, Pakistan, Philippinen, Südkorea, Türkei und Vietnam.

Land	Bevölkerungs-größe	Alters-durch-schnitt	BIP 2011e	erwartetes BIP-Wachstum p. a. 2011–2015
Ägypten	80 Mio.	24,0	239 Mrd.	6,0 %
Bangladesch	162 Mio.	22,9	115 Mrd.	6,8 %
Indonesien	243 Mio.	27,9	777 Mrd.	6,7 %
Iran	77 Mio.	26,3	342 Mrd.	3,0 %
Mexiko	110 Mio.	26,7	1.041 Mrd.	4,3 %
Nigeria	153 Mio.	19,1	233 Mrd.	6,8 %
Pakistan	181 Mio.	21,2	190 Mrd.	4,7 %
Philippinen	92 Mio.	22,7	213 Mrd.	4,5 %
Südkorea	49 Mio.	37,9	1.056 Mrd.	4,2 %
Türkei	72 Mio.	28,1	790 Mrd.	3,8 %
Vietnam	87 Mio.	27,4	114 Mrd.	7,2 %

Abbildung 84: Die elf neuen Emerging Marktes der „N-11" im Überblick
(Quelle: Goldman Sachs Research, IWF, CIA World Factbook)

Bei einem Blick auf diese ausgewählten „N-11"-Emerging Markets springt sofort ins Auge, wie unterschiedlich diese Länder sind und wie wenige Gemeinsamkeiten sie auf den ersten Blick haben: Südkorea ist de facto bereits ein Industrieland. Mexiko, dessen Volkswirtschaft bereits heute zu den größten der Welt gehört, ist für ein Schwellenland recht weit entwickelt.

Auf der anderen Seite finden sich ultrajunge Emerging Markets der dritten und vierten Reihe wie Vietnam, Nigeria oder Pakistan. Dazu kommen klassische Entwicklungsländer wie Bangladesch und der Iran. Was hat eine so heterogene Gruppe an Schwellenländern, die unterschiedlicher kaum sein können, gemeinsam?

Land	BIP pro Kopf (in USD)
Ägypten	2.771
Bangladesch	691
Indonesien	3.270
Iran	4.484
Mexiko	9.489
Nigeria	1.453

Land	BIP pro Kopf (in USD)
Pakistan	1.123
Philippinen	2.219
Südkorea	21.529
Türkei	10.917
Vietnam	1.272

Abbildung 85: Vergleich des Pro-Kopf-BIP einzelner N-11-Länder im Jahr 2011e

(Quelle: IWF)

Tatsächlich ist die Spanne der wirtschaftlichen und gesellschaftlichen Entwicklungsstadien der verschiedenen N-11-Ländern riesig. Die gemeinsamen Bindeglieder sind vielmehr ähnliche Mischungen aus Demografie und Wirtschaftswachstum, die explosive langfristige Potenziale besitzen, wie man sie vor zehn oder 15 Jahren in den BRICs gesehen hat.

Mit den richtigen volkswirtschaftlichen Entwicklungen, politischen Reformen und gesellschaftlichen Modernisierungen könnten diese Länder bedeutende, große Binnenmärkte schaffen. Die Binnenmärkte bilden dann die Basis für einen überdurchschnittlichen Wirtschaftsaufschwung und spielen eine bedeutende Rolle in der zukünftigen Weltwirtschaft.

Das würde für die (mit Ausnahme von Südkorea und teilweise von Mexiko) sehr jungen Schwellenländer bedeuten, dass sie eine ähnlich beeindruckende Aufschwungphase durchleben, wie die BRIC-Staaten in den vergangenen zwei bis drei Jahrzehnten vollzogen. Wenn auch nicht in so gewaltigem Ausmaß wie Brasilien, Russland, Indien oder China.

Das ist sehr wichtig. Oftmals werden die Next-11-Länder als die Erben der BRICs gehandelt. Dies ist falsch. Tatsächlich geht Jim O'Neill, Erfinder der BRIC- und der N-11-Konzepte, davon aus, dass lediglich Indonesien, Mexiko, die Türkei und unter Einschränkungen Vietnam das Potenzial haben, langfristig eine BRIC-ähnliche Entwicklung zu nehmen.

Viele der „Next 11"-Emerging Markets werden also in den kommenden Jahren beeindruckende Wirtschaftsentwicklungen – mit den dementsprechenden Chancen für Investoren – bieten. Aber aus den meisten Next-11-Schwellenländern werden keine Wirtschafts-Supermächte werden.

Allerdings ist das aus Investorensicht auch überhaupt nicht nötig, um mit Investments in diesen Ländern überdurchschnittliche Gewinne zu machen. Denn diese Länder befinden sich größtenteils noch in so frühen Entwicklungsstadien, dass Anleger hier rechtzeitig einsteigen können.

Dementsprechend bieten sich Investoren langfristig besonders große Gewinnchancen. (Dabei darf aber nicht vergessen werden, dass die Risiken auf der andere Seite eben auch deutlich höher sind.)

Land	Emittent	ISIN	Laufzeit
Ägypten	Goldman Sachs	DE000GS0J632	Open End
Bangladesch	RBS	NL0009591569	Open End
Indonesien	RBS	DE000AA12MX7	Open End
Iran	---	---	---
Mexiko	Morgan Stanley	GB00B2PNKZ23	Open End
Nigeria	RBS	NL0009569854	Open End
Pakistan	Deutsche Bank	DE000DB8BPK1	Open End
Philippinen	Deutsche Bank	DE000DB6HDF8	Open End
Südkorea	Morgan Stanley	GB00B248Q493	Open End
Türkei	Deutsche Bank	DE000DB0AMD2	Open End
Vietnam	DWS	DE000DWS0GB2	Open End

Abbildung 86: Auflistung verschiedener Zertifikate für die N-11-Länder

(Quelle: Eigenes Research)

Investmenttipp

Inzwischen gibt es zahlreiche Möglichkeiten, auf die „Next 11" zu setzen. Wer möglichst viele Länder abdecken will, investiert in „Next 11"-Zertifikate. Aber Anleger müssen genau auf die Ländergewichtungen schauen. In den Zertifikaten sind nie alle elf Schwellenländer enthalten. Es kann schnell passieren, dass Sie sonst ein Produkt im Depot haben, das inhaltlich die Anlageziele des Investors überhaupt nicht widerspiegelt. Ein echtes „N 11"-Zertifikat, das in alle elf Länder investiert ist, gibt es noch nicht (so ist der Iran nie enthalten).

In den meisten „N 11"-Zertifikaten dominieren Südkorea und Mexiko, deren Volkswirtschaften weiter entwickeltet sind, die Indexgewichtungen. Aussichtsreichere, aber kleinere Schwellenländer wie Vietnam oder Nigeria sind oft nur niedrig gewichtet. Eine andere Alternative ist die Zusammenstellung eines Korbes aus Einzelaktien, Indexzertifikaten oder Länder-ETFs aus den verschiedenen „Next 11". So können Anleger die Gewichtungen der einzelnen Länder selbst bestimmen oder die Länder, die besonders gut zum eigenen Chance-Risiko-Profil passen, ins Depot aufnehmen.

Fazit

Setzen Sie die jungen Next-11-Länder nicht mit den BRICs gleich. Bei den Next-11-Schwellenländern müssen zwei Dinge klar wie Fensterglas sein:

1. Die Chancen sind gewaltig. Aber die Risiken sind aufgrund der jungen Entwicklungsstadien dieser Länder (mit Ausnahme von Südkorea und unter Einschränkungen von Mexiko) deutlich höher als bei den BRIC-Ländern.
2. Das junge, teilweise geradezu embryonale Entwicklungsniveau dieser Schwellenländer ist der Grund dafür, dass derartige Anlagen für extrem langfristige Anlagehorizonte geeignet sind.

Bei den Next-11-Ländern, vor allem bei jungen Volkswirtschaften wie Vietnam, Indonesien, Nigeria oder der Türkei, sprechen wir von wirklich langfristigen Anlagehorizonten von 10, 15 oder 20 Jahren.

simplified

8 Investieren in die BRIC-Staaten

Die meisten Leute bringen an ihrer Tür ein Schloss nur an, wenn der Dieb schon gekommen ist.
(Brasilianisches Sprichwort)

8.1 Brasiliens Kapitalmärkte

In Brasilien dreht sich alles um den Bovespa-Index, den Leitindex der brasilianischen Börse. Aber nicht mehr nur in Brasilien: Inzwischen hat sich der Bovespa auch zum führenden Index für ganz Südamerika entwickelt (gefolgt vom mexikanischen IPC-Index, der früher die Nummer eins in Lateinamerika war).

Börse	Land	Marktkapitalisierung (in Mrd. USD)	Anzahl gelisteter Unternehmen
BM&F Bovespa	Brasilien	1.546	381
Mexican Stock Exchange	Mexiko	454	427
Santiago Stock Exchange	Chile	342	231
Lima Stock Exchange	Peru	103	248
Buenos Aires Stock Exchange	Argentinien	64	106

Abbildung 87: Die fünf größten Börsen in Lateinamerika im Jahr 2010
(Quelle: World Federation of Exchanges)

Die brasilianische Börse ist der größte Kapitalmarkt in ganz Lateinamerika und dementsprechend die erste Adresse für ausländische Investoren. Tatsächlich ist die Marktkapitalisierung der brasilianischen Börse mehr als 1,5 Mal so groß wie die gemeinsame Marktkapitalisierung der vier nächstgrößten Kapitalmärkte zusammen!

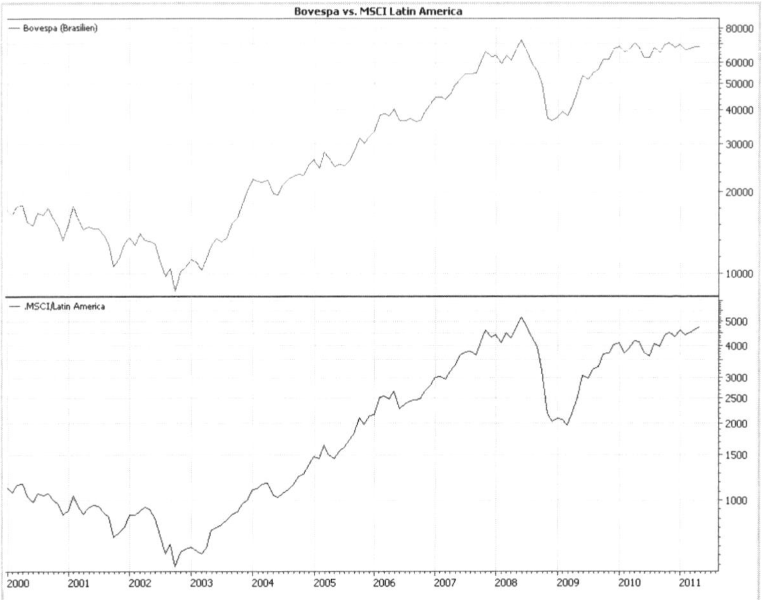

Abbildung 88: Vergleich von Bovespa und MSCI Latin America Index
(Quelle: tradesignal-online.com)

Nicht ohne Grund: Brasilien beheimatet inzwischen einige der größten Unternehmen der Welt (gemessen an der Börsenkapitalisierung). Beispielsweise Unternehmen wie Petrobras oder Vale, die – wer hätte es gedacht – aus dem Rohstoffsektor kommen. Bei einer derartig dominanten Rolle einer Börse erwartet man eigentlich einen weit entwickelten Kapitalmarkt.

Doch die Enttäuschung ist leider groß. Denn wie vorher bereits beschrieben, werden die Investitionsmöglichkeiten nach den bekannten Blue Chips dünner als die Inhalte der Videoclips von Sport1 nach Mitternacht. Die Investitionsmöglichkeiten für internationale Anleger sind immer noch begrenzt.

Bei einer Schulnotenbewertung würde Brasiliens Kapitalmarkt nur ein „befriedigend" erhalten. Die großen Blue-Chip-Aktien sind sehr liquide und problemlos handelbar. Zudem gibt es zahlreiche Fonds, ETFs und Zertifikate auf den Bovespa und die großen Einzelwerte. Hier gibt es die Schulnote „gut".

Platz	Unternehmen	ISIN	Branche	Index-gewichtung
1	Vale	BRVALEACNPA3	Rohstoffe	11,8 %
2	Petrobras	US71654V4086	Öl & Gas	10,6 %
3	OGX Petroleo	BROGXPAC-NOR3	Öl & Gas	4,5 %
4	Banco Itau	US0596022014	Finanzen	3,7 %
5	BM&F Bovespa	BRBVMFAC-NOR3	Finanzen	3,5 %

Abbildung 89: Die Aktien-Schwergewichte der brasilianischen Börse
(Quelle: BM&F Bovespa Stock Exchange)

Aber bei den Einzelwerten handelt es sich nur um rund ein Dutzend wirklich liquider Aktien. Die Anlagemöglichkeiten in Brasilien sehen bildlich aus wie ein Trichter: Bei den großen Blue-Chip-Werten und dem Leitindex sind die Anlagealternativen sehr gut und vielfältig. Aber in der Tiefe, bei den besonders spannenden Werten der zweiten und dritten Reihe, werden die Investmentchancen immer geringer. Dafür kann erst die Schulnote „ausreichend" vergeben werden.

Zudem kommen die meisten Aktien aus den bekannten Emerging-Markets-Branchen „Banken/Finanzen", „Telekommunikation" und natürlich vor allem „Rohstoffe". Extrem aussichtsreiche Sektoren, wie der Konsum, sind bisher fast nur über Bankwerte zu spielen.

Es gibt für Brasilien bisher lediglich Branchenzertifikate auf den Infrastruktursektor. Ansonsten suchen Anleger Branchenzertifikate, -ETFs oder Fonds (noch) vergebens. Wie ich schon sagte: Alles dreht sich um den Bovespa. Dementsprechend kaufen alle Fonds und Emittenten die gleichen Aktien.

Name	Produkt	ISIN	Emittent
iShares MSCI Brazil	ETF	DE000A0HG2M1	BlackRock
Lyxor ETF Brazil Ibovespa	ETF	FR0010408799	Lyxor Inter. Asset Management
Open-End-Zertifikat auf Bovespa Index	Zertifikat	DE000GS0J2E2	Goldman Sachs
JPM Brazil Alpha Plus	Fonds	LU0318934451	JP Morgan Asset Management

Abbildung 90: Verschiedene ETFs, Fonds und Zertifikate für Brasilien
(Quelle: Eigenes Research, Onvista, Cortal Consors)

Eine Anlage in den Bovespa-Index, der sich in den vergangenen Jahren fantastisch entwickelt hat, ist deshalb das Basisinvestment für Brasilien. Wer mehr erreichen möchte und abseits des bekannten Pfads namens „Bovespa“ nach aussichtsreicheren Chancen suchen will, muss sich also fast exklusiv auf Einzelwerte konzentrieren. Das ist jedoch schwierig, da viele brasilianische Nebenwerte (noch) nicht an ausländischen Börsen gelistet sind. Aber zumindest tut sich im Nebenwerte-Bereich im amerikanischen ETF-Markt schon einiges. Hier gibt es einige interessante Produkte.

Anleger müssen allerdings beachten, dass der brasilianische Aktienmarkt inzwischen nicht mehr günstig ist. Das war vor fünf bis zehn Jahren noch komplett anders: Bevor Lula das wirtschaftliche Ruder in Brasilien herumriss und der Rohstoffboom zündete, dümpelte Brasiliens Wirtschaft lethargisch vor sich hin.

Somit gehörte Brasiliens Börse traditionell zu den günstigsten Kapitalmärkten der Welt. Dieses Bild hat sich seit gut fünf Jahren gewandelt. Inzwischen ist die brasilianische Börse nicht mehr der Schnäppchenmarkt von früher. Die Bewertungen liegen zumeist im Rahmen durchschnittlicher Emerging-Markets-Börsenbewertungen oder moderat darüber. Es gibt noch günstige Werte. Aber Anleger müssen bei Einzelaktien ganz genau hinschauen.

Fazit

Trotz seiner alles dominierenden Stellung innerhalb Lateinamerikas ist Brasiliens Börse immer (noch) ein Kapitalmarkt, in dem ausländische Investoren, die nicht direkt vor Ort anlegen, nur sehr eingeschränkt investieren können.

Deshalb bietet sich für die meisten Anleger für Brasilien eine klassische Anlage über strukturierte Produkte an (ETFs, Fonds oder Zertifikate). Risikofreudige Investoren schauen sich die ETFs auf Nebenwerte oder Infrastruktur an. Einzelwerte aus der zweiten und dritten Reihe sind zum jetzigen Zeitpunkt primär etwas für Brasilien-Experten.

8.2 Russlands Kapitalmärkte

Man mag es angesichts der kommunistischen Historie und des starken staatlichen Einflusses auf die Wirtschaft kaum glauben, aber die Investitionsmöglichkeiten für ausländische Investoren in den russischen Aktienmarkt sind exzellent. Nur China bietet unter den großen Emerging Markets ähnlich viele Anlagemöglichkeiten.

Ein entscheidender Grund dafür, der auch dementsprechend wichtig für Ihre Investitionen in Russland ist: Am russischen Aktienmarkt fehlt ein klassischer Leitindex. Der deutsche Aktienmarkt hat den DAX als Leitindex. Der Schweizer Aktienmarkt den SMI und Österreich den ATX. Eine derartig klare Struktur gibt es an den russischen Börsen nicht.

Für Russland gibt es keinen einzelnen Leitindex, auf den sich der Großteil der Anlageprodukte bezieht und der als übergeordnete Benchmark gilt. Vielmehr gibt es für den russischen Markt verschiedene Indizes, deren Zusammenstellungen aber voneinander abweichen.

Deshalb unterscheiden sich die Performances der verschiedenen ETFs, Fonds und Zertifikate teilweise gravierend – je nachdem, auf welchen Index sich die strukturierten Produkte beziehen. Auf diese Besonderheit der russischen Börse müssen Anleger unbedingt achten.

Inzwischen gibt es eine Vielzahl unterschiedlicher Indizes für Russland, von denen einige mehr und andere weniger etabliert und bekannt sind. Die Indizes wurden von verschiedenen Emittenten entwickelt und beziehen sich auf verschiedene russische Aktien. Sie unterscheiden sich in ihren Strukturen und Indexzusammensetzungen teilweise deutlich.

RTS, RTX, RDX – aber sonst ist alles völlig klar, oder?

Der inoffizielle Leitindex für den russischen Aktienmarkt ist der RTS. Aber es gibt eben noch zahlreiche andere Indizes auf russische Aktien. Neben dem renommierten MSCI Russia Index sind die drei bekanntesten Russland-Indizes der RDX, der RTS und der RTX. (Interessant sind auch der DAXglobal Russia und dessen Nachfolger DAXglobal Russia + .)

Jeder dieser Indizes hat seine ganz besonderen Eigenheiten, die Vor- und Nachteile haben. Deshalb ist es extrem wichtig, dass Anleger genau wissen, womit sie es bei jedem Index zu tun haben.

Index	Aktienanzahl	Gewichtung Öl/ Gas	Gewichtung Rohstoffe	Gewichtung and. Branchen
RDX	15	67 %	20 %	13 %
RTS	50	47 %	14 %	33 %
RTX	14	55 %	14 %	31 %

Abbildung 91: Die unterschiedlichen Zusammenstellungen der Russland-Indizes
(Quelle: Wiener Börse, RTS Exchange)

Die Indizes unterscheiden sich vor allem in drei Bereichen:

1. Auswahl der Aktien
2. Anzahl der Aktien
3. Gewichtung der Energie- und Rohstoffaktien

Beim dritten Punkt brauchen sich Russland-Investoren keinen Illusionen hinzugeben: Russland und die russische Wirtschaft sind zu allererst Öl und Energie. Dann kommt lange nichts – und dann folgen die Industriemetalle. Dementsprechend überragen die Blue Chips aus dem Öl-, Gas- und Industriesektor alle anderen Aktien in Russland.

Die beiden einzigen Branchen, die auch nur annähernd in die Rohstoff-Phalanx brechen, sind der Finanzsektor und die Telekombranche. Wer nicht über ausgesuchte Einzelinvestments oder Branchenzertifikate gezielt in Russland investiert, sondern in Indexprodukte (Zertifikate und ETFs) oder Fonds anlegt, muss sich Folgendes klarmachen:

Man investiert dann immer extrem stark in den Öl- und Gassektor (sowie auch noch in die Industriemetalle). Deshalb lautet die einzige relevante Frage bei strukturierten Produkten: Wie hoch ist die Investitionsquote in den Energiesektor?

Rang	Unternehmen	ISIN	Branche	Index-gewichtung
1	Gazprom	US3682872078	Öl & Gas	15,0 %
2	Sberbank	RU0009029540	Finanzen	15,0 %
3	Lukoil	US6778621044	Öl & Gas	13,9 %
4	Norilsk Nickel	US46626D1081	Rohstoffe	8,7 %
5	Rosneft	US67812M2070	Öl & Gas	6,3 %

Abbildung 92: Die Aktien-Schwergewichte der russischen Börse (RTS)

(Quelle: RTS Exchange)

Aber der Reihe nach: Der RTS zeichnet sich dadurch aus, dass er die größte Anzahl an Werten beinhaltet: 50 Aktien sind in diesem Index vertreten. Mit diesem Index haben Anleger die Chance, neben den bekannten russischen Blue Chips, wie Lukoil oder Gazprom, auch in kleinere russische Unternehmen aus dem Mid-Cap-Segment zu investieren.

Allerdings täuscht die hohe Anzahl an Aktien. Denn der Index besteht zwar aus 50 Werten, aber die 15 größten Aktien (30 Prozent aller enthaltenen Werte) machen zusammen dominierende 80 Prozent des gesamten Index aus. Die kleinsten 15 Aktien kommen zusammen nicht mal auf 5 Prozent der Indexgewichtung.

Immerhin beträgt die Gewichtung der Energieaktien (Öl- und Gaswerte) im RTS „nur“ knapp 50 Prozent. Wenn Ihnen eine derartig hohe Branchengewichtung schon Atembeschwerden verursacht, dann sollten Sie sich für die folgenden Analysen der anderen Russland-Indizes vorher besser eine Sauerstoffflasche zulegen.

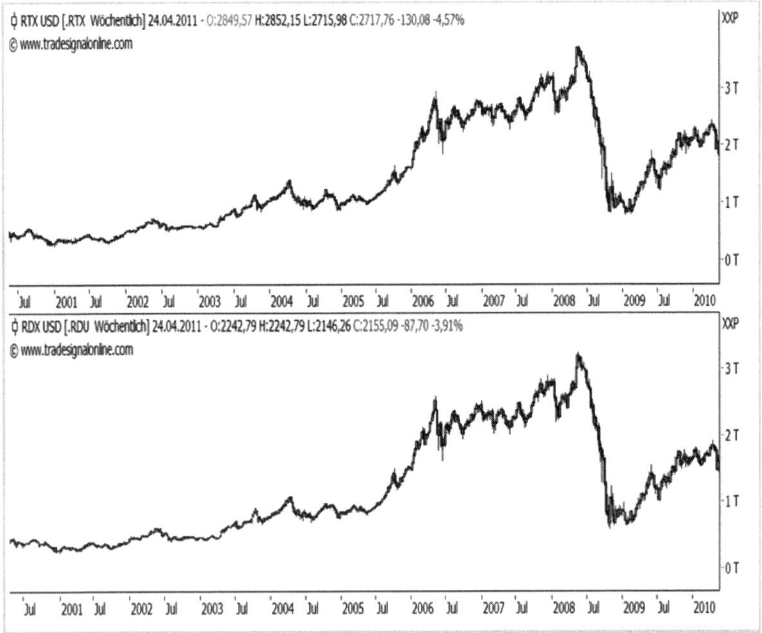

Abbildung 93: Vergleich verschiedener Russland-Indizes

(Quelle: tradesignal-online.com)

Denn, wie es für Russland typisch ist, es geht immer noch eine Stufe heftiger. Das gilt auch für die Indizes RTX und RDX. Der Russian Traded Index (RTX) ist das Baby unter den Russland-Indizes. Erst seit Sommer 2008 wird der RTX berechnet. Dieser Index ist deutlich kleiner als der RTS: Der RTX besteht derzeit nur aus 14 Aktien.

Darunter befinden sich aber die großen russischen Blue Chips wie Gazprom, Lukoil, MTS, Norlisk Nickel, Rosneft oder Sberbank. Wie diese Auflistung schon zeigt, sind Energie- und Rohstoffwerte im RTX extrem hoch gewichtet. Die Öl- und Gasunternehmen machen alleine zwischen 50 bis 60 Prozent der Indexgewichtung aus! Zusammen mit den Rohstoffwerten kommen die beiden Sektoren auf eine Indexgewichtung von gut zwei Drittel.

Die Besonderheit des RTX: Der Index enthält die höchstkapitalisierten Werte, die in Russland an der landeseigenen elektronischen Handelsplattform RTS oder der russischen Börse Moscow Interbank Currency Exchange gelistet sind. So haben Anleger die Chance, direkt in Russland zu investieren (ohne Umwege über Auslandslistings).

Das ist der Unterschied zum Russian Depositary Index, kurz RDX genannt. Der RDX bildet russische Aktien ab, die als GDR-Anteilsscheine an der London Stock Exchange gehandelt werden. Im RDX befinden sich also keine Aktien, die nur an der russischen Börse gelistet sind.

Da fast alle russischen Blue Chips auch Auslandslistings besitzen, wird der RDX dementsprechend von den bekannten russischen Energieriesen dominiert. Wie groß können die Unterschiede zum RTX-Index also schon sein, wenn sich maximal zwei Buchstaben unterscheiden? Das frage ich mich an dieser Stelle.

Sie werden überrascht sein: Das Markenzeichen des RDX ist, dass der Index nur wenige Werte erhält und damit sehr klein ist. Normalerweise beinhaltet der RDX lediglich 10 bis maximal 15 Werte. Damit ist die Diversifizierung sehr niedrig. Das gilt aber nicht nur für die Gesamtzahl der Werte, sondern auch für die Branchendiversifizierung:

Der Energiesektor macht gut zwei Drittel der Indexgewichtung aus. Rechnet man noch die anderen Rohstoffwerte hinzu, dann macht der Rohstoffsektor im RDX unglaubliche 80 bis 90 Prozent des gesamten Index aus! Das ist natürlich eine ungesunde Größenordnung und zeigt, dass der RDX sehr einseitig aufgestellt ist.

Eine derartige Abhängigkeit von den Rohstoffpreisen ist wahrlich nicht jedermanns Sache. Für Börsianer, die etwas weniger Rohstoff- und Ölabhängigkeit bei ihren Russland-Engagements haben wollen, bieten sich deshalb alternativ der RTS und der DAXglobal Russia Index der Deutschen Börse an.

Investmenttipp

Der Vorteil der großen drei Russland-Indizes RDX, RTS und RTX ist, dass auf alle Indizes viele Zertifikate und Derivate emittiert sind. Hier haben Anleger eine Auswahl, die fast mit westlichen Indizes gleichzusetzen ist.

Das ist sehr vorteilhaft für spekulative Anleger, die mit gehebelten Produkten in Russland agieren wollen. Dadurch lassen sich für fast alle Börsenszenarien optimale Produkte finden. Das ist in den Emerging Markets leider immer noch die Ausnahme.

Unter den Indizes eignen sich der RDX und der RTX aufgrund ihrer hohen Gewichtungen im Öl- und Gassektor hervorragend, wenn Anleger davon ausgehen, dass der Ölpreis ansteigt und damit russische Öl- und Gasaktien besonders stark laufen werden.

Damit ist klar: Steigt der Ölpreis und laufen die Rohstoffe, dann schießen der RTX und vor allem der RDX durch die Decke und werden den breiten russischen Aktienmarkt outperformen.

Für Anleger, die gezielt auf die Story „Öl und Russland" setzen wollen, sind diese beiden Indizes die idealen Anlageinstrumente. Allerdings dürfen die Risiken nicht vergessen werden: Fallen die Kurse von Öl und Industriemetallen, werden diese Indizes stärker an Wert verlieren als marktbreite Russland-Indizes.

Spannende Branchenzertifikate für Russland

Die Indexsituation in Russland ist fraglos undurchsichtiger als die Anzahl der Ehen bei Lothar Matthäus. Und die hohe Gewichtung der Rohstoffe, insbesondere des Öl- und Gassektors, machen die Indizes für manche Anleger nicht unbedingt attraktiver.

Aber die Anlagewelt für Russland hat etwas zu bieten, das von den gesamten Emerging Markets sonst nur noch China aufweisen kann: Eine für Emerging-Markets-Verhältnisse recht breite Auswahl an Branchenzertifikaten. Damit können Russland-Investoren gezielt in aussichtsreiche Sektoren abseits des Energiemarktes anlegen.

Name	Fonds-gesellschaft	ISIN	Zertifikatetyp	Laufzeit
DWS GO Russia Infrastructure	DWS	DE000DWS0JF7	Indexzertifikat	Open End
RDX Mining & Metals	Raiffeisen Centrobank	AT0000A0GV77	Indexzertifikat	Open End
RTS Consumer & Retail	RBS	DE000AA0KEH3	Indexzertifikat	Open End
RTS Industry	RBS	DE000AA0KEJ9	Indexzertifikat	Open End
RTX Energy	Raiffeisen Centrobank	AT0000A0GV93	Indexzertifikat	Open End

Abbildung 94: Auflistung verschiedener Branchenzertifikate für Russland
(Quelle: Raiffeisen Centrobank, RBS, DWS)

Die Auswahl ist nicht gigantisch und jeder DAX-Investor oder US-Anleger wird sich vor Lachen den Bauch halten. Aber dies sind eben die jungen Emerging Markets. Dafür ist die Produktpalette für Russland schon fortschrittlich.

So können Anleger, die nicht in Einzelwerte investieren wollen, gut diversifiziert auf bestimmte Boombranchen setzen und sind nicht, wie in Indien oder Brasilien, auf die großen Indizes angewiesen. Und wie immer beim russischen Markt bieten selbst solche einfachen Branchenzertifikate explosive langfristige Chancen.

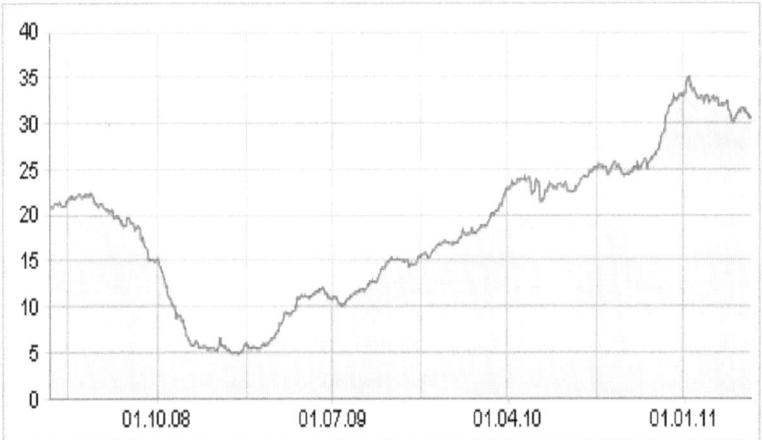

Abbildung 95: Kursentwicklung eines Branchenzertifikats für Russlands Konsumsektor
(Quelle: Bigcharts.com)

Im ETF-Bereich ist die Luft jedoch noch dünn. Denn die pfiffigen US-Emittenten haben aufgrund der Geografie neben Asien eine höhere Affinität zu Lateinamerika. Osteuropa ist für die amerikanischen Anleger zu weit weg. In Europa ist es übrigens umgekehrt. Trotzdem hinken die deutschen Emittenten den Amis in dieser Entwicklung hinterher.

Eine echte Stärke des russischen Marktes ist die hohe Anzahl an Aktien. Die Anlage in Einzelaktien ist bekanntlich die Königsdisziplin der Anlage. Wer hier seine Hausaufgaben macht, dem winken in den Emerging Markets gewaltige Gewinnchancen. Dafür braucht man jedoch ein dementsprechendes Angebot an Werten.

Das bietet der russische Markt. Die Auswahl an Aktien aus verschiedenen Branchen ist in Russland so groß wie unter den BRIC-Staaten ansonsten nur in China. Auch kein anderes osteuropäisches Land bietet eine derartig große Aktienvielfalt. Das gilt vor allem für Anleger, die vor Ort in Russland handeln können.

Natürlich liegt der Schwerpunkt auf dem Rohstoffsektor, aber über Einzelaktien können in Russland auch die Karten anderer Branchen und

Trends, wie der Konsum, von Anlegern problemlos ausgespielt werden. Auch die Investmentmöglichkeiten in Nebenwerte sind breit gefächert.

Aber: Man kann das Steak drehen und wenden, wie man will – die Gefahr, sich mit Einzelaktien am russischen Grill zu verbrennen, ist überdurchschnittlich hoch. Das gilt vor allem für Nebenwerte. Dafür erhält man in Russland auch Gewinnchancen, die man in Europa mit der ganz großen Sherlock-Holmes-Lupe suchen muss. Denn russische Werte gehören traditionell zu den günstigsten Aktien der Welt. Hier ist es keine Seltenheit, dass Sie in Korrekturphasen selbst Weltkonzerne wie Lukoil oder Gazprom mit KGVs von 5 oder 6 einsammeln können. Kein anderes BRIC-Land bietet so günstige Bewertungen wie Russland.

Der Grund ist natürlich der hohe Risikoabschlag, den internationale Anleger für russische Aktien einpreisen (vor allem in Krisenzeiten). Dies liegt in der historisch verankerten Vorsicht der Börsianer vor der russischen Politik und der Wirtschaftsentwicklung (Öl-Abhängigkeit) begründet.

Unternehmen	Branche	Land	ISIN	KGV 2011
Lukoil	Öl	Russland	US6778621044	6
Exxon Mobil	Öl	USA	US30231G1022	11
Sberbank	Finanzen	Russland	RU0009029540	9
HSBC	Finanzen	Großbritannien	GB0005405286	12
Mobile Tel.	Telekom	Russland	US6074091090	4
Dt. Telekom	Telekom	Deutschland	DE0005557508	12

Abbildung 94: Auflistung verschiedener Branchenzertifikate für Russland
(Quelle: Raiffeisen Centrobank, RBS, DWS)

Zudem sind die Volatilitäten an der russischen Börse so extrem hoch, dass Anleger nur bereit sind, mit hohen Risikoprämien zu investieren (in Form von niedrigen Bewertungen). Aber genau das bietet die exorbitanten Chancen. In Krisenzeiten erreichen die Risikoprämien oftmals abstruse Ausmaße, als ob am morgigen Tag ganz Russland zusammenbräche. In diesen Baissephasen, die an der Börse immer wieder auftauchen, bekommen Sie selbst russische Standardaktien zu Schnäppchenpreisen.

Auf der anderen Seite schmelzen die Risikoprämien in Phasen politischer Ruhe und wirtschaftlichen Wachstums in Windeseile ab und katapultieren die Aktienkurse nach oben.

Fazit

Neben China ist Russland fraglos mit weitem Abstand der Kapitalmarkt unter den großen Schwellenländern, zu dem deutsche Anleger den besten und einfachsten Zugang haben. Die Anzahl der Anlagemöglichkeiten, von Fonds über ETFs und Zertifikate bis zu Einzelaktien, ist riesig. Besonders spannend macht Russland das große Angebot an Aktien. Zudem ist Russland einer der ganz wenigen Märkte, wo es schon ein erweitertes Spektrum an Branchenzertifikaten gibt (auch wenn diese, gemäß der Struktur der russischen Wirtschaft, noch sehr rohstofflastig sind).

8.3 Indiens Kapitalmärkte

Indien ist das am wenigsten weit entwickelte BRIC-Land. Dieser Entwicklungsstand spiegelt sich auch in den Anlagealternativen wider. Für kein BRIC-Land sind die Investmentmöglichkeiten für ausländische Anleger noch so limitiert wie für das Land der Fakire.

Das ist umso verwunderlicher, da die indische Börse zu den ältesten Börsen der Welt gehört. Tatsächlich wurde die Bombay Stock Exchange schon im Jahr 1875 gegründet und ist mit über 6000 gelisteten Unternehmen hinter den USA der zweitgrößte Kapitalmarkt der Welt.

Neben der Bombay Stock Exchange (BSE) gibt es auch noch die konkurrierende National Stock Exchange (NSE). Die ältere und deutlich größere BSE überschattet jedoch die NSE. Trotzdem sind beide Börsen wichtig, da jede einen eigenen Leitindex hat. Der Index der NSE hört auf den dynamische Namen „Nifty 50".

Wesentlich bekannter ist jedoch der Leitindex der BSE namens „Sensex 30", der sich inzwischen international als der Benchmarkindex für den indischen Aktienmarkt durchgesetzt hat. Wie der Name schon sagt, beinhaltet der Sensex-Index die 30 größten indischen Aktien (während der Nifty aus den 50 größten indischen Werten besteht).

Da sich beide Indizes aber fast identisch entwickeln, spielt es kaum eine Rolle, auf welchen Index Sie setzen – ganz anders als in Russland. Hier können Sie wahlweise in den Indien-Index investieren, auf den es das strukturierte Produkt mit den besten Konditionen gibt, bei Fonds oder ETFs spielt es ja sowieso keine Rolle.

Abbildung 97: Kursentwicklung des Sensex 30 und des Nifty 50

(Quelle: tradesignal-online.com)

Den historischen Hintergrund für den schwierigen Zugang zu Indiens Kapitalmärkten für Ausländer hatte ich Ihnen bereits im Länderportrait erörtert: Indiens Wirtschaft und Gesellschaft ist geprägt von seiner Historie der unbedingten Unabhängigkeit und einer möglichst geringen Einflussnahme aus dem Ausland.

Dies zeigt sich eben leider auch an der Börse. Der indische Kapitalmarkt ist stark reglementiert und für ausländische Investoren nur begrenzt zugänglich. Das Bild wird nicht besser, wenn man alternativ an die westlichen Kapitalmärkte schaut: Für keinen anderen großen Emerging Market gibt es so wenige Aktien, die an ausländischen Börsen gelistet sind.

Die Branchenvielfalt der gelisteten Aktien ist eigentlich gut. Von Autobauern und Banken über Hightech-Konzerne und Internetfirmen bis zu Infrastrukturwerten und Pharmaunternehmen – für fast alle Branchen gibt es Aktien von indischen Unternehmen. Aber eben immer nur zwei oder drei Aktien.

Die größte Vielfalt finden Anleger in den Branchen IT und Finanzen. Bei fast allen Werten handelt es sich jedoch um Blue Chips. Der Zugang zu kleineren Nebenwerten ist für Ausländer, quer durch alle Branchen, selbst heute leider noch kaum möglich.

Rang	Unternehmen	ISIN	Branche	Indexgewichtung
1	Reliance	US7594701077	Öl & Gas	11,3 %
2	Infosys Tech.	US4567881085	High Tech	10,4 %
3	ICICI Bank	US45104G1040	Finanzen	8,0 %
4	Larsen & Toubro	USY5217N1183	Bau	6,2 %
5	ITC	USY4211T1145	Konsum	6,0 %

Abbildung 98: Die Aktien-Schwergewichte der indischen Börse
(Quelle: Bombay Stock Exchange)

Als Folge investieren fast alle Indien-Anleger immer in die gleichen 10 bis 20 Aktien. Es gibt einfach nicht genug Anlagealternativen. Also fließt das Kapital zwangsläufig in die wenigen Papiere. Das ist einer der entscheidenden Gründe, warum die großen indischen Aktien traditionell immer teuer sind.

Die historische KGV-Spanne bei indischen Aktien liegt zwischen 12 auf der Unterseite und 18 auf der Oberseite. Aufgrund der hohen Wachstumsdynamik der indischen Unternehmen und der gewaltigen Zukunftsperspektiven sind Anleger bereit, derartige Bewertungen zu bezahlen.

Deshalb ist Indien traditionell immer eine der teuersten Börsen in ganz Asien. Der Schlüssel für Indien-Investments ist deshalb, nicht auf irgendwelche Schnäppchenkurse mit Bewertungen wie in Russland zu warten. Vielmehr lautet die Strategie: Wenn sich indische Aktien in einer Korrektur der unteren Spanne der historischen Bewertungen nähern, steigt man ein.

Unternehmen	ISIN	Branche	erwartetes KGV 2011	erwartetes KUV 2011
Dr. Reddy	US2561352038	Pharma	24,7	3,5
HDFC Bank	US40415F1012	Finanzen	25,2	3,8
ICICI Bank	US45104G1040	Finanzen	20,9	2,3
Infosys Tech.	US4567881085	High Tech	26,8	6,6
Wipro	US97651M1099	High Tech	28,8	4,9

Abbildung 99: Die Börsenbewertung verschiedener indischer Blue Chips
(Quelle: Eigenes Research, Yahoo Finance)

Lassen Sie sich in solchen Phasen nicht davon schocken, dass die Bewertungen dann im innerasiatischen Vergleich immer noch teuer erscheinen. Entscheidend ist die historische Bewertung – sie zeigt wesentlich besser an, ob indische Aktien dann teuer oder (für indische Verhältnisse) attraktiv bewertet sind. Aktuell notiert die indische Börse übrigens eher am oberen Ende der klassischen Bewertungsspanne.

Da Anlagen in indische Aktien so schwierig und die Anlagemöglichkeiten so limitiert sind, bilden ETFs, Fonds und Zertifikate den klassischen Investmentweg in das Land der Fakire. Hier gibt es zahlreiche Anlageprodukte von den verschiedensten Emittenten. Die Zertifikate bilden meistens nur die großen Indizes „Sensex 30“ und „Nifty 50“ ab.

Produkte auf spezielle Branchen sucht man meist noch vergebens. Immerhin tut sich bei den amerikanischen ETF-Anbietern aber einiges. Hier gibt es bereits erste Produkte, mit denen Anleger beispielsweise in indische Nebenwerte investieren können (wenn auch noch nicht branchenübergreifend, sondern einzelne Trendmärkte).

Fazit

Der indische Kapitalmarkt vereint für ausländische Investoren eigentlich genau das, was man an der Börse nicht sehen will: begrenzten Zugang, wenige Anlagealternativen und hohe Bewertungen.

Die indische Börse ist ein wenig wie das schönste Mädchen der Schule: Sie hat alle Eigenschaften, die man(n) eigentlich nicht ausstehen kann: Sie ist eingebildet, zickig und vielleicht auch noch dumm – aber, meine Güte noch mal, sie sieht gut aus …

Die mittel- bis langfristigen Aussichten für das Land sind so gigantisch, dass wir mit diesen Nachteilen einfach leben müssen. Denn nicht in Indien investiert zu sein, ist für weitsichtige Anleger einfach keine Option. Da die Investitionsmöglichkeiten für Indien sowieso von wenigen Blue Chips dominiert werden, können Sie in diesen Markt auch über ETFs, Zertifikate oder Fonds investieren (wobei ETFs und Zertifikate meistens deutlich günstiger sind).

8.4 Chinas Kapitalmärkte

Es mag Anleger verwundern – vor allem in Anbetracht der sehr skeptischen Berichterstattung westlicher Medien über die Kontrolle und die Einflussnahme von Chinas politischer Führung auf die Kapitalmärkte und die Wirtschaft. Aber China bietet von allen vier BRIC-Ländern die größte Vielfalt an Anlagemöglichkeiten für ausländische Investoren (gefolgt von Russland).

Irgendwie verrückt: Ausgerechnet das kommunistische BRIC-Land China verfügt über den besten Kapitalmarkt für ausländische Investoren. Ähnlich wie in Russland gibt es am chinesischen Kapitalmarkt ebenfalls eine Vielzahl von verschiedenen Aktienindizes. Das liegt in der Historie der chinesischen Börse und deren Regulierungen für Ausländer begründet.
Die bekanntesten China-Indizes sind der HSI, HSCEI (Hang Seng China Enterprise Index), der Shanghai Composite Index, der Shenzhen Composite und der CSI 300 Index. Der Shanghai Composite und der CSI 300 Index spiegeln die Entwicklung der chinesischen Inlandsaktien wider.

Platz	Unternehmen	ISIN	Branche	Indexgewichtung
1	China Constr. Bank	CNE1000002H1	Finanzen	10,0 %
2	Bank of China	CNE1000001Z5	Finanzen	9,9 %
3	ICBC	CNE1000003G1	Finanzen	9,7 %
4	China Life	CNE1000002L3	Finanzen	9,2 %
5	PetroChina	CNE1000003W8	Öl & Gas	8,4 %

Abbildung 100: Die Aktien-Schwergewichte des HSCEI

(Quelle: Hang Seng Indexes Company)

Der HSCEI setzt sich hingegen aus chinesischen Unternehmen zusammen, die an der Börse Hongkong gelistet sind – den so genannten H-Aktien. Das Konzept der H-Aktien, durch die auch Nichtchinesen Aktien von chinesischen Unternehmen kaufen konnten, wurde 1993 entwickelt. Der Index feierte am 8. August 1994 seine Geburt. Fast alle großen chinesischen Blue-Chip-Werte sind im HSCEI enthalten.

Dann gibt es noch den Hang Seng Index (HSI), der ausschließlich aus Unternehmen aus Hongkong besteht und damit der Leitindex für die Sonderverwaltungszone und ehemalige britische Kolonie ist. Der HSI ist also nicht das Gleiche wie der HSCEI. Mit dem HSI investieren Sie in Hongkong und mit dem HSCEI in Mainland China.

Abbildung 101: Vergleich der Kursentwicklung des HSI und des HSCEI

(Quelle: tradesignal-online.com)

Investmenttipp

Ein interessanter, weil ungewöhnlicher Index ist der China Equity Growth Index von Investmentlegende Jim Rogers. Der Querdenker und antizyklische Börseninvestor Jim Rogers verlässt sich nicht auf die etablierten, bekannten China-Indizes.

Genau wie er im Rohstoffsektor mit der Entwicklung seines eigenen Rohstoff-Index neuartige Wege ging (er gewichtet die vorher vernachlässigten Edelmetalle und Agrarrohstoffe deutlich höher), kreierte Rogers auch für chinesische Aktien einen eigenen Index.

Jim Rogers bevorzugt in China ebenfalls anstelle des breiten Marktes spezielle Trends und einzelne Branchen, die in den Augen von Herrn Rogers langfristig besonders große Chancen haben. So setzt der China-Index von Rogers gezielt auf 20 bis 30 Werte aus sieben Branchen, die er langfristig für besonders aussichtsreich hält:

Agrarbranche, Bildung, Energie, Gesundheit & Pharma, Immobilien, Tourismus und Transport. Bekannte Sektoren wie Telekom oder Finanzen suchen Sie vergebens. Damit bietet dieser Index eine interessante Anlegeralternative zu den herkömmlichen China-Indizes. Zertifikate für diesen Index werden exklusiv von der Royal Bank of Scotland angeboten.

Aber die Börse wäre nicht die Börse, wenn es nicht noch komplizierter ginge. Als würden Anlegern nach diesen Unterscheidungen nicht schon die Köpfe rauchen wie nach einer Runde Scrabble auf Japanisch, wird die Indexwelt für China-Aktien noch komplexer. Denn es gibt verschiedene Kategorien an Aktien – das sogenannte „chinesische Aktienalphabet".

Da gibt es H-Aktien, A-Aktie, B-Aktien, L-Aktien, N-Aktien und S-Aktien. Meine Güte, wenn man das so liest, denkt man sich als einfacher Anleger zuerst: „Ein 1000-Teile-Puzzle von dem Foto einer weißen Wand ist leichter zu lösen als die Anlagemöglichkeiten für China."

Aber dieses Buch ist dafür da, Ihnen die Welt der BRICs einfach und verständlich zu erklären. Also los: Das ganze chinesische Aktienalphabet stammt noch aus alten Zeiten der 80er- und 90er-Jahre und hat sich eigentlich überlebt (mit Ausnahme der A-Aktien).

Die Buchstaben haben zwei Funktionen: Die Abkürzungen beschreiben entweder die Börse, an der die Aktie gelistet ist, oder welche Investoren die Aktie kaufen dürfen. Das war es schon. Der ganze aufwendige Schnickschnack beschreibt eigentlich nichts anderes als diese zwei Punkte.

Das Konzept des „chinesischen Aktienalphabets" geht auf die frühen 90er-Jahre zurück. Um die Kapitalströme in China zu kontrollieren und zu verhindern, dass die chinesischen Bürger ihr Kapital aus China ins Ausland verschieben, dürfen Chinesen nur in bestimmte Aktien investieren.

Das war jahrelang die Kategorie der A-Aktien. Bei den A-Aktien handelt es sich um chinesische Unternehmen, die bei den Inlandsbörsen Shanghai und Shenzhen gelistet sind. Aber natürlich wollte die chinesische Regierung auch ausländisches Kapital nach China holen.

Deshalb wurden 1993 die Segmente der B-Aktien und der H-Aktien geschaffen. Bei den H-Aktien handelt es sich um Werte, die an der Börse Hongkong notieren. Bei B-Aktien handelt es sich um chinesische Aktien, die wie A-Aktien an den beiden Inlandsbörsen gehandelt werden.

Der Unterschied zu den A-Aktien: In B-Aktien durften anfangs nur ausländische Anleger investieren. So versuchte die chinesische Regierung, den eigenen Aktienmarkt in kontrollierter Art und Weise für ausländische Investoren zu öffnen. Im Jahr 2001 öffnete die chinesische Regierung die B-Aktien aber auch für chinesische Investoren. Heute können also sowohl Ausländer als auch Chinesen B-Aktien handeln.

Allerdings ist es für ausländische Investoren immer noch kaum möglich, in A-Aktien zu investieren. Zwar wurde die Exklusivität der A-Aktien für chinesische Investoren Anfang des Jahrtausends gelockert, aber ausländische Anleger können nur unter bestimmten Auflagen in A-Aktien investieren.

Unter „S-Aktien“ versteht man Werte, die an der Börse in Singapur gelistet sind. Das „L“ steht für den Börsenplatz „London“ und „N“ für „New York“. Inzwischen gibt es auch einige chinesische Unternehmen mit einem Erstlisting an den deutschen Börsen. Aber bis auf den Holzhersteller Asian Bamboo war noch keine wirkliche Erfolgsgeschichte darunter.

Abbildung 102: Entwicklung von Asian Bamboo seit dem Börsengang in Deutschland
(Quelle: Bigcharts.com)

Die eigentlich entscheidende Frage lautet für Sie als Anleger also: Welchen Börsenplatz wollen Sie für Ihre China-Investments wählen? Denn die einzelnen Börsenplätze unterscheiden sich in ihren Regularien und Anforderungen an die dort gelisteten Unternehmen.

Zudem gibt es gravierende Unterschiede in den Aktienbewertungen und der Liquidität, mit der die China-Aktien gehandelt werden. Bei der Auswahl des richtigen Börsenplatzes sollten Anleger darauf achten, wo die Aktien mit der höchsten Liquidität gehandelt werden und wo die günstigsten Bewertungen zu finden sind.

Abbildung 103: Daniel Wilhelmi vor der Shanghai Stock Exchange (Quelle: Claudine Mischel)

Auch die Zahl der ETFs, Hebelprodukte und Zertifikate (von einfachen 1:1-Zertifikaten bis zu Bonus- oder Kapitalschutzzertifikaten) ist schon sehr groß und wächst ständig weiter. Die Auswahl an Investmentprodukten ist in China so groß, dass sowohl konservative als auch spekulative Anleger problemlos die passende Anlageform finden.

Genau wie bei Russland müssen Anleger aber auch bei ETFs, Zertifikaten und der riesigen Anzahl an Fonds genau auf die Performance achten. Denn aufgrund der verschiedenen Indizes, welche die jeweiligen Produkte als Benchmark verwenden, unterscheiden sich die Performances ganz gewaltig.

Name	ISIN	Emittent	Performance 1 Jahr	Performance 3 Jahre
Shanghai B Shares	NL0000162071	RBS	+19,9 %	-4,5 %
MSCI China	GB00B24Q279	Morgan Stanley	+15,2 %	+4,1 %
FTSE Xinhua China 25	DE000GS0CCW7	Goldman Sachs	+12,0 %	-2,5 %
CSI 300	DE000AA1DEWS	RBS	+10,1 %	---
HSCEI	DE0006859648	RBS	+9,8 %	+0,6 %
A-Shares	DE000DB0RCA3	Deutsche Bank	-2,1 %	-33,4 %

Abbildung 104: Performance von Indexzertifikaten auf verschiedene China-Indizes
(Quelle: Eigenes Research, RBS; Onvista, Cortal Consors)

Für Anleger, die direkt in einzelne Aktien investieren wollen, ist der chinesische Markt ein wahres Paradies. Für China gibt es mit Abstand die höchste Zahl an Aktien, die für deutsche Investoren ohne größere Probleme zugänglich sind – also über Börsenplätze in Deutschland, London oder den USA.

Vor allem die Börse in Hongkong ist ein Schlaraffenland für China-Investoren. Viele Aktien, die dort gehandelt werden, sind auch in Deutschland gelistet. Aber die Umsätze sind an den deutschen Börsen oft minimal. Gerade Anleger mit größeren Investmentbeträgen sollten deshalb direkt in Hongkong ordern.

Als wären diese Möglichkeiten noch nicht gut genug, wird die Liste der handelbaren Aktien immer länger. Denn in keinem BRIC-Land werden seit einigen Jahren so viele Börsengänge vollzogen wie in China.

Allein 36 chinesische Unternehmen feierten im Jahr 2010 ihr Börsendebüt an den US-Börsen. Im Jahr 2009 waren es noch fünf chinesische Firmen. Aber auch hier bestätigte sich wieder, dass Anleger unbedingt ihre Hausaufgaben machen müssen. Denn die Performance der Börsenneulinge variierte im vergangenen Jahr doch sehr stark.

Name	US-Börsenkürzel	IPO-Datum	Performance
HiSoft Technology	GSFT	29.06.2010	+202 %
Yoku.com	YOKU	07.12.2010	+174 %
China Electric Motor	CELM	28.01.2010	+1 %
Sky-mobil	MOBI	13.12.2010	-40 %
China Hydroelectric	CHC	24.01.2010	-50 %
A-Shares	DE000DB0RCA3	Deutsche Bank	-2,1 %

Abbildung 105: Performance verschiedener chinesischer IPOs an US-Börsen im Jahr 2010
(Quelle: istockanalyst.com)

Chinesische Aktien, die in den USA gelistet sind, stellen in der Tat eine spannende Alternative im Bereich der Einzelaktien dar. Besonders große Chancen (und damit auch große Risiken) bieten dabei vor allem die zahlreichen Micro-Caps (Marktkapitalisierung bis 250 Millionen US-Dollar), Small Caps (bis 1 Milliarde US-Dollar) und Mid Caps (bis 2 Milliarden US-Dollar).

Hier finden Anleger einige der günstigsten China-Aktien weltweit. Viele China-Aktien werden in den USA derzeit mit Kurs-Gewinn-Verhältnissen unter 10 gehandelt – echte Schnäppchenpreise also.

Aber: Diese günstigen Bewertungen haben auch ihren Grund. Im Jahr 2009 und 2010 gab es einige üble Skandale um dubiose chinesische Unternehmen. Obwohl die Unternehmen je nach Börsenlisting verpflichtet sind, Geschäftsberichte vorzulegen, die deutlich strikter sind als an vielen chinesischen Börsen, gab es einige schwere Betrugsfälle.

Ich rate Ihnen, sich mit den Skandalen von Rino (US-Kürzel-RINO) und China Education Alliance (US-Kürzel-CEU) zu befassen. Mehr Informationen über diese Betrugsfälle finden Sie beispielsweise im Internet unter *www.kerrisdalecap.com* (klicken Sie dann auf den Unterpunkt „Investments“).

Wenn Sie den Report zu China Education Alliance lesen, werden Ihnen die Haare zu Berge stehen. Aber ich möchte Sie damit nicht abschrecken. Zumal wir im Westen wahrlich nicht mit dem anschuldigenden Zeigefinger auf die Emerging Markets zeigen können. Ich sage nur „Enron", „Maydorf" oder „Neuer Markt". Sie wissen schon: Glashaus und so ...

Investmenttipp

Jede Krise bietet cleveren und umsichtigen Anlegern mit Weitblick bekanntlich auch die größten Chancen. Die Skandale um einige richtig schwarze Schafe unter den chinesischen Nebenwerten haben dafür gesorgt, dass China-Aktien an den US-Börsen so „tot" sind wie die Gesangskarriere von David Hasselhoff. Das gilt aber auch für die erstklassigen Unternehmen und bietet tolle Kaufchancen.

Diese Warnung soll Sie daran erinnern, dass Sie bei der Anlage in den Emerging Markets immer Ihre Hausaufgaben machen müssen. Das gilt ganz besonders für Einzelwerte aus dem Nebenwertesegment. Hier liegen Licht und Schatten dicht beieinander.

Aber wer seine Hausaufgaben macht, dem bieten sich dementsprechend gigantische langfristige Investmentchancen im Reich der Mitte. Denn derzeit sind chinesische Aktien so günstig bewertet wie seit Jahren nicht mehr. Noch vor drei Jahren kauften Börsianer mit Kusshand China-Aktien mit KGVs von 40 und mehr.

Heute hat sich das Bild komplett gedreht. Nachdem China im Jahr 2010 völlig out war, obwohl die Unternehmen und damit die Volkswirtschaft weiter kräftig gewachsen sind, verbilligten sich chinesische Aktien immer weiter. Chinesische Aktien sind damit heute so günstig wie seit Jahren nicht mehr.

Fazit

China bietet für jeden Investor und jede Anlagestrategie hervorragende Investmentmöglichkeiten. Hier gibt es unzählige spannende Einzelwerte, aussichtsreiche Branchenzertifikate und eine Vielfalt an ETFs oder Fonds. Besonders große Chancen bieten sich den Anlegern in Einzelaktien.

Der chinesische Markt ist neben dem russischen für spekulative Anleger der spannendste Markt: Denn die Zahl der kleinen Nebenwerte ist riesig. Zudem können Anleger Werte aus allen Branchen (mit Ausnahme der Rüstungsindustrie) kaufen und so die wichtigen Trendmärkte ideal besetzen.

9 Wie Sie in die BRIC-Staaten investieren können

simplified

Das Risiko ist eine edle Sache.
(Russisches Sprichwort)

Eines ist klar: Noch nie waren die Anlagemöglichkeiten in die Emerging Markets für ausländische Anleger so groß, vielfältig und chancenreich wie heute. Sicherlich haben Anleger, die jetzt in die Welt der Schwellenländer und vor allem der BRIC-Länder investieren, schon die ersten Stufen des bedeutenden Aufstiegs verpasst.

Aber dafür haben Sie heute wesentlich bessere Möglichkeiten, um in Brasilien, Russland, Indien, China und auch kleinere Emerging Markets zu investieren, als noch vor 15 oder 20 Jahren. Als ich an der Börse anfing, da gab es einige Schwellenländerfonds, die man nur mit horrenden Ausgabeaufschlägen kaufen konnte, und einige Blue-Chip-Aktien aus den Emerging Markets. Das war's.

Das klingt nach einer Zeit, in der sich Menschen noch mit Fellen bekleideten und das Rad gerade erfunden wurde – aber tatsächlich spreche ich von der zweiten Hälfte der 90er-Jahre – das ist also gerade mal gut 15 Jahre her.

Seitdem hat die Anlagewelt für die Emerging Markets eine ähnlich fundamentale Veränderung vollzogen wie die dortigen Realwirtschaften. Die Anlagemöglichkeiten im Aktienbereich sind in den vergangenen Jahren genauso explosionsartig gewachsen wie die Wirtschaften der Schwellenländer.

Das gilt vor allem für die vier Flaggschiffe der Emerging Markets, die BRICs. Die Zahl der Fonds, ETFs und Zertifikate auf die Emerging Markets und die BRICs ist inzwischen so groß geworden, dass man sie nicht mal mehr vollständig überblicken kann.

So ziemlich jede Bank oberhalb der Kreissparkasse einer unterfränkischen Kleinstadt hat inzwischen ein eigenes Produkt für die (angeblich immer perfekte) Anlage in die Schwellenländer. Von den inzwischen Hunderten von Zertifikaten und Tausenden von Einzelaktien ganz zu schweigen.

Es gibt auch noch weitere Bereiche, um von dem Aufstieg der BRICs zu profitieren. Allen voran der Devisenhandel, der Immobilienhandel und die Anlage in Anleihen (Staats- und Unternehmensanleihen). Wir fokussieren hier jedoch auf die Aktienanlage. Denn das ist der Anlagebereich, über den die meisten Privatanleger in die BRICs investieren werden.

9.1 Betongold in den BRICs – Die sichere Investition ist nicht ohne Risiko

Der Immobiliensektor ist in den Emerging Markets langfristig sehr aussichtsreich. So gibt es in Brasilien ein Angebotsdefizit an Wohnimmobilien von über fünf Millionen Einheiten. Von derartigen boomenden Nachfragen träumt die US-Immobilienbranche. Der treibende Faktor sind dabei natürlich die wachsenden Mittelschichten.

Dazu kommt in den Emerging Markets eine Entwicklung, die ich „Immobilien 2.0" nenne. Denn mit den steigenden Einkommen erhöhen sich die Ansprüche der Mittelschicht. Sie wollen bessere und größere Wohnungen haben als die „Sardinenbüchsen" in den zahllosen hässlichen, aber effizienten Wohnhochhäusern.

Das bedeutet: Die Emerging Markets werden nach dem ersten Bauboom, bei dem einfach nur möglichst viel Wohnraum geschaffen wurde, einen zweiten Bauboom für anspruchsvollere Immobilien erleben. Diese Entwicklung wird Jahre dauern. Zusammen mit der ohnehin steigenden Nachfrage werden die Immobiliensektoren auf Jahre ein Boomsektor bleiben.

Aber: Wenn Sie durch Großstädte wie Shanghai fahren, dann sehen Sie andererseits auch ganze Geisterstraßen mit unendlich vielen Wohnhäusern, wo kein einziges Licht brennt – weil sie leer stehen. Das ist die Schattenseite des Booms. Immobilien gelten zwar als sichere Anlage, doch gerade in den Emerging Markets sind die Risiken nicht zu unterschätzen.

Vor allem in den BRIC-Städten der zweiten und dritten Reihe. Und da müssen Sie wirklich ganz genau wissen, was Sie tun, oder exzellente Kontakte vor Ort haben. Es gibt nur wenige Anlageformen, mit denen Investoren häufiger Geld verlieren als mit Immobilien im Ausland. Das gilt umso mehr, wenn diese Immobilien am anderen Ende der Welt stehen (wenn sie denn überhaupt tatsächlich irgendwo stehen, wenn Sie diese mal besichtigen möchten ...).

Eine bessere Alternative sind Fonds, ETFs oder Zertifikate auf Aktien von Immobilienunternehmen, die in dem jeweiligen BRIC-Land aktiv sind. Da haben Sie dann zwar ein Aktienrisiko – und nicht das eigentliche „Betongold", an dem Immobilieninvestoren ja interessiert sind. Aber immerhin kaufen Sie sich so Expertise vor Ort ein (hoffentlich zumindest), an die Sie sonst kaum rankommen. Oder können Sie mir eben schnell sagen, welche Immobilienmärkte in Russland besonders gute Aussichten haben und welche Stadtteile von Mumbai im Kommen sind? Der Vorteil von Immobiliengesellschaften ist deren Kompetenz in den jeweiligen Märkten und vor allem deren Kontakte. Denn in den Emerging Markets sind die richtigen Kontakte alles. Ganz Besonders im Immobiliensektor.

9.2 Devisen: Aussichtsreich, aber noch nicht gut genug handelbar

Bei den Devisen wird sich in den kommenden Jahren sicherlich viel tun. Denn derzeit ist lediglich der russische Rubel für deutsche Anleger, die keine Devisenexperten sind, gut handelbar. Es gibt vereinzelte strukturierte Produkte auf den chinesischen Yuan oder den brasilianischen Real.

Aber das Angebot ist viel zu klein, um vernünftig und seriös in diesen Devisen handeln zu können. Anleger, die tatsächlich mit Emerging-Markets-Devisen handeln wollen, finden in anderen Auslandswährungen –

wie beispielsweise dem südafrikanischen Rand – oder den zentralosteuropäischen Währungen (zum Beispiel polnischer Zloty oder tschechische Krone) wesentlich umfassendere und damit attraktivere Angebote.

Die Chancen bei den BRIC-Währungen sind fraglos vorhanden – so ist eine Aufwertung des Yuan so sicher wie der Fakt, dass der nächste Gewinner von „Deutschland sucht den Superstar" auch wieder ein Flop werden wird …

Aber noch sind die Investmentmöglichkeiten in diesem Sektor einfach zu limitiert. Da gibt es alternativ im Aktienbereich ein vielfach größeres Investmentspektrum. Durch das große Angebot reduziert sich das Risiko. Gleichzeitig sind jedoch die Chancen teilweise sogar noch größer als am Devisenmarkt. Damit tauchen wir nun direkt ins Thema ein.

9.3 Fonds – Klassiker und Basisinvestment

Die Fondsanlage ist der Klassiker unter den Anlageformen für die Emerging Markets und die BRICs. Der Fonds ist ein bisschen wie der geringelte Rollkragenpullover, den man als Kind im Winter in die Schule anziehen musste – nicht wirklich „cool", aber ein grundsolides Kleidungsstück, das warm hielt.

Mit solchen Pullis kriegte man zwar nicht die schönsten Mädchen in der 6. Klasse zum Pausenknutschen hinter die Turnhalle … aber dafür war einem im Pulli nie kalt und er erfüllte damit seine Aufgabe zufriedenstellend. Fonds bieten also gute Investmentchancen in den BRICs.

Im langfristigen Zeitfenster sind die Chancen teilweise sogar sehr gut. Aber herausragende Performances werden mit anderen Anlagen erzielt. Denn nur die wenigsten Fonds schaffen eine langfristig signifikante Outperformance gegenüber den BRIC-Börsen. Dafür sind die Risiken durch die Diversifikation niedriger. Somit sind Fonds eine ideale Basisanlage.

Name	Fonds-gesellschaft	ISIN	Ausgabe-aufschlag	Management-gebühr
Templeton BRIC A	Franklin Templeton Invest.	LU0229945570	5,00 %	1,60 %
UBS Equity Brazil B	UBS Fund Serv.	LU0286682959	5,00 %	2,34 %
Baring Hong Kong China A	Baring Fund Man.	IE0000829238	5,00 %	1,25 %
Pioneer FDS Russia Stock	Pioneer Invest.	AT0000668264	5,00 %	2,00 %
HSBC GIF India Equity A	HSBC Invest.	LU0164881194	5,54 %	1,50 %

Abbildung 106: Auflistung verschiedener Fonds für die BRICs

(Quelle: Cortal Consors)

Inzwischen gibt es eine endlose Zahl an Fonds, die sich mit dem Thema BRIC beschäftigen oder gezielt in einzelne Regionen (Asien, Lateinamerika oder Osteuropa) beziehungsweise in einzelne BRIC-Länder investieren. Die Anzahl ist so groß geworden, dass die Vielfalt inzwischen schon einen fast kontraproduktiven Level erreicht hat. Denn dadurch wird es schwerer, die wirklichen High Flyer unter den Fonds herauszufiltern. Und die gibt es. Es sind aber eben nur einige wenige Fonds. Wichtig ist für Sie: Die Performanceunterschiede zwischen einzelnen Fonds sind teilweise gigantisch! Sie sollten deshalb auf gar keinen Fall blind auf die Fondsempfehlung Ihres Bankberaters vertrauen.

Name	Fonds-gesellschaft	ISIN	Performance 1 Jahr	Performance 3 Jahre
GAM Star China Equity	GAM FD Management	IR00B1W3WR42	+28,5 %	+75,7 %
JYSKE Invest Chinese Equ.	Jyske Invest Fund Management	DK0016262801	+20,1 %	+1,4 %
JF China A	JP Morgan Asset Management	LU0051755006	+17,5 %	-9,9 %
Parvest Equity China C	Parvest/BNP Paribas	LU0154242225	+7,4 %	-23,9 %

Abbildung 107: Performanceunterschiede verschiedener China-Fonds

(Quelle: Cortal Consors)

Vielmehr sollten Sie verschiedene Fonds für die BRIC-Region oder für ein spezielles Land unbedingt hinsichtlich ihrer Performance vergleichen. Ansonsten verschenken Sie unnötig Geld. Ich sage Ihnen voraus: Ihnen werden die Haare zu Berge stehen, wenn Sie hörenwelche Performanceunterschiede es zwischen den verschiedenen Fonds gibt, die eigentlich alle in das gleiche Land investieren.

9.4 ETFs – Exchange Traded Funds

Eine immer populärere Alternative zu den klassischen Fonds und Indexzertifikaten sind die Exchange Traded Funds, kurz ETFs genannt. Wenn man den Titel auseinandernimmt, dann wird die Struktur hinter ETFs sofort klar. Bei einem ETF handelt es sich um einen passiv gemanagten Fonds („Funds“), der aber an der Börse wie eine Aktie gehandelt wird („Exchange Traded“, auf Deutsch: „börsengehandelt“).

In Deutschland werden ETFs deshalb auch „Indexaktien“ genannt. ETFs spiegeln einen Index, eine Indexgruppe oder einen festgelegten Basket aus Aktien einer bestimmten Branche wider. Gleichzeitig können ETFs aber so problemlos gehandelt werden wie Aktien. Denn es gibt kontinuierliche Kursstellungen und keine Ausgabeaufschläge wie bei Fonds.

Da die meisten Fonds ihre Vergleichsindizes sowieso nicht outperformen, bieten ETFs, die einen Index einfach nur nachbilden, eine echte Anlagealternative. Denn die Aktienzusammenstellungen sind oftmals in beiden Fällen ähnlich, aber die ETFs sind deutlich günstiger und eben besser zu handeln.

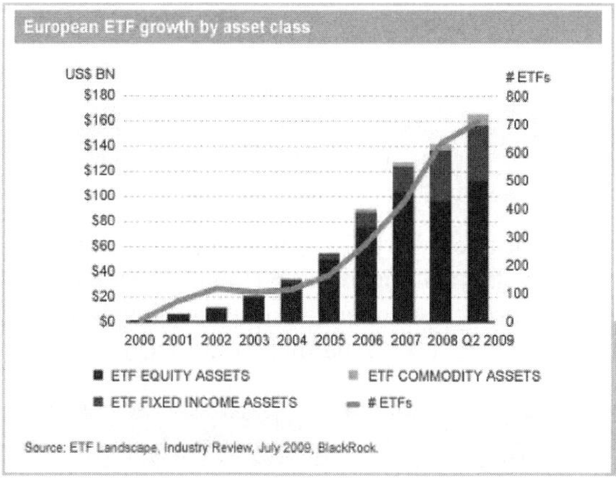

Abbildung 108: Entwicklung des verwalteten Vermögens in europäischen ETFs

(Quelle: iShares)

Daher erfreuen sich ETFs unter institutionellen und privaten Anlegern immer größerer Beliebtheit. Der Siegeszug der ETFs in der weltweiten Investmentlandschaft ist wahrlich beeindruckend. Noch vor gut fünf Jahren hielten Börsianer in Deutschland ETFs für einen neuen Fernsehsender - heute sind ETFs aus den Depots nicht mehr wegzudenken.

Inzwischen gibt es eine Vielzahl an ETFs auf die verschiedensten Emerging Markets. Allerdings beziehen sich die ETFs der deutschen Emittenten meistens auf die großen Länderindizes, wie die Länderserien der Indexanbieter Dow Jones oder Morgan Stanley Capital International (MSCI).

Name	Fondsgesell-schaft	ISIN	Ausgabe-aufschlag	Verwaltungs-gebühr p. a.
iShares MSCI Brazil	iShares	DE000A0HG2M1	---	0,74 %
Market Access DAXglobal Russia Index Fund	RBS	LU0269999958	---	0,70 %
db x-tracker S&P CNX Nifty ETF	Deutsche Bank	LU0292109690	3,00 %	0,65 %
CS ETF on MSCI Russia	Credit Suisse	IE00B5VG7J94	---	0,32 %

Abbildung 109: Auflistung verschiedener ETFs für die BRICs
(Quelle: Cortal Consors)

Clevere Anleger schauen sich auch die ETFs von amerikanischen Emittenten an. Diese können an den US-Börsen problemlos gehandelt werden. Hier gibt es bereits wesentlich spannendere ETFs auf die Emerging Markets und die dort stattfindenden wirtschaftlichen Entwicklungen.

Name	Emittent	ISIN	Ausgabe-aufschlag	Verwaltungs-gebühr p. a.
Russland				
HSBC GIF Russia Equity	HSBC	LU0329931090	5,54 %	1,75 %
CS ETF on MCSI Russia B	Credit Suisse	IE00B5V87390	---	0,52 %
Indien				
DWS India	DWS	LU0068770873	5,00 %	2,00 %
Lyxor ETF MSCI India	Lyxor Int. Asset Management	FR0010361683	---	0,85 %
China				
JF China A	JP Morgan Asset Manag.	LU0051755006	5,00 %	1,50 %
ETFlab MSCI China	ETFlab Invest.	DE000ETFL326	---	0,65 %

Abbildung 110: Kostenvergleich verschiedener ETFs und Fonds für BRIC-Länder
(Quelle: Cortal Consors, Deutsche Börse)

Die Vorteile von ETFs sind für Investoren im wahrsten Sinn des Wortes „bares Geld" wert: Durch die wegfallenden Ausgabeaufschläge und die niedrigeren Verwaltungsgebühren (oftmals nur die Hälfte gegenüber Fonds und Zertifikaten) sparen Anleger richtig viel Geld.

Zudem können Anleger ETFs über den ganzen Börsentag hinweg zu den aktuellen Marktpreisen kaufen und verkaufen. Dadurch lassen sich Kursschwankungen wesentlich besser ausnutzen, was deutliche Performancesteigerungen bieten kann.

9.5 Zertifikate & Derivate - Die Spezialisten für Ihr Investment

Inzwischen hat sich auch das Spektrum der spekulativen Optionsscheine und Hebelzertifikate auf Indizes und Einzelwerte aus den BRICs deutlich erweitert. Durch die ständig steigende Zahl der Produkte und der Basiswerte aus den BRIC-Staaten verbessern sich auch die Eckdaten der Produkte (zum Beispiel sinken die Spreads).

Trotzdem: Optionsscheine und Hebelprodukte auf Emerging Markets sind nur etwas für echte Profis oder Adrenalinjunkies. Und wir sprechen hier nicht von der Art Adrenalin, die man beim Schwimmen ohne Badekappe kriegt. Sondern das sind die Leute, die sich zum Sonntagsbad auch ein paar Piranhas in die Badewanne kippen. Denn die Emerging Markets sind bereits sehr volatil. Auf derartige Kursschwankungen auch noch mit einem Hebel zu spekulieren, bietet zwar immense Chancen, aber die Risiken sind gewaltig. Bedenken Sie: Ein Hebel von fünf oder zehn greift nicht nur, wenn der Basiswert ansteigt - sondern auch, wenn er fällt.

Bei Aktien aus den Emerging Markets sind Wochenschwankungen von 10 Prozent normal. Da können Sie sich an einer Hand abzählen, was das für Risiken beinhaltet. So schnell können Sie gar nicht „verkaufen" in den Telefonhörer brüllen, wie der Optionsschein abschmiert, wenn sich der Basiswert gegen Sie entwickelt. Für Beginner sind Hebelprodukte deshalb tabu.

9.6 Einzelwerte – Die Königsdiziplin der Emerging-Markets-Investments

Die größten Chancen (Derivate ausgenommen) und gleichzeitig die größten Risiken bieten sich Anlegern natürlich bei Investments in einzelne Aktien. In keiner anderen Region der Welt werden Sie mehr Aktien mit dem Potenzial für echte Tenbagger (Aktien mit einem Steigerungspotenzial von 1000 Prozent) finden als in den Emerging Markets. Nicht in Deutschland. Nicht in den USA und schon gar nicht in Japan. Das Land der aufgehenden Sonne hat richtig große Probleme. Da sind Sie als Investor besser beraten, Ihr Geld in Sushi anzulegen. Da haben Sie zumindest noch einen guten Geschmack im Mund, wenn Ihr Geld weg ist …

Nein, die überragenden Chancen unserer Zeit finden sich in den Emerging Markets. Hier werden weitsichtige Anleger in den kommenden Jahren und Jahrzehnten die größten Gewinne machen. Vor allem mit gezielten Investments in Einzelaktien.

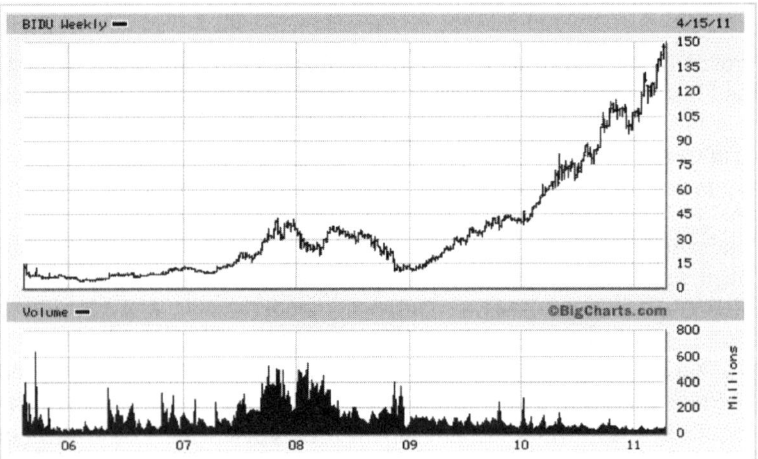

Abbildung 111: Kursentwicklung des chinesischen Internetriesen Baidu.com

(Quelle: Bigcharts.com)

Das Besondere daran: Die gewaltigsten Potenziale bieten natürlich kleine Nebenwerte aus der zweiten und dritten Reihe. Aber: Selbst größere Werte und Blue Chips bieten teilweise heute noch gewaltige Chancen. Wenn Sie bei großen Blue-Chip-Werten geduldig Korrekturen abwarten, können Sie selbst mit Standardwerten noch Verdoppler und Verdreifacher erzielen.

Es gibt vor allem zwei Gründe, die für Investments in Einzelwerte sprechen:

1. So haben Sie die Chance, in die Nebenwerte und in die ganz kleinen Small- und Micro-Cap-Unternehmen aus den BRICs zu investieren (Marktkapitalisierung unter 500 Millionen US-Dollar). An diese Unternehmen kommen Sie mit reinen Fonds- oder ETF-Investments sonst so gut wie gar nicht ran. Dabei bietet gerade der Nebenwertesektor für gut informierte, risikobewusste Anleger die mit Abstand größten Anlagechancen in den Emerging Markets.
2. Zudem haben Sie über Einzelinvestments die Chance, ganz gezielt in bestimmte Branchen und Sektoren oder in bestimmte Trends zu investieren. So können Sie diese im Depot höher gewichten, als es mit allgemeinen Fonds oder ETFs möglich ist. Einige Trends, wie beispielsweise der Bildungssektor oder die Gesundheitsbranche, sind bisher noch überhaupt nicht über strukturierte Produkte zugänglich. Hier können Sie nur über Einzelinvestments mit dabei sein.

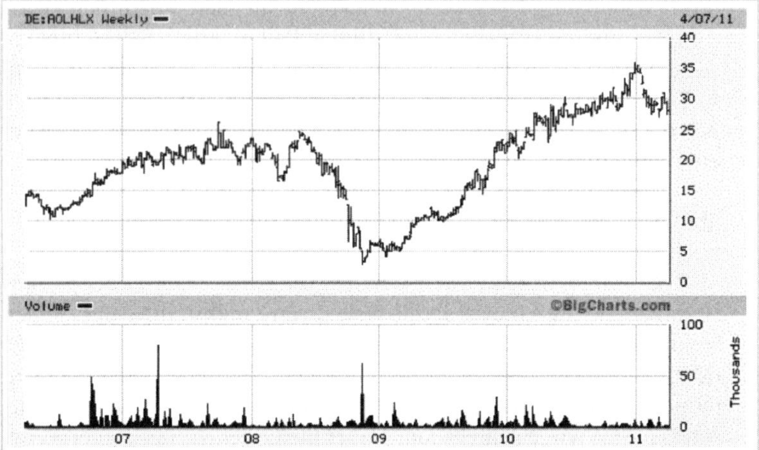

Abbildung 112: Kursentwicklung des russischen Einzelhändlers X5 Retail

(Quelle: Bigcharts.com)

Dafür sind natürlich auch die Risiken höher. Deshalb heißt es ja „Königsdisziplin". Sie müssen die Entwicklungen der Werte (charttechnisch wie fundamental) konstant verfolgen und sich unbedingt an Limits und Stoppkurse halten. Sonst kann es schnell eine böse Überraschung geben.

Einzelinvestments bieten Ihnen die Chance, Ihre BRIC-Investments anhand Ihrer individuellen Risikobereitschaft und Branchenpräferenz zusammenzustellen. Sie sind dann nicht an die vorgegebenen Rahmenbedingungen der großen Indizes gebunden. Zudem bieten viele Emerging-Markets-Unternehmen hohe Dividendenrenditen. Gerade für Langfristanleger ergibt sich über die Jahre ein bedeutender Zusatzgewinn.

9.7 Mit Investments aus der alten Welt von der neuen Welt profitieren

Für konservative Anleger oder Investoren, die ihre Gelder nicht direkt in die risikoreicheren Schwellenländer investieren wollen, gibt es noch einen weiteren Weg, wie sie von dem Aufstieg der Emerging Markets und der BRICs profitieren können.

Nämlich über Investments in amerikanische, deutsche oder europäische Weltkonzerne, die bereits einen Großteil ihrer Umsätze in den Emerging Markets machen. Damit profitieren Sie ebenfalls vom Boom der Schwellenländer – ohne die Risiken einer direkten Anlage in den Emerging Markets.

Aber ganz so einfach, wie sich diese Strategie anhört, ist sie nicht. Anleger müssen auch bei der Auswahl der internationalen Konzerne ganz genau hinschauen. Sie dürfen sich nicht von den absoluten Zahlen über die Umsätze in den Emerging Markets oder von den Wachstumsraten blenden lassen.

Entscheidend ist vielmehr, wie hoch der Anteil der Emerging-Markets-Geschäfte an den Gesamtumsätzen ist. Was nützt ein Unternehmen, dessen Umsätze aus den Emerging Markets seit Jahren zweistellig wachsen, wenn diese Einnahmen absolut betrachtet nur 10 Prozent des Gesamtumsatzes ausmachen?

Es gibt heute jedoch schon zahlreiche westliche Konzerne, die 30, 40 oder sogar über 50 Prozent ihrer gesamten Umsätze in den Emerging Markets erzielen. Ein Beispiel für einen westlichen Weltkonzern, der überdurchschnittlich stark von dem Wachstum der Emerging Markets profitiert, ist der niederländische Konsumgüterhersteller Unilever.

Der Produzent von weltweit bekannten Marken wie Bifi, Knorr, Langnese, Rama oder Axe und Dove erwirtschaftet inzwischen bereits fast 50 Prozent seiner Umsätze in den Schwellenländern.

Nestlé erzielt bereits über 40 Prozent seiner Umsätze in den Emerging Markets. Bei Unternehmen wie L'Oréal, LVMH oder Siemens liegen die Umsatzanteile aus den Schwellenländern bereits über 30 Prozent. Selbst ein Luxuskonsum-Unternehmen wie Porsche erwirtschaftet gut 20 Prozent der Umsätze in Asien und Co.

Wie immer in der Börsenwelt hat auch diese Investmentstrategie ihre zwei Seiten. Eine der Schwächen dieser Strategie ist, dass Anleger nicht zu 100 Prozent an dem Aufstieg der Emerging Markets teilhaben. Selbst bei Unilever machen die Umsätze aus den Schwellenländern eben nur die Hälfte des Geschäftes aus. Man kann diese Anlagevariante auch als „Emerging Markets light" bezeichnen.

Der große Vorteil dieser Strategie ist, dass Anleger in globale Konzerne investieren, die jedoch nicht in den Emerging Markets beheimatet sind. Ihre Produktionsstätten liegen nicht exklusiv in den Schwellenländern, die wesentlich unsicherere juristische und politische Systeme als Länder aus Nordamerika oder Westeuropa besitzen.

Zudem erhalten Anleger über diese westlichen Konzerne wesentlich bessere Informationen. Das sind echte Vorteile gegenüber direkten Investments in Schwellenländer-Unternehmen. Wobei Anleger auch hier genau vergleichen müssen. Denn inzwischen gibt es auch in den Emerging Markets zahlreiche Weltkonzerne.

Diese Firmen gehören zu den größten Unternehmen der Erde, sie agieren längst global und ihre Produktionsanlagen und Besitztümer (beispielsweise Ölfelder) liegen nicht mehr ausschließlich im Heimatland. Diese Unternehmen sind zwar in den Schwellenländern beheimatet, aber in Wirklichkeit genauso internationale Weltkonzerne wie ihre westlichen Konkurrenten.

Dem Standortvorteil von westlichen Unternehmen, die einen Großteil ihrer Geschäfte in den Emerging Markets machen, stehen zudem auch einige besondere Risiken gegenüber. Zu den „kleineren" Risiken gehören Probleme wie Produktpiraterie. Das wirkliche Risiko ist jedoch, dass diese Konzerne immer noch ausländische Firmen in den Emerging Markets sind.

Damit sind sie den Risiken von Strafzöllen, politischen Machtspielen und vor allem einem Revival des Protektionismus ausgesetzt. Egal wie groß der Firmenname ist – niemand kann garantieren, dass die Regierungen in einzelnen Schwellenländern ausländische Firmen nicht massiv benachteiligen oder sogar die Marktzugänge verwehren, wenn es zu einer De-Globalisierung kommen sollte und die Regierungen ihre eigenen Wirtschaften schützen.

Unternehmen	ISIN	Branche	Herkunftsland	Marktkapitalisierung
BMW	DE0005190003	Automobil	Deutschland	45,4 Mrd. USD
HSBC	GB0005405286	Finanzen	Großbritannien	199,1 Mrd. USD
LVMH	FR0000121014	Luxusartikel	Frankreich	75,7 Mrd. USD
Nike	US6541061031	Kleidung	USA	39,8 Mrd. USD
Sony	JP3435000009	Consumer Electronic	Japan	35,0 Mrd. USD
Unilever	NL0000009355	Konsumartikel	Niederlande	93,1 Mrd. USD

Abbildung 113: Blue Chips aus Industrieländern mit populären Brand Names in den Emerging Markets
(Quelle: Eigenes Research)

Die beste Strategie, um diese Risikofaktoren zu minimieren, lautet: Setzen Sie auf Unternehmen mit einem extrem populären Produkt und etabliertem Brand Name. Oder auf Firmen mit Technologien, die nur schwer kopierbar, aber unverzichtbar sind.

Beispiele für Produkte aus den Industrieländern, die in den Schwellenländern hohe Popularität besitzen, sind beispielsweise Coca-Cola aus den USA, die Premium-Automarken aus Deutschland oder Sony aus Japan.

9.8 Mit Investments in Rohstoffe von der neuen Welt profitieren

Eine weitere clevere Möglichkeit, von dem Aufstieg der BRICs und der Emerging Marktes zu profitieren, sind Investments in Rohstoffe. Sie investieren also nicht direkt in die Schwellenländer, sondern indirekt über

Rohstoffe. Denn durch die wachsenden Volkswirtschaften und den zunehmenden Wohlstand wird die Nachfrage nach Rohstoffen in China, Indien und Co. in den kommenden Jahren und Jahrzehnten immer weiter wachsen. Folglich werden Rohstoffinvestments an Wert gewinnen.

Damit können Anleger am Wachstum der BRICs und der anderen Schwellenländer mitverdienen, ohne sich den Risiken von Aktieninvestments auszusetzen. Dafür sollten Sie allerdings beachten, dass Sie sich den individuellen Risiken der Rohstoffmärkte aussetzen.

Informieren Sie sich also umfangreich über den Rohstoffsektor, bevor Sie einsteigen. Wenn Sie denken, dass „Contango" und „Backwardation" zwei neue Tänze aus Brasilien sind, sollten Sie sich erst tiefer in die Welt der Rohstoffe einarbeiten.

Es gibt vier Kategorien von Rohstoffen:

> Die Industriemetalle wie Kupfer, Nickel, Blei oder Aluminium (auch „Basismetalle" genannt)
> Die Energierohstoffe wie Öl, Gas, Kohle oder Uran
> Die Edelmetalle wie Gold, Silber und Platin
> Die Agrarrohstoffe, deren Spektrum von den Getreidesorten wie Mais oder Weizen bis zu Schweinefleisch oder Orangensaft reicht.

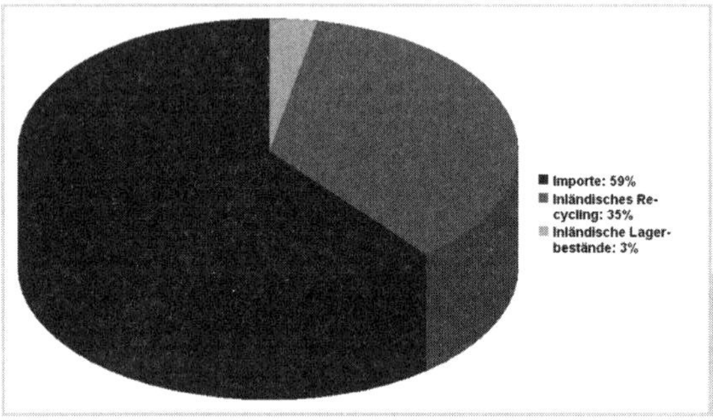

Abbildung 114: Ursprung des verbrauchten Altkupfer in China in 2009
(Quelle: Bloomberg)

Anleger, die vor allem von dem wirtschaftlichen Aufschwung der BRICs und der Emerging Markets profitieren wollen, sollten bei dieser Strategie besonders auf die Industriemetalle oder die Energierohstoffe setzen. Diese Rohstoffe sind für die Wirtschaft so unentbehrlich wie für den Menschen die Luft zum Atmen.

Auf der anderen Seite können Investoren von dem defensiven Trend der wachsenden Weltbevölkerung über steigende Agrarpreise profitieren. Mit der unaufhaltsam wachsenden Bevölkerung in China, Indien und Co. steigt auch die Nachfrage nach Nahrungsmitteln unaufhaltsam. Gleichzeitig gehen die weltweiten Anbauflächen aber immer weiter zurück.

Die Agrarrohstoffe bieten zudem auch eine Möglichkeit, an dem steigenden Wohlstand der Menschen in den Emerging Markets, und natürlich vor allem in den bevölkerungsreichen BRIC Ländern, zu profitieren. Denn mit zunehmendem Wohlstand ändert sich auch das Ernährungsverhalten der Menschen. Die Menschen wechseln zu höherwertiger Nahrung. Damit werden Rohwaren wie Kakao, Rindfleisch oder Orangensaft eine immer weiter steigende Nachfrage erleben.

Eine weitere Möglichkeit, an dem Aufstieg der Mittelschicht teilzuhaben, sind übrigens die Energierohstoffe. Denn durch den steigenden Wohlstand werden die Haushalte in China, Brasilien oder Indien in den kommenden Jahren auch immer mehr Strom verbrauchen.

Nun haben die Menschen dort das Geld, um sich endlich einen Kühlschrank, ein Fernsehgerät oder einen Computer leisten zu können. All das braucht Strom. Deshalb wird der private Stromverbrauch in den Emerging Markets in den kommenden Jahrzehnten unaufhaltsam ansteigen – und das ist gut für die Energierohstoffe.

Ganz zu schweigen von den steigenden Autozahlen. Immer mehr Autofahrer bedeutet auch immer mehr Benzinverbrauch, was Wasser auf die Mühlen des Ölpreises ist. Sie erkennen den Kreislauf: All diese Entwicklungen werden zu steigenden Rohstoffpreisen führen – womit Rohstoffanleger also indirekt am Boom der BRICs partizipieren.

simplified

10 Wie Sie die BRICs in Ihr Depot einbauen

Der Wissende weiß und erkundigt sich,
aber der Unwissende weiß nicht einmal,
wonach er sich erkundigen soll.
(Indisches Sprichwort)

Wie hoch der Anteil der Emerging Markets in ihrem Depot sein soll, ist eine der meistgestellten Fragen, die ich von Anlegern höre. Leider kann ich darauf nie eine wirklich zufriedenstellende Antwort geben. Denn die gibt es nicht.

Ich wünschte, ich könnte eine brillante Dalai-Lama-Weisheit anbringen, die mich klug und smart aussehen lassen würde. Etwas wie „Öffne der Veränderung deine Arme, aber verliere dabei deine Werte nicht aus den Augen." (Zitat seiner Heiligkeit, des 14. Dalai Lama, Tenzin Gyatso)

Aber das geht in diesem Fall eben nicht. Denn jede Frage über den Aufbau und die Struktur von Depots basieren immer auf der individuellen Risikobereitschaft und den Renditezielen des einzelnen Anlegers. Am Ende sind Sie immer selbst für Ihren Depotaufbau verantwortlich. So sollte es auch sein, denn es ist schließlich Ihr Geld.

Es gibt Investoren wie mich, die eine extrem hohe Gewichtung der Emerging Markets in ihren Depots haben (Gewichtung über zwei Drittel im Gesamtdepot). Denn ich bin davon überzeugt, dass der Aufstieg der Schwellenländer die historische Investmentchance unserer Generationen ist.

Auf der anderen Seite gibt es Anleger, die Schwellenländer lieber deutlich untergewichten, indem sie beispielsweise eher in deutsche, europäische oder amerikanische Standardwerte investieren, die teilweise auch in den Emerging Markets aktiv sind.

So wollen sie mit möglichst niedrigem Risiko von dem einmaligen Wandlungsprozess der Schwellenländer zu Industrieländern profitieren. (In derartige Depots werden die Emerging Markets meist unter 10 Prozent gewichtet.)

Welcher Prozentsatz für das eigene Depot ideal ist, das muss jeder Anleger selbst erkennen. Aber es gibt einige Anhaltspunkte, die Ihnen helfen könnten. Nämlich die Anlagestrategien von Börsianern, die nachweislich langfristig erfolgreich an den Kapitalmärkten waren und sind.

Und hier ist interessant, dass sich die Einschätzung der Börsengurus und Kapitalmarkt-Stars in den letzten Jahren deutlich zugunsten der Emerging Markets gewandelt hat. Selbst Warren Buffett, ein überzeugter Value-Investor mit US-Schwerpunkt, investiert inzwischen Milliarden in chinesische Unternehmen (wie Petrochina oder BYD).

Investor-Legende Marc Faber sprach in einem Interview mit dem US-Wirtschaftssender CNBC am 18. März 2010 aus, was viele Anleger mit Know-how in den Emerging Markets längst denken.

Angesprochen auf die Frage, wie hoch man die Schwellenländer heute in seinem Depot gewichten sollte, antwortete Faber, der alles andere als ein blinder Optimist ist: „Sie sollten 50 Prozent ihres Geldes in den Emerging Markets haben.“

Abbildung 115: Daniel Wilhelmi und Marc Faber bei der „Kapitalanleger-Tagung" 2008 (Quelle: Daniel Wilhelmi)

Wie hoch Sie letztendlich die Emerging Markets auch gewichten – den Kern der Emerging-Markets-Investments sollten die vier BRIC-Staaten bilden. Ob Anleger dabei lieber auf Fonds, Zertifikate, ETFs oder doch auf Einzelwerte setzen – das bleibt jedem Anleger je nach seinem persönlichen Risikoprofil selbst überlassen.

Grundsätzlich gilt natürlich: Je größer die Diversifizierung, desto niedriger das Risiko. Als Basis bieten sich deshalb Länderfonds, Indexzertifikate oder ETFs an. Beispielsweise kann der Anleger mit einer breiten Diversifikation in die groß kapitalisierten Blue Chips der jeweiligen Länder investieren.

Eine Alternative bieten auch spezielle BRIC-Fonds oder BRIC-Zertifikate, die gleichzeitig in alle vier Schwellenländer investieren. Der Vorteil: So können Investoren, die nur wenig Kapital für Emerging-Markets-Anlagen haben, trotzdem gleichzeitig auf alle vier BRICs setzen.

Diese BRIC-Produkte haben also einen Markt und damit ihre Berechtigung. Wenn ein Anleger beispielsweise nur 1000 Euro in die BRIC-Staaten investieren möchte, dann ist er mit einem BRIC-Produkt deutlich besser aufgehoben, als wenn er 250 Euro in vier Länderfonds investieren würde. Denn diese Käufe sind aufgrund der dann anfallenden Gebühren viel zu unattraktiv.

Name	Produkt	Emittent	ISIN	Ausgabeaufschlag/ Verwaltungsgebühr p. a.
iShares FTSE BRIC 50	ETF	iShares	DE000A0HG2M1	--- / 0,74 %
Templeton BRIC A	Fonds	Franklin Templeton	LU0229945570	5,00 % / 1,60 %
Invest BRIC Plus	Fonds	DWS	LU0210301635	5,00 % / 1,50 %
BRIC Nifty 50	Zertifikat	Goldman Sachs	DE000GS3PL58	--- / 1,20 %
BRIC 11 Basket	Zertifikat	RBS	NL0000833408	--- / 1,25 %

Abbildung 116: Auflistung verschiedener BRIC-Produkte

(Quelle: Eigenes Research)

Der Nachteil: Diese „All-in-one"-BRIC-Produkte beinhalten deutlich weniger Aktien der einzelnen BRIC-Staaten als die jeweiligen Fonds für einzelne BRIC-Länder. Das ist logisch: Schließlich muss ein BRIC-Fonds ja nicht nur ein, sondern gleich vier Länder auf einmal abdecken.

Dementsprechend setzen diese Fonds und Zertifikate meistens nur auf die 5 bis maximal 15 größten Werte aus Brasilien, Russland, Indien und China. Bei vier Ländern ergeben sich selbst dann schon Portfolios mit 20 bis 60 Werten.

Ich persönlich bevorzuge deshalb Länderfonds, -ETFs oder -zertifikate, die sich jeweils nur auf ein einzelnes BRIC-Land konzentrieren. Hier hat der Anleger am Ende mehr Werte aus dem jeweiligen Land im Depot und sichert sich damit bessere Chancen, an der Börsenentwicklung des jeweiligen Landes teilzuhaben.

Zudem können Sie Ihre Investments besser aktiv steuern. Je nach den Entwicklungen in Brasilien, Russland, Indien und China können Sie so in den einzelnen BRIC-Staaten Übertreibungsphasen an den jeweiligen Börsen besser zu Gewinnmitnahmen nutzen.

Oder Sie nutzen auf der anderen Seite eine Baissebewegung einer BRIC-Börse gezielt zum Ausbau neuer Positionen. Diese Chancen haben Sie bei den BRIC-Produkten, wo Sie immer alle vier Länder auf einmal kaufen, eben nicht.

Name	Produkt	Emittent	ISIN	Verwaltungsgebühr p. a.
Brasilien	iShares MSCI Brazil	iShares	DE000A0HG2M1	0,74 %
Russland	Market Access DAXglobal Russia	RBS	LU0269999958	0,65 %
Indien	Lyxor ETF MSCI India	Lyxor	FR0010361683	0,85 %
China	ComStage ETF HSCEI	Commerzbank	LU0488316992	0,55 %

Abbildung 117: Auflistung verschiedener ETFs für die BRIC-Länder
(Quelle: Cortal Consors, Deutsche Börse)

Ob „All-in-one"-BRIC-Produkte oder Derivate auf einzelne Länder – diese strukturierten Anlageprodukte, welche breit diversifiziert in die großen Werte der BRICs investieren oder deren Leitindizes spiegeln (im Fall der meisten ETFs), bilden die Basis für jedes ausgewogene Emerging-Markets-Aktiendepot.

Diese Basisanlagen sind sozusagen die „Pflicht" Ihres Depots. Jetzt kommt die „Kür": In diesem Schritt setzen Anleger dann auf die BRIC-Basisinvestments weitere Investments in kleinere Emerging Markets, wie beispielsweise die „Next-11-Länder", Einzelwerte oder bestimmte Trendmärkte oder Boombranchen obendrauf.

Je nach eigenem Risikoprofil kann es sich bei diesen Ländern oder Einzelwerten um spekulative bis sehr spekulative Investments oder um risikoärmere Werte mit größeren Marktkapitalisierungen handeln. Die Kirsche auf der Sahnetorte sind dann Investments in kleine, hochspekulative Nebenwerte.

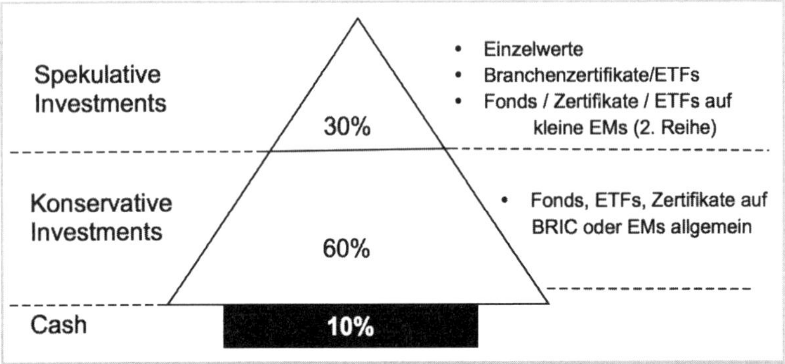

Abbildung 118: Allgemeiner Aufbau für ein Emerging Market Depots
(Quelle: Eigenes Research)

„Das klingt ja alles schön und gut. Aber dieses allgemeine theoretische Geschwafel lese ich immer wieder. Was bedeutet das nun für meine Anlage genau?", werden jetzt vielleicht einige von Ihnen sagen. Kein Problem. Ihr Wunsch ist mir Befehl (tiefer Verbeuger, bis ich einen Schmerz in der Bandscheibe spüre).

Im Folgenden stelle ich Ihnen vor, wie verschiedene Depotversionen aussehen könnten (und ich betone hier das Wort „könnten"). Dies sind keine Empfehlungen oder Anleitungen, sondern eher

10.1 Das Kleinanleger-Depot

Beginnen wir mit dem Kleinanleger-Depot. Darunter verstehe ich Depots, wo der Emerging-Markets-Anteil unter 5000 Euro liegt. Zuerst möchte ich auf einen entscheidenden Anlagefehler von Kleinanlegern eingehen.

Wenn Sie nur diesen einen Tipp aus diesem Buch verinnerlichen, dann wird sich der Kauf dieses Buches für Sie nicht in Gold aufwiegen lassen. Bevor Sie jetzt sagen: „Der Wilhelmi macht aber ganz schön dicke Backen für jemanden, der Fan des 1. FC Köln ist …", lesen Sie zuerst, worauf ich hinaus will.

Die meisten Kleinanleger haben folgenden Gedanken: „Weil ich nicht so viel Kapital zur Verfügung habe, muss ich eine höhere Performance mit meinen Positionen erzielen, damit ich überhaupt richtig Gewinn mache“. So weit, so gut. Aber wir wissen, dass höhere Gewinnchancen auch höhere Risiken bedeuten.

Dementsprechend tendieren Kleinanleger dazu, viel zu hohe Risiken einzugehen. Sie springen auf jede neue, heiße „1000-Prozent-Chance“ – immer auf der Jagd nach der ultrahohen Rendite in möglichst kurzer Zeit, damit sich der „niedrige“ Einsatz schnell in eine große Anlagesumme verwandelt.

Das ist falsch!

Wenn Sie wenig Kapital haben, müssen Sie dieses unbedingt schützen. Sie dürfen nicht besonders hohe Risiken eingehen. Im Gegenteil: Sie müssen die Risiken minimieren. Da Kleinanleger wenig Kapital haben (und verlorenes Kapital oft nicht durch frisches Kapital ersetzen können), sind Verluste schwerer zu verkraften als für Investoren mit viel Kapital.

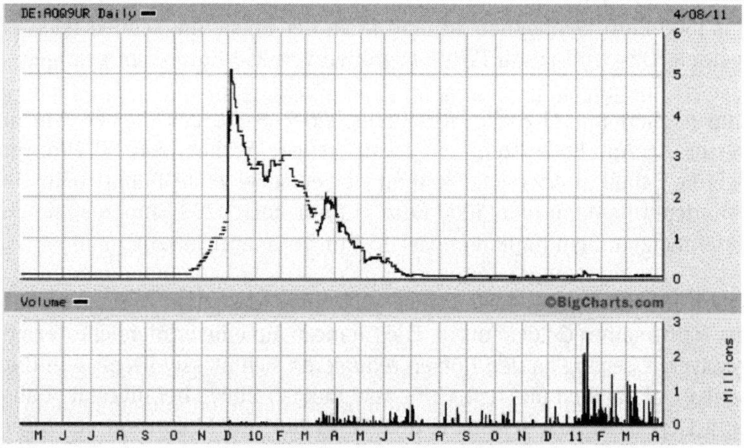

Abbildung 119: Kursverlauf von West African Mining, einer angeblich „superheißen Aktie“
(Quelle: Bigcharts.com)

Ein Beispiel: Investor A besitzt ein 20.000-Euro-Depot und folgt dem berühmt-berüchtigten „heißen Tipp“. Er investiert 1000 Euro in einen spekulativen Öl-Explorer. Nennen wir den Explorer „Abzocker Resources“, der angeblich in Süd-Ost-West-Sibirien auf ein potenziell gigantisches Ölfeld gestoßen ist. (Leider stellt sich das angeblich fantastische Ölfeld später als Luftnummer heraus – wer hätte es gedacht.)

Der Investor muss die Aktie am Ende mit einem Verlust von 80 Prozent verkaufen. Er hat anfangs 5 Prozent seines Depots in die ultraspekulative Abzocker Resources gesteckt. Das ist eigentlich schon viel zu viel. Bei derartig spekulativen Werten sollten Anleger eher 1 bis maximal 2 Prozent als Positionsgröße anvisieren.

Aber der realisierte Verlust von 800 Euro ist für sein Depot am Ende doch zu verkraften. Denn der Gesamtverlust für sein Depot beträgt 4 Prozent. Das ist ärgerlich, aber kein Genickbruch. Investor A hat weiterhin genug Liquidität, um am Markt zu agieren.

Nun kommen wir zu Kleinanleger B mit einem 5000-Euro-Depot. Eine Positionsgröße von 5 Prozent entspricht gerade mal 250 Euro. Das ist natürlich viel zu wenig. Also erhöht Kleinanleger B die Position ebenfalls auf 1000 Euro. Schließlich ist man ja an der Börse, um schnell reich zu werden. Das wird ja mit Positionsgrößen von 250 Euro nicht gelingen.

Ihm passiert mit Abzocker Resources leider genau das Gleiche wie Investor A: Am Ende steht ein frustrierender Verlust von 80 Prozent. Schöne Scheiße. Aber jetzt kommt der entscheidende Punkt! Sein Gesamtdepot ist damit von 5000 Euro auf nur noch 4200 Euro zusammengeschmolzen. Sein Kapital ist um 16 Prozent eingebrochen.

Wenn Kleinanleger B dieses Spiel noch zwei Mal passiert, dann ist fast die Hälfte seines Geldes futsch. Die Chancen auf eine erfolgreiche Vermögensvergrößerung an den Börsen reduzieren sich massiv. Denn sein Börsenkapital hat sich fast halbiert. Ganz anders sieht es bei Investor A aus: Sein Depot hat sich selbst bei drei Flops nur um 12 Prozent verringert und er verfügt damit weiterhin über großen Handlungsspielraum.

Die Moral von der Geschichte lautet: Wenn Sie wenig Kapital haben, dann müssen Sie dieses Kapital besonders gut schützen. Denn Sie haben weniger davon. Das bedeutet nicht unbedingt, dass Sie auf Chancen gänzlich verzichten müssen. Aber es bedeutet, dass Sie Risiken so gering wie möglich halten müssen.

Für Kleinanleger muss an allererster Stelle immer der Kapitalerhalt stehen. Erst danach kommt dann der schrittweise Vermögensaufbau. Genau das Gegenteil der Strategie, die Kleinanleger leider in der Realität immer anwenden (nämlich besonders hohe Risiken einzugehen).

Damit bieten sich für Kleinanleger beispielsweise gut diversifizierte Garantiezertifikate von Top-Emittenten an. Derartige Zertifikate gibt es inzwischen von zahlreichen Emittenten sowohl auf die BRICs als auch auf einzelne BRIC-Staaten. Eine Alternative ist auch ein breit gestreuter ETF oder ein Fonds, aber die besitzen nicht die Kapitalgarantie der Garantiezertifikate.

Eine Möglichkeit wäre ein kleines, aber eben sehr feines und gut gesichertes Depot aus einem BRIC-Garantiezertifikat (zum Beispiel über 2000 Euro) und zwei Länder oder Regionen-Garantiezertifikaten (jeweils 1000 Euro). Dann bleiben noch 1000 Euro übrig, mit denen man mehr Power in dieses Depot bringen kann.

Beispielsweise durch ein Investment in ein Branchenzertifikat für einen Megatrend, wie Solar, Umwelt oder Konsum, oder in einen Nebenwerte-Fonds/ETF für eines der BRIC-Länder.

10.2 Das konservative Depot

Zuerst mal ein Kompliment an Sie. Als konservativer Investor trotzdem den Weitblick zu haben, die Chancen in den Emerging Markets zu erkennen – dazu gehört was. Die Frage lautet nun natürlich: Wie kann man diese fraglos historischen Chancen am besten nutzen, wenn man gleichzeitig das Risiko so niedrig wie möglich halten will?

Als Kerninvestment bieten sich für Sie neben den bereits beschriebenen Garantiezertifikaten oder Fonds und ETFs internationale Blue-Chip-Werte an, die aus den Industrieländern kommen, aber bereits bedeutende Umsatzanteile in den Emerging Markets machen.

Etablierte, traditionsreiche und qualitativ erstklassige Unternehmen wie Adidas, Procter&Gamble oder Siemens gehören schon seit Dekaden zu den Marktführern in ihren Sektoren. Zudem sind sie international bestens aufgestellt und erzielen bereits bedeutende Umsätze in den Emerging Markets.

Eine interessante Alternative aus Asien: Japanische Export-Blue-Chips wie der Consumer-Electronic-Riese Sony. Was kaum jemand im Westen weiß: Der Exportriese Japan ist einer der geheimen Gewinner des entstehenden Mega-Binnenmarktes in Asien (angeführt von China und Indien).

Denn in den asiatischen Emerging Markets sind Produkte von anerkannten Brand Names, wie Sony, besonders heiß begehrt. Tatsächlich kommen heute bereits gut 50 Prozent der Exportumsätze Japans aus Asien.

Das Salz in der Suppe sind für Sie Blue Chips aus Emerging Markets, die international aktiv sind, wie beispielsweise der Elektronikriese Samsung aus Südkorea oder der Ölriese Petrobras aus Brasilien.

Diese Aktien besitzen langfristig für einen konservativen Investor deutlich mehr Kurspotenzial als vergleichbare große Konzerne aus den Industrieländern, wie Nokia oder ExxonMobil. Aber als international agierende Weltkonzerne, die über dementsprechende Bilanzierungen und Corporate Governance verfügen, sind die Risiken verhältnismäßig gering

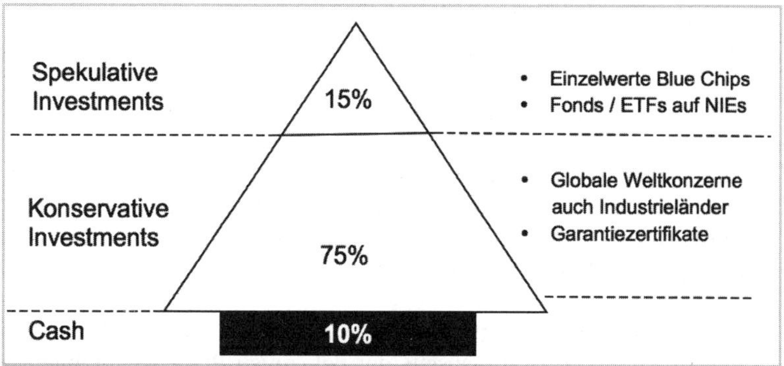

Abbildung 120: Aufbau eines konservativen Emerging Markets Depots

(Quelle: Eigenes Research)

Small- und Mid-Cap-Aktien aus den Schwellenländern sind hingegen, genauso wie kleinere Emerging Markets aus der zweiten oder dritten Reihe, für konservative Investoren zu risikoreich. Eine interessante Alternative sind hier die weiter entwickelten „Newly Industrialized Economies“ (in Deutsch: „Neu industrialisierte Volkswirtschaften“) in Asien.

Diese Emerging Markets, wie Hongkong, Taiwan, Singapur oder Südkorea, sind, wie der Titel schon aussagt, sehr weit entwickelt. Sie haben den Sprung zum hochentwickelten Industrieland schon im Blickfeld. Für konservative Anleger, denen Einzelwerte auch im Blue-Chip-Bereich zu risikoreich sind, bieten sich Zertifikate oder ETFs auf diese Märkte an.

10.3 Das spekulative Depot

Spekulativen Anlegern öffnen sich in den Emerging Markets wirklich alle Türen. Nirgendwo in der Börsenwelt sind die Chancen für risikobereite Investoren größer und vielfältiger. Wenn Sie auf der Suche nach überdurchschnittlichen Gewinnen sind – dann finden sie diese in den kommenden Jahrzehnten vor allem in den Schwellenländern.

Dafür sind Sie jedoch auch bereit, die unvermeidbaren höheren Risiken einzugehen. Die breit diversifizierten Basisinvestments in BRICs sollten immer noch vorhanden sein. Aber sie können deutlich niedriger gewichtet werden als bei konservativeren Investoren.

Stattdessen bietet es sich an, die eingesparten Mittel aus den Basisinvestments in spezielle Branchenzertifikate oder in Fonds und ETFs zu investieren, die sich auf die chancen-, aber eben auch risikoreicheren Nebenwerte spezialisieren. Denn die größten Chancen finden Anleger immer in den kleineren Werten aus der zweiten und dritten Reihe (die aber auch dementsprechend höhere Risiken besitzen).

So sind Sie immer noch gut diversifiziert, nutzen aber die besonders großen Chancen der BRICs abseits der bekannten Pfade der etablierten Blue-Chip-Investments. Aber der Clou für spekulative Investoren liegt natürlich woanders.

Der Turbo für spekulative Depots bilden Small- und Micro-Cap-Aktien (kleine Werte mit Marktkapitalisierungen unter 500 Millionen US-Dollar) und die kleinen, jungen Emerging Markets aus der zweiten, dritten oder sogar der vierten Reihe (für die ganz harten Jungs).

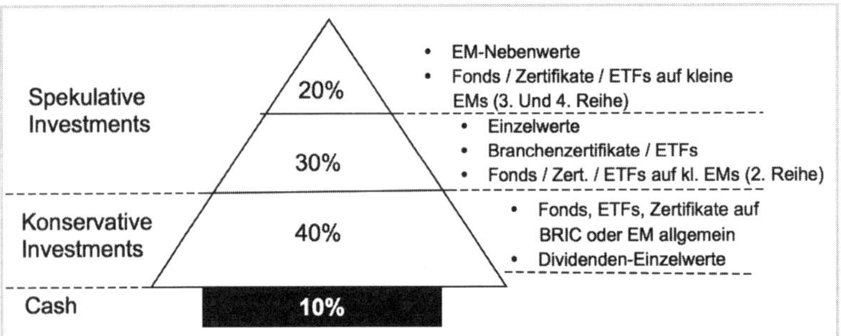

Abbildung 121: Aufbau eines spekulativen Emerging Markets Depots

(Quelle: Eigenes Research)

Eine Alternative für spekulative Anleger sind gehebelte Derivate und CFDs auf Indizes oder große Blue Chips. Bei den BRIC-Staaten wird die Auswahl immer größer. Aber hier müssen Sie wirklich genau wissen, was Sie tun.

Sonst fliegen Ihnen diese Spekulationen schneller um die Ohren als eine Tüte Popcorn, die zu lange in der Mikrowelle geblieben ist.

10.4 Das Emerging-Markets-Depot

Die größten Chancen und die besten Anlagemöglichkeiten bieten natürlich sogenannte „Emerging Markets Depots". Dabei handelt es sich um Depots, in denen die Schwellenländer massiv übergewichtet sind. Allein aufgrund des größeren Kapitals bieten diese Depots die meisten Investmentoptionen.

Als „Emerging Markets Depots" bezeichne ich Depots, in denen die Schwellenländer über zwei Drittel der Aktieninvestments ausmachen. Natürlich sollten auch in diesen Depots die BRIC-Staaten als die Flaggschiffe des Schwellenländer-Booms im Mittepunkt stehen. Aber hier haben Anleger wesentlich mehr Anlagealternativen.

Auch hier bilden gut diversifizierte Produkte in die BRICs den Kern des Depots. Aber wie bei spekulativen Depots können hier Gelder in aussichtsreiche (und damit spekulativere) Produkte umgeschichtet werden, die sich auf kleinere Nebenwerte oder spezielle Themen und Branchen spezialisiert haben.

In diesem Bereich der Spezialprodukte beginnt schon der entscheidende Unterschied zu den anderen Depots. Hier können die Emerging-Markets-Fans auch Produkte für andere, spekulativere Regionen oder Länder hinzunehmen – so aussichtsreiche Regionen wie beispielsweise Afrika, Südosteuropa, Südostasien oder die „Next 11".

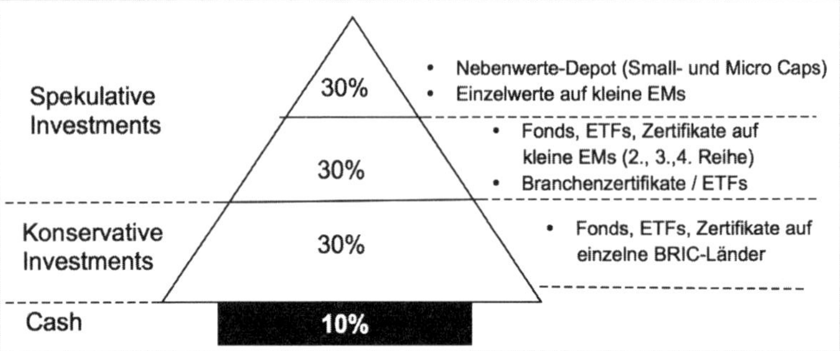

Abbildung 122: Aufbau eines reinen Emerging Markets Depots

(Quelle: Eigenes Research)

Im „spekulativen" Bereich können Anleger dann den „Afterburner" für das „Emerging Markets Depots" zünden: ein eigenes Portfolio an Einzelwerten aus den Emerging Markets, inklusive der exotischeren Schwellenländer. Dabei kann hier auch gezielt auf kleinere Mid-, Small- und Micro-Cap-Aktien gesetzt werden, welche die größten Chancen bieten.

Nirgendwo gibt es mehr Chancen auf Kursvervielfacher (auch „Multibagger" genannt) und sogar Verzehnfacher (Aktien mit Kursentwicklungen von über 1000 Prozent) als in den Emerging Markets. Die meisten dieser Chancen finden Sie bei kleineren Aktien aus der zweiten und dritten Reihe der Nebenwerte.

Der besondere Vorteil eines solchen Depots: Mit diesen Einzelwerten können Sie als Anleger auch ganz gezielt in einzelne Trends investieren, für die es noch gar keine strukturierten Produkte oder Blue-Chip-Aktien gibt. Oder Sie können spezielle Sektoren, für die Sie besonders positiv gestimmt sind, noch höher gewichten.

Es bietet sich aber unbedingt an, das Portfolio mit Nebenwerten aus den verschiedenen Ländern zusammenzustellen. So können Sie immer noch bestimmte Trends übergewichten (beispielsweise Agrar, Umwelt oder Konsum), ohne gleichzeitig das Länderrisiko zu erhöhen.

Viele Anleger suchen immer nach der einen heißen Kursrakete, aber wenn Sie effizient am Aktienmarkt agieren wollen, dann bietet sich ein Korb aus mehreren Aktien aus unterschiedlichen Branchen und verschiedenen Ländern an.

So haben Sie alle überdurchschnittlichen Gewinnchancen, reduzieren aber gleichzeitig das Risiko. Denn machen wir uns nichts vor: Die Risiken sind bei Mid- und Small-Cap-Aktien aus den Emerging Markets natürlich besonders hoch. Dafür sind die Chancen kaum zu toppen.

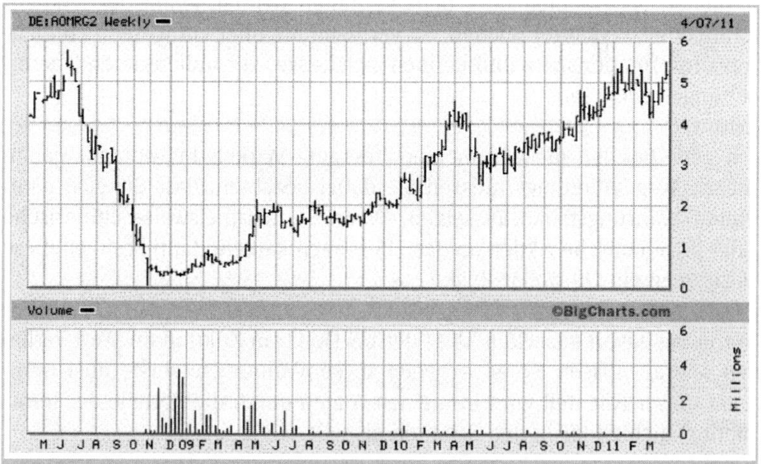

Abbildung 123: Der Kursverlauf von Ferrexpo in den letzten drei Jahren

(Quelle: Bigcharts.com)

Ein Tipp, wie Sie diese Risiken weiter reduzieren beziehungsweise transparenter machen können, ist ein Fokus auf Emerging-Markets-Unternehmen, die auch an westlichen Börsen gelistet sind.

So gibt es beispielsweise zahlreiche kleine chinesische Nebenwerte, die auch ein Listing in den USA haben – und zwar nicht nur am kaum kontrollierten OTC-Freiverkehr, sondern an den großen etablierten Börsen wie der New York Stock Exchange (NYSE) oder der Nasdaq.

Wie einige Skandale im Jahr 2010 gezeigt haben, schützt auch das nicht vor schwarzen Schafen. Aber Auslandslistings haben insgesamt große Vorteile für Sie: Oftmals sind die Regularien der ausländischen Börsen strenger als an den Heimatbörsen. Die Unternehmen sind dadurch gezwungen, alle nötigen Informationen zum Unternehmen und zur Geschäftsentwicklung schneller und umfangreicher zu publizieren als an ihren Heimatbörsen.

So erhalten Sie problemlos und schnell exzellente Informationen, die von Quartalszahlen und Updates über die Geschäftsentwicklung bis zu tagesaktuellen Nachrichten oder dem Verhalten der Firmeninsider (Aktienkäufe oder -verkäufe) reichen. So verfügen Sie über ein wesentlich dichteres Informationsnetz und können sich besser vor unliebsamen Überraschungen schützen.

Ich gehe bei den meisten meiner Emerging-Markets-Investments genau diesen Weg. Allerdings müssen Sie dabei beachten, dass Sie sich dann einem Währungsrisiko aussetzen. Wenn Sie beispielsweise chinesische oder brasilianische Aktien an den US-Börsen kaufen, dann besitzen diese Positionen ein US-Dollar-Risiko.

Wenn Sie davon ausgehen, dass der US-Dollar in Zukunft an Wert verlieren sollte, müssen Sie sich gegen diese Währungsverluste absichern. Aber dieser Nachteil wird in meinen Augen durch die Vorteile der Informationsdichte klar in den Schatten gestellt.

11 Anlagetipps, um clever in die BRICs zu investieren

simplified

Die einen gehen ohne Ziel in den Wald,
die anderen suchen nach Holz.
(Russisches Sprichwort)

Zwar hat die Popularität der Emerging Markets im Allgemeinen und der BRIC-Staaten im Besonderen in den vergangenen fünf Jahren zu Recht deutlich zugenommen. Aber immer noch investiert erst ein recht kleiner Prozentsatz von westlichen Anlegern in die Emerging Markets.

Es ist richtig und absolut löblich, dass sich diese kleine Gruppe der Anlegermasse bereits heute mit den Wirtschaftsmächten von morgen beschäftigt. Allerdings investiert der Großteil dieser Anleger trotzdem alles andere als optimal in die Emerging Markets.

Natürlich werden auch diese Investoren ihren Schnitt mit dem Aufstieg der BRICs machen. Aber Fakt ist: Anleger verschenken durch suboptimale Anlagen und schlecht ausgearbeitete Strategien schlicht und ergreifend Gewinne und lassen sich große Chancen entgehen.

Deshalb gebe ich Ihnen auf den folgenden Seiten acht Anlagetipps, wie Sie Ihre Investments in die BRIC-Länder optimieren können. So können Sie eine wesentlich größere Performance erzielen und gleichzeitig die Risiken reduzieren.

11.1 Anlagetipp 1: Achten Sie auf die Branchengewichtung

Ziel: Risiko reduzieren
Aktion: Kapital über verschiedene Branchen streuen

Bei Anlagen in Fonds, ETFs und Indexzertifikaten für die BRICs müssen Sie beachten, dass diese Investments historisch überdurchschnittlich hoch in den folgenden drei Branchen gewichtet sind: Banken, Telekom und Rohstoffe. Bei den Rohstoffen sind oftmals die Gewichtungen für „Energie“ (Öl und Gas) und „Industriemetalle“ besonders hoch.

Derartige Anlagen, die einfach nur die großen Indizes abbilden, machen also nur Sinn, wenn Sie für diese Branchen mittel- bis langfristig bullisch sind. (Meine Einschätzung: Bei Banken (trotz aller Risiken) und Rohstoffen bin ich langfristig bullisch. Bei den Telekoms ist ein Großteil des Hauptbooms in den BRICs schon gelaufen.)

Die Gründe für die traditionell hohe Gewichtung dieser drei Branchen sind schnell erklärt. Diese Sektoren gehörten in fast allen Schwellenländern zu den ersten Bereichen, die umfangreich privatisiert wurden. Zudem schützen einige Regierungen in den Emerging Markets andere Wirtschaftsbereiche vor ausländischen Investitionen.

Der zweite Grund: Die meisten Blue Chips aus den Schwellenländern kommen aus diesen drei Sektoren. Deshalb müssen Sie im Hinterkopf behalten: Wenn Sie immer nur einfach Indexinvestments zukaufen, dann werden Ihre Emerging-Markets-Anlagen in diesen drei Branchen deutlich übergewichtet sein.

Gleichzeitig sollten Sie die Branchenanalyse auch auf Ihr Gesamtportfolio ausweiten. Analysieren Sie regionenübergreifend, wie hoch verschiedene Branchen in Ihrem Depot gewichtet sind. Sind es die richtigen Boombranchen?

Wenn Sie beispielsweise in ihrem Rohstoff-Depotteil schon sehr hoch in Öl- und Energierohstoffen investiert sind, dann sollten Sie im russischen Aktienmarkt auf andere Branchen setzen (zum Beispiel Konsum oder Infrastruktur). Sonst ist Ihr Depot unterm Strich zu Öl-lastig.

Durch die hohe positive Korrelation zum Ölpreis setzen Sie Ihr Depot einem unnötigen und leicht vermeidbaren Risiko aus. Ihr Ziel muss sein, Ihr Emerging-Markets-Depot über möglichst viele Branchen zu diversifizieren und dabei gezielt auf die Megatrends zu setzen. So reduzieren Sie Ihr Risiko, ohne gleichzeitig Performance-Möglichkeiten zu verschenken.

Besonders gut lässt sich eine ausgewogene Streuung über verschiedene Branchen durch Einzelwerte, Branchenzertifikate und -ETFs oder Spezialfonds erzielen. Bei Länderfonds oder Indexprodukten stoßen die Anleger hingegen auf die oben genannten Probleme.

Wir befinden uns noch im Frühstadium der Entwicklungen der BRIC-Staaten. Lassen Sie sich da von den Erfolgen der vergangenen zehn Jahre nicht täuschen. Dieses junge Entwicklungsniveau zeigt sich eben auch in den Kapitalmärkten, wo leider viele Branchen und Trends noch nicht so gut handelbar sind, wie es wünschenswert ist.

Außerhalb von China ist es beispielsweise noch sehr schwer, auf den wichtigen und sehr zukunftsträchtigen Umwelttrend zu setzen. Auch der Megatrend Konsum, das Rückgrat der langfristigen BRIC-Story, ist für Investoren noch nicht so gut zugänglich, wie es der Stellenwert dieses Megatrends eigentlich gebietet.

Spekulative Anleger können diesen Nachteil schon heute durch Investments in Einzelaktien oder Branchenzertifikate beziehungsweise Sektoren-ETFs kompensieren. Konservative Anleger, die sich auf Blue Chips fokussieren, haben aktuell leider noch keine Alternative.

Aber durch den rasanten Aufstieg der BRICs werden sich die dortigen Kapitalmärkte in den kommenden Jahren deutlich weiterentwickeln. Es wird in den kommenden Jahren große Börsengänge von Blue Chips aus anderen Sektoren geben, die dann auch konservativen Investoren Chancen für eine optimale Branchendiversifikation bieten.

11.2 Anlagetipp 2: Vergleichen Sie die Kostenstrukturen der Anlagevehikel

Ziel: Performance erhöhen
Aktion: Kostenvergleiche für ETFs, Fonds und Zertifikate

Dieser Punkt bezieht sich vor allem auf Fonds, Zertifikate und ETFs. Er ist wirklich sehr wichtig und bedeutet bares Geld für Sie. Denn die Kosten für Fonds oder Zertifikate auf Emerging Markets unterscheiden sich gravierend.

Wer hier clever agiert, kann richtig Geld sparen. Denn oftmals sind die Kostenstrukturen bei Emerging-Markets-Produkten sehr hoch, da es sich (noch) um exotische Produkte handelt. Die Emittenten nutzen das Angebotsdefizit gnadenlos zu ihrem Vorteil aus. Ein ausgiebiger Preisvergleich ist daher unerlässlich (und über das Internet heutzutage schnell gemacht).

Dabei möchte ich zuerst einen sehr wichtigen Punkt vorwegnehmen. Viel zu viele Anleger orientieren sich – aufgrund ihres fehlenden eigenen Wissens über die Emerging Markets – bei der Produktauswahl an den großen Namen unter den Emittenten. Das ist ein schwerer Fehler, durch den Anleger Gewinn verschenken.

Nur weil eine Bank oder ein Investmentinstitut einen großen Namen hat und einen guten Ruf genießt, bedeutet das noch lange nicht, dass auch die BRIC-Produkte erstklassig sind. Gerade in den Emerging Markets gibt es viele kleinere Fondsanbieter, die nicht so bekannt sind wie die großen Namen der deutschen oder amerikanischen Fondsszene.

Aber dafür besitzen diese kleineren Fondsanbieter exzellente Expertisen und sind teilweise absolute Spezialisten für die Emerging Markets. Dazu gehören beispielsweise deutlich weniger bekannte Fondsgesellschaften wie Aberdeen oder Carmignac.

Name	Fondsgesellschaft	ISIN	Performance 1 Jahr	Performance 5 Jahre
BRIC				
Allianz BRIC Stars	Allianz Global Invest.	LU0224575943	+19,3 %	+55,6 %
Schroder ISF BRIC A	Schroder Investm.	LU0228659784	+18,7 %	+73,7 %
Indien				
DWS India	DWS	LU0068770873	+26,6 %	+73,4 %
Franklin India A	Franklin Tempelton	LU0231203729	+38,0 %	+118,3 %

Abbildung 124: Vergleich der Gebühren verschiedener Länderfonds

(Quelle: Cortal Consors)

Wie Sie in der Abbildung 124 sehen können, ist der große Name einer Fondsgesellschaft alles andere als ein Garant dafür, dass Sie den besten Fonds mit der höchsten Performance erhalten. Und das ist die einzige relevante Größe an der Börse. Im Internet gibt es zahlreiche Finanzseiten, auf denen Sie kostenlos die Performance der Fonds vergleichen können.

Das bedeutet nicht, dass Sie Ihr hart erarbeitetes Geld irgendwelchen dubiosen Investmentgesellschaften anvertrauen sollen, die mit gigantischen Mond-Renditen werben. Eine blitzsaubere Qualität der Emittenten ist Grundvoraussetzung für ein Investment. Aber lassen Sie sich dann nicht von großen Namen blenden.

An dieser Stelle muss ich auf einen Punkt eingehen, der wichtig – und ebenso heikel – ist: das Thema der Finanzberatung. Es gibt ohne Frage ganz hervorragende Bankberater, die für ihre Kunden einen exzellenten Job machen. Wenn Sie so einen Berater haben, schenken Sie ihm zu Weihnachten auch mal eine Flasche Wein – denn die hat er sich dann verdient.

Aber leider gibt es auch das andere Phänomen: Nämlich dass die Bankberater nicht, wie es eigentlich ihr Job ist, im besten Interesse des Kunden agieren und Anlageprodukte empfehlen, die für den Kunden und seine Anlageziele das beste Investment sind. Sie handeln vielmehr im Eigeninteresse oder im Interesse der Bank. Viele Bankberater und auch viele (angeblich) unabhängige Fondsberater agieren eben nicht objektiv. Denn die Banken haben ein natürliches Interesse daran, ihre hauseigenen Anlageprodukte für die Emerging Markets zu verkaufen.

Das Hauptmotiv für Anlageempfehlungen bei manchen Beratern ist nicht der beste Nutzen für den Kunden, sondern der eigene Bonus oder die eigene Karriere. Dementsprechend werden dann Produkte an die Kunden empfohlen, die dem Berater die größten Provisionen einbringen. Das ist leider Fakt.

Gerade im Bereich der Emerging Markets müssen Anleger besonders aufpassen. Viele Fonds haben in den vergangenen Jahren zumeist eine gute (teilweise sehr gute) Performance erzielt. Diese Performance blendet Privatanleger. So kaufen sie blind den empfohlenen Fonds oder das Zertifikat, ohne die Performance mit anderen Finanzprodukten zu vergleichen. Schließlich hat der nette Bankberater mit der Daffy-Duck-Krawatte den Fonds ja explizit empfohlen. Dann muss er doch gut sein. Nun, manchmal ist er das wirklich. Aber eben nicht immer.

Wie Sie in den Tabellen sehen, sind die Performanceunterschiede gewaltig. Das Fazit lautet deshalb ganz klar: Auch im Bereich der passiven Anlageprodukte, wie Fonds oder Zertifikate, müssen Sie Ihre Hausaufgaben selbst machen.

Name	Fondsgesellschaft	ISIN	Performance 1 Jahr	Performance 5 Jahre
Allianz China A	Allianz Global Invest.	LU0348825331	+25,7 %	+184,4 %
Invesco PRC Equity A	Invesco Asset Management	IE0003583568	+14,4 %	+125,2 %
Parvest Equity China C	Parvest/BNP Paribas	LU0154242225	+7,4 %	+69,5 %

Abbildung 125: Performanceunterschiede verschiedener China-Fonds

(Quelle: Cortal Consors)

Setzen Sie sich abends eine Stunde vor den Computer und vergleichen Sie die Performance verschiedener Anlageprodukte für einzelne Emerging Marktes oder die Region, in die Sie investieren wollen. Sie werden schockiert sein, welche Performanceunterschiede es gibt, obwohl eigentlich alle Produkte in das gleiche Land investieren.

Ganz ehrlich: Mit hoher Wahrscheinlichkeit werden diese 60 Minuten des Produktvergleichs zur Auswahl des besten Fonds, Zertifikats oder ETFs Ihre Chancen auf zukünftige Mehrgewinne so erhöhen, dass dies umgerechnet der beste Stundenlohn sein wird, den Sie je erzielen werden.

Gebührenstrukturen und Discounts

Neben den Performanceunterschieden gilt es noch zwei weitere Punkte zu beachten. Der erste Punkt: die Gebührenstruktur von Fonds, ETFs und Zertifikaten. Gerade im Zertifikatesektor gab es in den vergangenen Jahren eine für Anleger sehr unerfreuliche Entwicklung: Die Emittenten haben die Gebührenstrukturen für Zertifikate deutlich angehoben.

Das gilt insbesondere für exotische Emerging-Markets-Zertifikate. Dort verlangen immer mehr Emittenten inzwischen jährliche Managementgebühren, die zwischen 1,0 und 2,5 Prozent pro Jahr liegen. Bei einem langfristigen Anlagehorizont summiert sich das schnell auf eine Performance von 10 bis 20 Prozent, die Sie einfach der Bank schenken – obwohl Sie 100 Prozent des Risikos tragen.

Name	Fondsgesellschaft	ISIN	Ausgabeaufschlag	Managementgebühr
Fidelity Funds China FocusA	Fidelity	LU0173614495	5,25 %	1,50 %
DWS Russia	DWS	LU0146864797	5,00 %	2,00 %
Allianz BRIC Stars A	Allianz Global Invest.	LU0224575943	5,00 %	2,00 %
Invesco India Equity A	Invesco Asset Managem.	LU0267983889	5,25 %	1,50 %

Abbildung 126: Vergleich der Gebühren verschiedener Länderfonds

(Quelle: Cortal Consors)

Die Emittenten nutzen hier fehlende Anlagealternativen durch hohe Kosten gnadenlos aus. Achten Sie unbedingt auch darauf, was bei den Zertifikaten mit möglichen Dividendenzahlungen passiert. Viel zu oft wandern die Dividenden, die eigentlich Ihnen zustehen, nämlich auch in die Taschen der Emittenten.

Vergleichen Sie vor einem Kauf also unbedingt die Kostenstrukturen der einzelnen Anlageprodukte. Zudem sollten Sie bei Fonds unbedingt die Kaufkosten vergleichen. Die Ausgabeaufschläge liegen bei Emerging-Markets-Fonds zwischen 5 und 6 Prozent.

Diesen Betrag sackt die Bank nur zu gerne ein. Aber im Internet gibt es inzwischen zahlreiche Online-Broker und Fonds-Discounter, bei denen Sie Rabatte von bis zu 100 Prozent auf den Ausgabeaufschlag bekommen. Verschenken Sie kein Geld!

11.3 Anlagetipp 3: Niemals ohne Stoppkurse agieren

Ziel: Risiko reduzieren
Aktion: Positionen konsequent mit Stoppkursen absichern

Ich sage es Ihnen, wie es ist: Alle anderen sieben Punkte sind Tipps. Wertvolle Tipps, aber nur Tipps. Sie können auch ohne diese Tipps am Markt erfolgreich sein. Der Punkt „Stoppkurse" ist eine ganz andere Liga. „Niemals ohne Stoppkurse agieren" ist kein Tipp. Es ist eine Pflicht.

Ich kann Ihnen in der Welt der Emerging Markets nicht viel garantieren. Aber das hier schon: Wenn Sie ohne Stoppkurse investieren, werden Sie hohe Verluste machen. Vor allem bei Einzelwerten. Ohne Wenn und Aber.

Wenn Sie denken, dass Sie ohne Stoppkurse auskommen, können Sie sich schon mal einen Einkaufswagen von REWE besorgen. Denn den werden Sie brauchen, wenn Sie später die Pfandflaschen aufsammeln gehen – nachdem Sie an der Börse Ihr Geld verloren haben, weil Sie keine Stoppkurse gesetzt haben.

Die Börsenwelt ist nur bis zu einem gewissen Punkt berechenbar. Deshalb sind Stoppkurse absolut unverzichtbar, um Sie vor horrenden Verlusten zu schützen und auf der anderen Seite Ihre aufgelaufenen Gewinne zu sichern.

Mit dem Stoppkurs ist es wie mit der Demokratie. Er ist alles andere als perfekt, aber es ist das Beste, was wir haben. Stoppkurse sind an der Börse das unverzichtbare Übel für die Einhaltung des wichtigsten Grundgesetzes des Kapitalmarktes überhaupt: Die Sicherung des Kapitals kommt an allererster Stelle.

Nur wenn Sie Ihr Kapital sichern, haben Sie die Chance, langfristig an den Börsen mitzumischen und sich Ihr Stück vom Kuchen abzuschneiden. Das geht nur, wenn Sie das eingesetzte Kapital konsequent gegen übermäßige Verluste absichern. Denn einkalkulieren müssen Sie Verluste immer.

Da will ich Ihnen gar nichts vom blonden Märchenprinzen erzählen. Selbst die besten Börsianer der Welt liegen immer wieder daneben. Wenn Sie im Trading-Bereich eine langfristige Trefferquote von 60 Prozent haben, dann gehören Sie zu den besten Tradern der Welt!

Verluste und Positionen, die ins Minus rutschen, gehören also zum Alltag der Börse. Damit müssen wir alle leben. Was die Gewinner von den Verlierern unterscheidet, ist der Umgang mit Verlusten. Das ist der entscheidende Clou. Das gilt umso mehr für Emerging Markets, die sehr erhebliche Kursschwankungen aufweisen.

Daher gilt: Wenn Sie eine Aktie, ein Zertifikat, einen ETF und selbst einen Fonds gekauft haben, setzen Sie sofort danach einen Stoppkurs unterhalb Ihres Kaufkurses. Das ist der maximale Verlust, den Sie bei dieser Position zulassen wollen. Entwickelt sich die Position gegen Sie und erreicht den Stopp, dann wird die Position konsequent liquidiert.

Egal, wie positiv Sie eigentlich für die Anlage gestimmt sind oder wie schön der Haarschnitt des Fondsmanagers ist. Es wird knallhart verkauft. Wenn sich die Position in Ihrem Sinne entwickelt und ansteigt, dann ziehen Sie den Stopp immer weiter nach und sichern so Ihre Gewinne.

Damit sind wir bei der 1.000.000 Euro-Frage von „Wer wird Millionär“: „Wo setzt man den richtigen Stoppkurs?“ Leider gibt es keine allgemeingültige, richtige Antwort. Es gibt auch keine mathematische Formel. Jeder Anleger setzt Stoppkurse anhand der eigenen Verlustbereitschaft. Eine Daumenregel für spekulative Investments, worunter die Emerging Markets fallen, besagt: Stoppkurs gut 20 Prozent unter dem Kaufkurs beziehungsweise dem aktuellen Kurs setzen.

Manchen Investoren ist das jedoch schon zu viel und sie setzen ihre Stopps nur 10 Prozent tiefer. Auf der anderen Seite macht es bei Nebenwerten und jungen Emerging Markets, die grundsätzlich besonders heftige kurzfristige Ausschläge nach oben und unten aufweisen, Sinn, den Stopp noch tiefer zu setzen (beispielsweise 30 Prozent tiefer).

Hilfreiche Hinweise für die richtige Platzierung des Stopps erhalten Sie durch Analysen der historischen Volatilität des Investments und der Charttechnik. Analysieren Sie, wie stark das Investment in den letzten Jahren hin- und hergeschwankt ist. Das gibt Ihnen einen guten Indikator, der bei der Feststellung hilft, welche Volatilität für dieses Investment normal ist.

Abbildung 127: Beispiel für sinnvolle Stoppmarken bei Rino International

(Quelle: Bigcharts.com)

Zudem sollten Sie den Chart analysieren, um dort entscheidende Kursbereiche für sinnvolle Stoppmarken zu finden. Dazu gehören beispielsweise Aufwärtstrends und Unterstützungen. Oftmals beenden Aktien an diesen Marken ihre Abwärtsbewegungen. Deshalb sollten Stopps darunter platziert werden. So vermeiden Sie das ärgerliche und unglückliche „Ausstoppen“.

Allerdings kann ich Ihnen hier hoch und heilig versprechen: Sie werden Stoppkurse hassen. Denn es wird immer wieder passieren, dass Sie bei den hoch volatilen Emerging Markets bei Werten ausgestoppt werden, deren Aktienkurse danach durch die Decke schießen. Aber das ändert nichts. Stoppkurse sind bei den risikoreichen Emerging Markets absolute Pflicht.

11.4 Anlagetipp 4: Achten Sie auf die Ländergewichtung

Ziel: Risiko reduzieren
Aktion: Kapital über verschiedene Länder und Regionen streuen

Neben der Branchengewichtung müssen Sie bei BRIC-Anlageprodukten auch auf die Ländergewichtung achten. Denn nur äußerst selten sind alle vier BRIC-Länder im gleichen Verhältnis gewichtet. Das bedeutet, dass Anleger mit vielen Finanzprodukten nicht optimal aufgestellt sind, um von allen vier BRIC-Ländern zu profitieren.

Sehr häufig ist China massiv übergewichtet, dafür sind Indien und Russland aber massiv untergewichtet. Das klingt super, wenn es an den chinesischen Börsen eine Rallye läuft. Aber was ist, wenn es in China zu einer Seitwärtsphase kommt und dafür die Aktienmärkte in Russland eine riesige Bullenparty feiern?

Dann partizipieren Anleger plötzlich nur unterdurchschnittlich an der Rallye in Russland. Sie sollten also bei der Auswahl auf die Länderallokation achten. Wenn Sie ein Anlageprodukt haben, in dem ein BRIC-Land massiv übergewichtet und ein anderes Land deutlich untergewichtet ist, dann sollte dieses Missverhältnis in Ihrem Depot ausgeglichen werden.

Es bietet sich dann durchaus an, das Ungleichgewicht mit einer zweiten Position aus dem untergewichteten Land auszugleichen. Dadurch reduzieren Sie das Länderrisiko und sichern sich die Chancen von allen vier BRIC-Ländern.

Meine Erfahrung ist, dass die meisten Anleger ein extremes Missverhältnis in ihrer Ländergewichtung in ihren Depots haben. Das fängt mit der allgemeinen Gewichtung zwischen Industrieländern und Emerging Markets an. In den meisten Depots sind die Emerging Markets noch zu gering gewichtet.

Aber noch gravierender sind die Missverhältnisse innerhalb der Emerging-Markets-Positionen. Die meisten Anleger haben keine ausreichende Länderdiversifikation. Damit erhöhen sie ihr Investmentrisiko, obwohl das leicht vermeidbar ist. Bedenken Sie auch: Mit China und Indien bilden Sie die asiatische Region gleich zwei Mal im Depot ab.

Wenn Sie dann noch einige weitere Einzelwerte aus Südkorea oder Thailand oder weiteren kleineren asiatischen Exotenbörsen, wie Indonesien oder Vietnam, hinzukaufen, wird der Asien-Anteil schnell extrem groß. Ich vertrete zwar die Meinung, dass Asien die größte Region in Ihrem Emerging-Markets-Depot sein sollte. (Die Gründe dafür kennen Sie: Asien wird das Zentrum der Weltwirtschaft im 21. Jahrhundert. In Asien leben 60 Prozent der gesamten Weltbevölkerung. Und mit China, Indien sowie Südkorea, Indonesien und Vietnam liegen dort einige der wachstumsstärksten und bald größten Volkswirtschaften der Welt – und da zähle ich Japan noch gar nicht dazu.)

Trotzdem sollte eine Übergewichtung von Asien nicht dazu führen, dass Lateinamerika oder Osteuropa hinten runterfallen und viel zu niedrig gewichtet werden. Denn genau das passiert in vielen Depots. Achten Sie also darauf, dass Ihr Depot eine gute Länderdiversifikation besitzt.

Eine interessante Beobachtung, die mir über die Jahre aufgefallen ist: Viele nordamerikanische Investoren gewichten Osteuropa fast immer deutlich unter (wegen der geografischen Nähe zu Lateinamerika). Auf der anderen Seite ist Mittel- und Südamerika bei europäischen Investoren sehr oft nur mit zu kleinen Positionen in den Portfolios vertreten.

11.5 Anlagetipp 5: Nutzen Sie die Volatilitäten der BRICs zu Ihrem Vorteil

Ziel: Performance erhöhen
Aktion: Hohe Volatilität der Emerging Markets durch gezielte Käufe und Verkäufe nutzen

Wenn es um den richtigen Kaufzeitpunkt für Emerging-Markets-Investments geht, dann hört und liest man vor allem zwei Aussagen:

1. „Die Chancen in den BRICs sind so groß, dass es langfristig kaum einen Unterschied macht, ob Sie jetzt sofort kaufen oder eine Korrektur abwarten."
2. „Wenn Sie jeden Monat mit einem festen Betrag in BRIC-Anlagen investieren, dann erhalten Sie langfristig einen attraktiven Einstandslevel."

Mit der zweiten Aussage kann ich leben. Für passive Anleger, die sich mit den Entwicklungen an den Börse und in der Wirtschaft nicht beschäftigen wollen oder können und deshalb minimale Zeit in ihre Kapitalanlagen investieren, macht dieses Cost-Averaging langfristig durchaus Sinn.

Unter „Cost-Averaging" versteht man eine Investmentstrategie, bei der ein Anleger jeden Monat (oder jedes Jahr etc.) mit einem Sparplan zum gleichen Betrag Anteile an einem Investment (beispielsweise einem Fonds) kauft – und zwar völlig unabhängig davon, wie die Kurse des Anlageproduktes stehen.

Steht der Kurs des Fonds höher, dann kauft der Anleger wenige Anteile. Fällt der Kurs des Fonds jedoch, dann kauft der Anleger für den gleichen Betrag mehr Anteile. Dies führt dazu, dass sich der Einstandskurs über die Zeit auf einem günstigen Mischkurs einpendelt. Damit erhält der Anleger dann einen attraktiveren Gesamteinstandspreis.

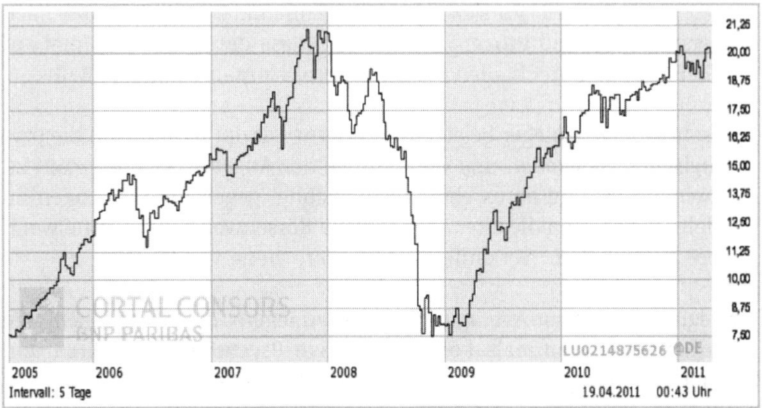

Abbildung 128: Volatilität der BRIC-Staaten (gemessen an BRIC-Fonds von HSBC)
(Quelle: Bigcharts.com)

Gerade in volatilen Anlagebereichen wie den Emerging Markets bietet Cost-Averaging fraglos große Vorteile. So kann man die Korrekturphase gut, wenn auch nicht optimal, zu seinem Vorteil ausnutzen. Denn man kauft ja jeden Monat – und damit auch in der Korrektur – konsequent hinzu.

Die starre Struktur des Cost-Averaging eliminiert so die wichtige psychologische Komponente aus der Anlageentscheidung. Denn es wird ja ohne jeglichen emotionalen Einfluss konsequent ein fester Betrag zu einem festen Zeitpunkt (beispielsweise 200 Euro zum Monatsanfang) investiert. Egal, wie die Börsen stehen.

Gerade wenn die Märkte korrigieren oder sich in einer längeren Baisse befinden, fällt es den meisten Anlegern sehr schwer, zu kaufen. Die meisten Anleger verfallen in eine Schockstarre, als ob ihnen die Sphinx zugezwinkert hätte. Das ist noch verkraftbar, wenn die Anleger aus ihrer Versteinerung ausbrechen würden, sobald sich klare Zeichen einer Trendwende zeigen.

Aber das passiert fast nie. Wahrscheinlich kennen Sie das von sich selbst: Nach einer starken Baisse fangen die Kurse an zu steigen. Aber man springt einfach nicht auf den fahrenden Zug auf. Denn man hofft nach den ersten 5 oder 10 Prozent Kursanstieg, dass die Kurse noch mal auf die Tiefststände zurückfallen – und so verpasst man die ganze Rallye.

Nur sehr wenige Anleger besitzen die eiserne Disziplin, um dann die psychologischen Blockaden und die Gesänge der Angst im eigenen Kopf zu überwinden. Häufig ist es eben genau richtig, gegen die Emotionen zu handeln. Sie kennen die alte, aber goldene Börsenweisheit: „Kaufe, wenn andere Angst haben. Verkaufe, wenn andere gierig werden."

Strategien wie „Cost-Averaging" bieten Anlegern die Möglichkeit, die hinterlistige, weil oftmals kontraproduktive Psyche auszuschalten und aus der Gleichung für Anlageaktivitäten herauszunehmen.

Aktiven Anlegern, die ihre Emotionen im Griff haben, bieten sich natürlich noch größere Chancen. Sie können die Übertreibungsphasen nach oben und nach unten aktiv ausnutzen – und so eine tolle Extraperformance erzielen. Die hohen Volatilitäten der Emerging Markets bieten dafür exzellente Chancen.

Denn in den Schwellenländern ist der Grad zwischen Champagner und Kaviar-Partystimmung und Selters und Toastbrot-Trauer schmal. Deshalb sollten Sie in Haussephasen auch immer wieder Teilgewinne realisieren. So haben Sie dann Liquidität, mit der Sie kaufen können, wenn es zu einer schweren Korrektur kommt.

Das ist neben der emotionalen Komponente das zweite Hauptproblem von Anlegern: Sie sind in Baissephasen nicht liquide genug, da sie in Haussephasen keine Gewinne mitnehmen. Eine der besten Börsenweisheiten kommt von Investment-Legende Marc Faber:

> *„Wichtig ist es nicht, Geld zu haben, wenn alle anderen Leute auch Geld haben. Viel wichtiger ist es, dann über Cash zu verfügen, wenn viele andere pleite sind ... denn dann können Sie wirklich billig kaufen."*

11.6 Anlagetipp 6: Kaufen Sie nicht alle Länder auf einmal

Ziel: Performance erhöhen
Aktion: Unterschiedliche Börsenentwicklungen der einzelnen BRIC-Staaten für günstige Käufe und teure Verkäufe individuell ausnutzen

Es gibt zwei Möglichkeiten für die Anlage in BRICs: Entweder Sie investieren in Produkte, die gleich alle vier Schwellenländer umfassen. Oder Sie investieren in jedes Land separat und stellen sich so Ihr eigenes BRIC-Portfolio zusammen.

Ich persönlich bin ein großer Anhänger der zweiten Strategie. Nein, das ist nicht richtig: Ich bin kein „großer Anhänger" – ich bin ein echter Hardcore-Fan. Wir sprechen hier von Dimensionen des Fan-Daseins wie diese verrückten Raumschiff-Enterprise-Fans, die in rotglitzernden Raumanzügen und mit spitzen Spock-Ohren auf Science-Fiction-Messen rumlaufen und sich in selbst entwickelten Alien-Sprachen unterhalten.

Der Grund, warum ich sozusagen mit BRIC-Spock-Ohren vor meinen Börsenmonitoren sitze, ist einfach. Es ist der einzige relevante Grund, warum man an der Börse ein Fan von irgendwas ist: Weil man so mehr Geld verdienen kann. Nur darum geht es. Alles andere ist egal. Willkommen im Herzen des Kapitalismus.

Hier geht es nicht darum, die kleine Raupe Nimmersatt vor dem Aussterben zu retten. Und es geht auch nicht darum, die Welt vor dem drittschlimmsten Ereignis hinter einem Atomkrieg oder der totalen Umweltkatastrophe zu bewahren: einem Auftritt des Wendler (dem exzentrischen Schlagersänger, der von sich in der dritten Person redet).

Wir sind an der Börse – und hier geht es nur darum, so viel Geld wie möglich zu verdienen. Dafür sind bekanntlich zwei Faktoren entscheidend: der Kaufzeitpunkt und der Verkaufszeitpunkt. Viele Börsianer sagen immer, dass die Qualität der Unternehmen der entscheidende Faktor ist.

Das stimmt nicht. Auch mit Schrottaktien kann man theoretisch Geld verdienen, wenn man nur rechtzeitig den Absprung schafft. Dies zeigt, dass neben dem Kaufzeitpunkt eben auch der Verkaufszeitpunkt ein entscheidender Faktor ist. (Da ich ein langfristiger Anleger bin, halte ich von solchen Zockereien mit dubiosen Werten aber überhaupt nichts.)

Doch zurück zum Thema: Indem sie in jedes BRIC-Land einzeln investieren, haben aktive Anleger für den Kauf und den Verkauf ein Ass im Ärmel, mit dem sich eine überdurchschnittliche Performance erwirtschaften lässt: Dieses Ass trägt den Namen „Flexibilität in der Anlage".

Die Börsen der vier BRIC-Länder steigen oder fallen nicht immer gleichzeitig und in gleicher Intensität. Sie unterliegen landesspezifischen Einflussfaktoren (zum Beispiel dem individuellen politischen Umfeld). Durch diese individuellen Faktoren entwickeln sich die Länder und auch deren Börsenkurse natürlich unterschiedlich.

Abbildung 129: Vergleich der indischen und russischen Börsen seit 2000

(Quelle: tradesignal-online.com)

Dazu kommen auch noch externe Faktoren, wie der Ölpreis für Russland. Wenn es beispielsweise über längere Zeit zu einer Phase schwacher Ölpreise kommen sollte, dann werden rohstoffarme Schwellenländer wie Indien davon stark profitieren. Auf der anderen Seite leidet die russische Wirtschaft massiv darunter.

Die Folge werden dann voraussichtlich schwächere Aktienkurse im ehemaligen Zarenreich sein, während die Märkte in Indien von den niedrigen Ölpreisen profitieren. Wenn Sie nun ein BRIC-Zertifikat kaufen, das in alle Länder investiert, dann kaufen Sie gleichzeitig sowohl die günstige russische Börse als auch den teuren indischen Aktienmarkt.

Das ist okay, aber es geht eben noch besser: Sie können stattdessen Ihre Performance optimieren, indem Sie in dieser Börsenphase nur den russischen Aktienmarkt kaufen.

Wenn es dann wieder zu einer Periode steigender Ölpreise und entsprechend anziehender Kurse in Russland kommt, sind Sie voll mit dabei. Gleichzeitig haben Sie kein Kapital in Indien gebunden, wo dann wahrscheinlich Inflationssorgen für fallende Börsen sorgen. Sie können dann in die steigenden Kurse in Russland Positionen mit Gewinn verkaufen und dieses freie Kapital nutzen, um günstig Indien-Positionen zu erwerben.

Für diese Strategie braucht man viel Geduld und Disziplin. Vor allem braucht man den Mut, eben genau die einzelnen BRIC-Staaten zu kaufen, die aktuell unpopulär sind. Gleichzeitig benötigen Sie auch den Willen, sich bei den Ländern zurückzuhalten, die dann gerade an den Börsen und in den Finanzmedien in den Himmel gejubelt werden.

Die Vergangenheit hat gezeigt, dass alle BRIC-Börsen immer wieder Phasen hatten, in denen sie massiv gefallen sind. Man muss nur geduldig auf seine Chancen warten. Keine Frage: Diese Strategie ist aufgrund der psychologischen Faktoren nicht einfach umzusetzen. Aber sie funktioniert für aktive Anleger mit einem mittel- bis langfristigen Anlagehorizont exzellent.

11.7 Anlagetipp 7: Setzen Sie gezielt auf Boombranchen anstatt auf den breiten Markt

Ziel: Performance erhöhen
Aktion: Mit Branchenzertifiakten und -ETFs oder Einzelwerten gezielt in Boombranchen mit Outperformance-Potenzial investieren

Dieser Anlagetipp eignet sich nur für die aktiven Anleger – aber er ist Gold wert. In meinen Augen ist es der wichtigste Anlagetipp in Bezug auf die Emerging Markets für die kommenden Jahrzehnte. Es hat seinen Grund, warum dies eine der zentralen Anlagestrategien für mein eigenes Emerging-Markets-Depot ist.

Nicht ohne Grund bin ich auf diese Strategie im Verlauf des Buches immer wieder eingegangen. Denn das gezielte Investieren in Megatrends und spezielle Boombranchen wird in den kommenden Jahren wesentlich größere Gewinne als allgemeine Indexinvestments bieten.

Gleichzeitig sind die Risiken jedoch nicht immer höher. Im Gegenteil, teilweise sind sie sogar deutlich geringer. Denn viele dieser Megatrends unterliegen eigenen Wachstumsdynamiken und besitzen damit autarke Entwicklungen gegenüber den allgemeinen volkswirtschaftlichen Entwicklungen (beispielsweise Umweltschutz und Wasserversorgung).

Das Problem: Diese Strategie lässt sich bisher nur mit Einzelinvestments in Aktien und in einigen wenigen Fällen mit Zertifikaten und ETFs wirklich gut umsetzen. Gibt es schon Fonds, die sich gezielt auf einzelne Wirtschaftssektoren aus den BRICs spezialisiert haben? Die Antwort lautet: Leider nein. Leider gar nicht.

Einzige Ausnahme: Immobilien- und Rohstofffonds. Das Fehlen von Branchenfonds hat vor allem zwei Gründe: Zum einen ist das Interesse westlicher Anleger an den Emerging Markets trotz der tollen wirtschaftlichen Erfolge und der steigenden Börsenkurse immer noch verhältnismäßig niedrig.

Sie wissen ja, wie es an den Kapitalmärkten läuft: Die Nachfrage bestimmt das Angebot. Viel zu wenige Anleger beschäftigen sich bisher wirklich tief gehend mit den Wirtschaftsmächten von morgen. Die meisten Anleger kaufen einfach nur Indexprodukte und befassen sich überhaupt nicht mit den Chancen einzelner Branchen.

Dementsprechend gering ist die Nachfrage nach solchen speziellen Produkten. Aber diese Entwicklung wird kommen – wenn auch erst in einigen Jahren. Doch es ist die unaufhaltsame Evolution der Emerging-Markets-Anlage. Das bietet weitsichtigen Anlegern natürlich tolle Chancen, sich vorher zu positionieren.

Nun könnten die Fondsgesellschaften durch geschicktes Marketing eine neue Nachfrage kreieren. Aber damit kommen wir schon zum zweiten Grund: Die Kapitalmärkte in den Emerging Markets, auch in den großen BRICs, sind selbst nach den positiven Entwicklungen der vergangenen 15 Jahre noch immer unterentwickelt.

Die Marktkapitalisierungen vieler Unternehmen aus verschiedenen Branchen sind einfach noch viel zu klein für Fondsengagements. Teilweise gibt es noch nicht mal genug börsengelistete Unternehmen aus verschiedenen Branchen, damit ein Multi-Millionenfonds aufgelegt werden kann.

Zertifikatesektor und ETFs bieten Anlagealternativen

Anders stellt sich die Situation bei Zertifikaten und ETFs dar. Dort gibt es zumindest für China und Russland schon eine solide Auswahl an Branchenzertifikaten, die ganz speziell auf einzelne Sektoren oder Trends setzen. Und zwar nicht nur auf die drei sehr wichtigen, aber inzwischen auch sehr bekannten Themen „Infrastruktur“, „Immobilien“ und „Energie“.

Im Zertifikatebereich gibt es inzwischen immer mehr Papiere auf weitere aussichtsreiche Wirtschaftssektoren, wie Konsum, Technologie, Agrar, Internet, regenerative Energien, oder den wichtigen Umweltsektor. Hier haben Anleger also die Chance, ganz gezielt in einzelne Branchen, Trendmärkte und Boomsektoren zu investieren.

Name	Fonds-gesellschaft	ISIN	Laufzeit	Management-gebühr
Solactive China Solar Index Zert.	Deutsche Bank	DE000DB2CSL4	Open End	1,50 %
DWS GO China Konsum TR Index Zert.	DWS	DE000DWS0GE6	Open End	1,20 %
DWS GO Russia Infrastructure TR Ind. Zert.	DWS	DE000DWS0JHF7	Open End	1,65 %
Themax China Water TR Index Zert.	Goldman Sachs	DE000GS0TCH2	Open End	1,30 %
RTX Mining&Metals Index Zert.	Raiffeisen Centrobank	AT0000A0GHVA3	Open End	---
RTS Consumer &Retail Zert.	RBS	DE000AA0KEH3	Open End	---

Abbildung 130: Verschiedene Branchenzertifikate für die BRICs
(Quelle: Deutsche Bank, DWS, Goldman Sachs, Raiffeisen Centrobank, RBS)

Anleger müssen bei den Konditionen allerdings ganz genau hinschauen. Die Emittenten lassen sich die Möglichkeit, in spezielle Branchen der BRIC-Wirtschaften zu investieren, einiges kosten. Managementgebühren von 1,0 Prozent bis 1,5 Prozent pro Jahr sind hier die Regel. Auch die Spreads zwischen Geld- und Briefkursen sind oftmals extrem groß.

Als Anleger sind Sie gut beraten, die Kosten von Zertifikaten genau zu vergleichen. Denn bei einem mittel- bis langfristigen Investmenthorizont kommt da schnell eine signifikante Performance zusammen, die Sie dann einfach dem Emittenten schenken.

Name	Emittent	US-Kürzel	Laufzeit	Verwaltungs-gebühr
Global X Brazil Consumer ETF	Global X Management	BRAQ	Open End	0,77 %
Global X Brazil Financials ETF	Global X Management	BRAF	Open End	0,77 %
Global X China Consumer ETF	Global X Management	CHIQ	Open End	0,65 %
Global X China Energy ETF	Global X Management	CHIE	Open End	0,65 %
Global X China Technology ETF	Global X Management	CHIB	Open End	0,65 %

Abbildung 131: Verschiedene Branchen-ETFs für China und Brasilien

(Quelle: Global X)

Eine recht neue und in Deutschland noch völlig unbekannte Alternative sind ETFs aus den USA. Einige pfiffige amerikanische Emittenten haben inzwischen erste Branchen-ETFs für China und Brasilien aufgelegt. Die deutschen Emittenten hinken diesem Trend mal wieder hinterher. Derartige Angebote gibt es hier noch nicht.

Aber über die US-Börsen können Anleger diese ETFs problemlos handeln. Allerdings müssen Sie dann natürlich das Währungsrisiko beachten, da diese Branchen-ETFs in US-Dollar gehandelt werden.

Fakt ist: Mit gezielten Investments in einzelne Branchen werden clevere Anleger in den Emerging Markets sogar noch mehr verdienen und die breiten Indizes der Schwellenländer outperformen. Einige der langfristig aussichtsreichsten Trends lesen Sie in der Abbildung 132.

	Megatrend		Megatrend
1.	Bildung	5.	Nahrung & Versorgung
2.	Energie	6.	Rohstoffe & Agrar
3.	Gesundheitsversorgung	7.	Infrastruktur
4.	Konsum	8.	Umwelt

Abbildung 132: Megatrends für die BRIC-Staaten

(Quelle: Eigenes Research)

11.8 Anlagetipp 8: Seien Sie geduldig

Ziel: Performance erhöhen
Aktion: Nicht übereilt kaufen, sondern auf Korrekturen warten

In Gesprächen mit Börsianern erlebe ich immer wieder ein großes Wahrnehmungsproblem bezüglich der Anlagen in die Emerging Markets. Nämlich die häufige Meinung, dass der Großteil der Storys ja schon längst gelaufen sei.

Bei einem einfachen Blick auf die Charts kann der unwissende Anleger durchaus zu diesem Schluss kommen. Aber wie Sie inzwischen wissen, ist fundamental genau das Gegenteil der Fall. Die BRICs haben zwar schon beeindruckende wirtschaftliche Entwicklungen vollzogen. Aber wenn man es mit dem menschlichen Lebenszyklus vergleicht, dann sind die BRICs nun gerade erst mit der Grundschule fertig.

Sie befinden sich in der Unterstufe des Gymnasiums. Der größte Teil ihrer Entwicklung (mit allen Chancen und Risiken) steht Brasilien, Russland, Indien und China in den kommenden Jahren und Jahrzehnten erst noch bevor. Von den jüngeren Emerging Markets und vielen der „Next 11"-Länder ganz zu schweigen.

(In völligem Gegensatz dazu stehen die Industrieländer. Deren Entwicklung würde im biologischen Vergleich eher an einen 60-jährigen Menschen erinnern, der kurz vor der Rente steht. Hier stehen hoffentlich beschauliche Jahre bevor. Aber der Großteil des eigenen Wachstums liegt schon in der Vergangenheit.)

Um die langfristigen Potenziale der Emerging Markets, allen voran der BRICs, auszuschöpfen und zu realisieren, bedarf es jedoch eines Charakterzuges: Geduld. Einerseits die Geduld, langfristig investiert zu bleiben und den Wirtschaften und Unternehmen genug Zeit zu geben, sich zu entwickeln. Andererseits die Geduld, auf die richtigen Einstiegschancen zu warten.

Als ich mein erstes Buch über die Emerging Markets Anfang 2006 veröffentlichte, schrieb ich im Schlusswort: „(B)ei einem können Sie bei

Emerging Markets immer sicher sein: Die nächste Krise kommt garantiert. Schauen Sie sich nur die großen 4 BRIC-Staaten in den letzten 2 Jahren an. ... Sie sehen, in jedem der 4 großen Emerging Markets gab es in den letzten 2 Jahren Baissephasen, in denen Sie wunderbar zu tiefen Kursen kaufen konnten. Sie werden Ihre Chancen bekommen."

Genau so kam es. Wie immer bei den Emerging Markets wurde die Geduld auf eine harte Probe gestellt. Aber die Chancen auf günstige Einstiegskurse kamen. So stürzte der russische Aktienmarkt 2008 in der giftigen Suppe aus Kredit- und Wirtschaftskrise, noch gewürzt mit einer Brise fallenden Ölpreises, innerhalb kürzester Zeit um sagenhafte 80 Prozent ab.

Abbildung 133: Entwicklung des RTX seit 2000

(Quelle: tradesignal-online.com)

Wer in den Haussejahren zwischen 2004 und 2008 immer auf eine günstige Einstiegschance in Russland gewartet hatte, bekam diese dann im Winter 2008/09 auf dem Silbertablett serviert. Denn da notierten russische Aktien so tief sie seit 2004 nicht mehr. Es war nur Geduld gefragt.

Das Gleiche galt für die anderen BRIC-Länder. Auch in Brasilien, Indien und China gab es in den vergangenen Jahren für geduldige Investoren immer wieder exzellente Einstiegschancen.

Abbildung 134: Entwicklung des brasilianischen Bovespa-Index seit 2000
(Quelle: tradesignal-online.com)

Ich kann nicht mit Sicherheit sagen, wie sich die Kurse der BRIC-Aktien in den kommenden fünf, zehn oder zwanzig Jahren genau entwickeln werden. Niemand kann das. Wer etwas anderes behauptet, ist ein Lügner, ein Scharlatan oder Harry Potter. Was wir aber aufgrund der Vergangenheit mit großer Sicherheit sagen können:

Es wird in dem langfristigen Aufstieg der Emerging Markets immer wieder exzellente Einstiegsgelegenheiten geben. Vielleicht nicht heute. Vielleicht auch noch nicht morgen. Aber sie werden kommen. Langfristige Anleger müssen nur geduldig sein. Denn starke Korrekturen in den Emerging Markets sind so sicher wie tränende Augen, wenn man nach Weihnachten auf die Waage steigt.

Die entscheidende Frage lautet also nicht: Werden noch einmal hervorragende Einstiegsgelegenheiten kommen? Die werden kommen. Sondern die entscheidende Frage lautet: Werden Sie genug Geduld mitbringen und auf die richtige Einstiegschance warten und dann auch den Mut haben, in der Korrektur einzusteigen?

Abbildung 135: Kurseinbrüche des MSCI EM-Index seit 1990

(Quelle: tradesignal-online.com)

Natürlich haben sich die Emerging Markets in den vergangenen Jahren sehr weit entwickelt und viele politische, gesellschaftliche und wirtschaftliche Strukturen in den Schwellenländern sind heute wesentlich gefestigter und krisenresistenter als noch vor 15 Jahren.

Aber lassen Sie sich davon nicht täuschen: Wir werden in den kommenden Jahren in den Emerging Markets ohne Frage einige heftige und ausgewachsene Krisen – und damit einhergehend auch stark fallende Börsen – erleben.

Auf dem Hoch der vergangenen Rallye im Jahr 2007/08 konnte sich niemand vorstellen, dass es bei den BRIC-Staaten noch mal Einstiegschancen geben würde, die 50, 60 oder sogar 80 Prozent unter den damaligen Indexständen lägen. Aber genau so kam es. Und genau so ist es in der Vergangenheit immer wieder gekommen.

Schlusswort

Pflege den Baum in seiner Jugend;
ist er groß und alt geworden,
so zahlt er es dir hundertfach zurück.
(Vietnamesisches Sprichwort)

Damit sind wir schon am Ende dieses Buches. Doch dieses Ende bildet für Sie erst den Anfang Ihres Einstiegs in die Welt der BRICs und der Emerging Markets. Jetzt kennen Sie die großen langfristigen Chancen in Brasilien, Russland, Indien und China.

Natürlich wird der Aufstieg der Emerging Markets nicht geradlinig nach oben verlaufen. Im Gegenteil. Wie alle Industrialisierungsprozesse der vergangenen Jahrhunderte gezeigt haben, wird es mit Sicherheit herbe Rückschläge und Phasen geben, in denen der Pessimismus überwiegen wird.

Ich wünschte, ich könnte Ihnen etwas anderes versprechen. Aber damit würde ich Ihnen nur Sand in die Augen streuen und oben drauf noch etwas Sahne sprühen. Krisen wird es mit Sicherheit geben. Mit aller Wahrscheinlichkeit auch Krisen und Schwächephasen, die sich über längere Zeit hinziehen werden.

Aber – und das ist der entscheidende Unterschied zwischen den langfristigen Gewinnern und Verlierern in den Emerging Markets: Derartige Problemphasen sind normal und werden die langfristigen wirtschaftlichen, gesellschaftlichen und weltpolitischen Aufstiege der Emerging Markets nicht grundlegend verändern.

Das gilt besonders für die Megatrends wie Konsum, Energieversorgung oder Infrastruktur. Diese Märkte werden weiter wachsen. Damit werden Korrekturphasen cleveren Anlegern in den kommenden Jahren beste

Kaufchancen bieten. Denn das Wirtschaftszentrum des 21. Jahrhunderts sind die Emerging Markets, angeführt von Asien.

Trotzdem dürfte Ihnen wohl inzwischen klar geworden sein: Wer in den Emerging Markets und den BRICs erfolgreich agieren will, muss gut informiert sein. Das gilt sowohl für Einzelaktien als auch für die Makro-Entwicklungen in Brasilien, Russland, Indien und China.

Es reicht einfach nicht, beim Lieblingsinder ein „Chicken-Vindaloo" zu essen und blind einen Indien-Fonds zu kaufen. Sie müssen Ihre Hausaufgaben machen. (Sie dachten, Sie hätten die Schulzeit lange hinter sich gelassen, was? – Nix da!) Nur so können Sie Potenziale richtig einordnen, frühzeitig neue Chancen erkennen und Risiken richtig einschätzen.

So sind Sie der Masse der Anleger nicht nur einen, sondern gleich zwei oder drei Schritte voraus. Dann können Sie geduldig abwarten und eiskalt kaufen, wenn die BRIC-Börsen korrigieren und alle Welt in Panik ist. Auf der anderen Seite wissen Sie dann auch, wann es in einer Übertreibungsphase mal Zeit für Gewinnmitnahmen ist.

Gehen Sie mit Ihrem Geld dahin, wo die heißesten Wachstumsstorys sind

Ein Erfolgsgeheimnis an der Börse wurde mir schon recht früh klar: Man muss das Rad nicht neu erfinden, um an der Börse Erfolg zu haben. Vielmehr macht es wesentlich mehr Sinn, von den wirklich erfolgreichen Börsenlegenden wie Warren Buffett, Peter Lynch oder Jim Rogers zu lernen.

Die Investmentlegende Jim Rogers, den ich auch persönlich kenne, hat den gesamten weltwirtschaftlichen und globalen Wandel, den wir jetzt erleben, perfekt zusammengefasst. Ich wünschte, ich wäre darauf gekommen, aber das folgende Zitat von Jim Rogers trifft es einfach auf den Punkt.

Im Dezember 2007 verkauft Jim Rogers sein 16-Millionen-US-Dollar-Haus in New York und zog mit seiner Familie nach Singapur. Auf die Frage der amerikanischen Journalistin Maria Bartiromo, warum er aus den USA weggezogen und nach Asien umgesiedelt sei, antwortete Jim Rogers einfach nur:

> *„Wenn Sie im Jahr 1807 klug waren,*
> *dann sind Sie nach London gezogen.*
> *Wenn Sie 1907 klug waren,*
> *dann sind Sie nach New York City gezogen.*
> *Wenn Sie 2007 klug sind,*
> *dann ziehen Sie nach Asien."*

Wir befinden uns aktuell in den Anfängen einer historischen Weltumbruchsphase. Setzen Sie im 21. Jahrhundert auf die neuen Mächte der Weltwirtschaft: die Emerging Markets und deren Anführer, die BRIC-Staaten. Denn die Welt befindet sich im Wandel.

simplified

Wo Sie wichtige Informationen finden

Das Internet ist die wichtigste Informationsquelle. Folgende Internetseiten werden Ihnen bei Ihren Recherchen helfen:

Tägliche Informationen und Länderanalysen:

www.adb.org
www.allianz.com
www.bloomberg.com
www.businessweek.com
www.chinadaily.com
www.clsau.com
www.cnn.com
www.dbresearch.de
www.erstegroup.com
www.forbes.com
www.ftd.com
www.imf.org
www.unece.org
www.worldbank.org
www.wsj.com

Aktien, Anleihen und Devisen:

www.adr.com
www.bigcharts.com
www.boerse-go.de
www.cortalconsors.de
www.emfis.com
www.etfdb.com
www.fitchrating.com
www.londonstockexchange.com

www.moodys.com
www.standardandpoors.com

ETFs, Fonds, Zertifikate und Warrants:

www.boerse-frankfurt.de
www.euwax.de
www.ishares.com
www.morningstarfonds.com
www.msci.com
www.onvista.de
www.wienerborse.at
www.zertifikateweb.de

Emittenten:

Commerzbank:	*www.comerzbank.de*
Deutsche Bank:	*www.xmarkets.de*
DWS:	*www.dwsgo.de*
Erste Bank:	*www.erstegroup.com*
Goldman Sachs:	*www.goldman-sachs.de*
Royal Bank of Scotland:	*www.rbs.de*
Raiffeisen Centrobank:	*www.rcb.at*
Van Eck Global:	*www.vaneck.com*
Vontobel:	*www.vontobel-zertifikate.de*

Börsen:

BRIC:

Brasilien:	*www.bovespa.com.br*
Russland:	*www.rts.ru*
Indien:	*www.bseindia.com*
China:	*www.hkex.com.hk* (Hongkong)
	www.sse.com.cn (Shanghai)
	www.szse.cn (Shenzhen)

Weitere Börsen (Next 11)

Ägypten:	*www.egyptse.com*
Bangladesch:	*www.dsebd.org*
Indonesien:	*www.indoexchange.com*
Iran:	*www.tse.ir*
Mexiko:	*www.bmv.com.mx*
Nigeria:	*www.nigheriastockexchange.com*
Pakistan:	*www.kse.com.pk*
Philippinen:	*www.pse.com.ph*
Südkorea:	*www.krx.co.kr*
Türkei:	*www.ise.org*
Vietnam:	*www.hsx.vn*

Weitere Börsen (BRIC 2.0)

Bulgarien:	*www.bse-sofia.bg*
Indonesien:	*www.indoexchange.com*
Kroatien:	*www.zse.hr*
Mexiko:	*www.bmv.com.mx*
Polen	*www.wse.com.pl*
Rumänien:	*www.bvb.ro*
Ungarn:	*www.bse.hu*
Südafrika:	*www.jse.co.za*
Serbien:	*www.belex.rs*
Tschechien:	*www.pse.cz*
Vietnam:	*www.hsx.vn*

simplified

Über den Autor

Daniel Wilhelmi, Jahrgang 1972 (ein hervorragender Jahrgang, wie er selbst meint), ist als langjähriger Börsenjournalist aus Printmedien, Interviews und Vorträgen bekannt. Er ist einer der bekanntesten deutschen Experten für die Kapitalmärkte der Emerging Markets.

Im TV war er als Spezialist für die Emerging Markets bei 3sat, ZDF und n-tv zu Gast. Als Redner ist er mit seinen Vorträgen über die Emerging Markets auf Messen, Kongressen und Vorträgen zu hören.

Herr Wilhelmi schreibt für zahlreiche Publikationsorgane über die Emerging Markets. So ist er unter anderem der leitende Redakteur des Börsendienstes „Taipan" und Chefredakteur des börsentäglichen Newsletters „Profit-Radar".

Zudem ist er Autor der Bücher *„Emerging Markets – Simplified" und „Unentdeckte Chancen – Rohstoffe und Emerging Markets von morgen"*, die beide im FinanzBuch Verlag publiziert wurden. Die Homepage von Herrn Wilhelmi lautet: *www.daniel-wilhelmi.com*.

simplified

Stichwortverzeichnis

D

E

F

G

H